KB123274

미쳐있고
괴상하며
오만하고
똑 똑 한
여 자 들

일러두기

· 본문 중 인용문의 경우 지은이와 인터뷰이의 말과 글은 보라색으로,
  그 외의 자료는 회색으로 표시했다.

· 단행본은 『 』, 잡지·신문은 《 》, 논문·보고서·기사는 「 」,
  영화·미술작품·방송프로그램은 〈 〉로 약물을 구분했다.

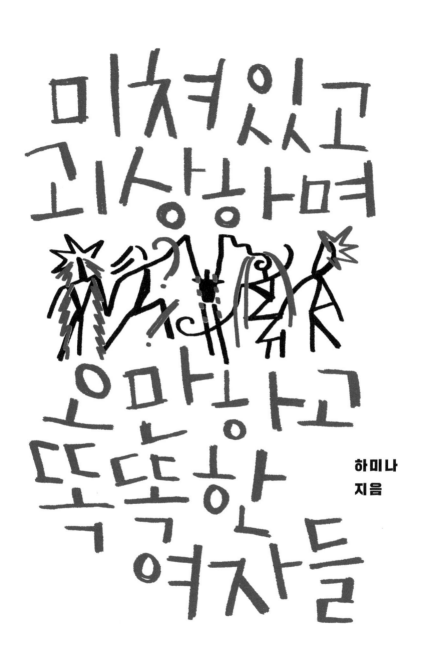

미쳐 있고 괴상하며 오만하고 똑똑한 여자들

하미나 지음

이해받지
못하는 고통,
여성 우울증

동아시아

우울증 이야기에 대한 이야기

우울증이라는 주제는 너무도 방대하고 혼란스러워서, 말끔하게 맞아떨어지는 하나의 이야기를 만들어 낼 수 없다. 짜임새 있는 구조를 갖추어 일목요연하게 정리해 내는 것이 불가능했다. 그래서 반복해서 등장하는 주제를 중심으로 이야기를 묶는 방식을 택했다. 마치 함께 손을 잡고 우울증이라는 미로를 탐색해 나가며 다양한 길을 걸어보다가, 마주하는 여러 개의 방들의 문을 하나씩 열어보는 것처럼 말이다. 어떤 방에서는 오래 머물고 어떤 방에서는 짧게 머문다. 어떤 방은 사람들로 북적이고 어떤 방은 텅 비어 있다. 어떤 방은 학자들이 많지만 어떤 방은 당사자들로 꽉 차 있다. 그렇게 함께 길을 걷고 난 다음, 이전과는 조금 다르게 우울증을 바라볼 수 있게 된다면 좋겠다.

대학에서 과학사를 전공하고 우울증을 연구하며 알게 된 것들, 서른 명가량의 이삼십 대 여성과의 인터뷰, 그리고 조울증 당사자인 나의 개인적인 경험을 뒤섞어 글을 구성했다. 모든 대화가 그렇듯 인터뷰 역시 정치적인 일이라, 인터뷰이는 인터뷰어가 던지는 질문의 의도에 맞는 카드를 내놓곤 한다. 피해에 관해 물으면 피해자로서의 정체성만 보여주고, 병에 관해 물으면 환자로서의 정체성만 보여주기 일쑤이다.

그러나 우울은 쉬운 문제가 아니며 인간은 그렇게 단순한 존재가 아니다. 이들을 최소 1년 이상 다양한 장소에서 만나고, 대면 인터뷰나 글쓰기 등 다양한 방법으로 이야기를 주고받은 이유이다. 무엇보다 이들에게 언제나 내 병력을 먼저 털어놓았다. 인터뷰는 당사자끼리의 만남이기도 했다.

인터뷰이에게 자신의 이야기가 담긴 원고를 미리 전부 보여주고 출판 동의를 얻었다. 인터뷰이의 요청에 따라 원하는 경우 실명으로, 그렇지 않은 경우 자신이 원하는 가명으로 표기했다. 인터뷰이들은 대체로 서울 혹은 수도권 출신이지만 대구, 부산, 춘천, 해외 등 다양한 곳에 산다. 학력도 고졸부터 대학원 졸업까지 다양하다. 그러나 모두가 우울증과 관련한 의학 정보를 알고 있었고, 무엇보다 자신의 언어로 이야기를 들려줄 수 있었다. 자기 삶을 자기 말로 할 수 있다는 건 분명한 특권이다.

인터뷰이들은 아픈 상태에서도 수천 번 자기 경험을 곱씹고 재해석하며 성장했다. 이들은 가정폭력 혹은 성폭력의 피해자이지만, 동시에 피해를 고발하고 뭔가를 바꿔보려 한 생존자이다. 이들은 스스로 이상을 감지하고 제 발로 병원을 찾아간다. 이들은 돌봄이 필요하지만, 사실은 오랫동안 돌봄을 제공해 왔다. 이들은 도움받는 위치에만 머무는 것을 불편해한다. 이들은 온전히 자신의 언어로 말한다. 의사와 상담사를 포함한 누구에게도 해석의 주도권을 빼앗기지 않고 말이다. 이야기에는 모순과 혼란이 있다. 진공 속 피해자가 아닌 살아 있는 인간이기에 그러하다.

이 이야기의 시작은 나였지만, 끝은 그렇지 않았다. 나는 내가 만난 여자들을 우울증, 불안장애, 경계성 성격장애 같은 딱지를 붙여 구분하고 싶지 않다. 그보다 이들이 풀어내는 이야기의 옹호자이고 싶다. 자기 삶의 저자인 여자는 웬만큼 다 미쳐 있다.

차례

2부. 죽거나 우울하지 않고 살 수 있겠니

4장. 가족

5장. 연애

6장. 사회

3부. 이야기의 결말을 바꿀 수 있다면

7장. 자살

8장. 돌봄

9장. 회복

1부

나의 고통에도 이름이 있나요

처 방 전

교보 연월일 및 번호		년 월 일 - 제 호	의료기관	명 칭	
	성명			전화번호	
자				팩스번호	
	주민등록번호			e-mail 주소	
병류호		처 방 의료인의 성 명		(서명 또는 날인)	면허종별
					면허번호

※ 환자의 요구가 있는 때에는 질병분류기호를 기재하지 않습니

처방 의약품의 명칭	1회 투약량	1일 투여 횟수	총 투약일수
산리튬정_(300mg/1정)	2.0000	1	7
프람정 10mg(에스시탈로프람옥살산염)_(12.77mg/1정)	1.0000	1	7
르탁스정 15mg(미르타자핀)_(15mg/1정)	1.0000	1	7
리티코정(트라조돈염산염)_(50mg/1정)	1.0000		7
보트릴정(클로나제팜)_(0.5mg/1정)	1.0000	3	7

1장   엄살

**의사는
여자의 말을
믿지
않는다**

주사제 처방내역(원내조제 □ 원내처방 □)

용기간	교부일로부터 ( )일간	사용기간 내에 약국에

의약품 조제내역

	조제기관의 명칭				처방대
제역	조제약사	성명	(서명 또는 날인)		
	조제량 (조제일수)				
	조제연월일				

딸기와는 글쓰기 모임에서 처음 만났다. 그는 깡마르고 조용한 사람이었다. 글은 아름다웠고 또 날이 서 있었다. 누구와도 닮지 않은 글을 썼다. 그의 글을 통해서는 한 번도 서본 적 없던 자리에서 세상을 바라볼 수 있었다. 나는 딸기와 그렇게 가까운 사이도 아니었고 그럴 기회도 없었다. 그런 딸기에게 강력한 호감을 갖게 된 것은 그에게 조울증을 앓는 오빠가 있다는 사실을 알게 된 이후부터였다. 동지애를 느꼈다.

딸기는 아프게 되면서 인간관계에 변화가 있었다. 병을 계기로 가까웠으나 멀어진 사람도 있었고 멀었으나 가까워진 사람도 있었다. 나의 경우 딸기가 아프고 난 뒤에 더 가까워졌다. 그와는 고통에 대해 좀 더 편하게 얘기할 수 있었다. 다른 사람들과는 좀 더 조심스러웠다. 징징거린다고 생각할까 두려웠다.

딸기는 학구열이 강한 사람이었고 아주 성실하게 글을 써왔다. 그런 그의 활동이 멈춰진 건 2014년 대학교 2학년이던 딸기에게 갑작스럽게 원인 모를 통증이 찾아오면서부터이다. 통증은 척추부터 시작해 뒤통수를 지나 얼굴까지 번져 왔다. 머리와 어깨에 못이 박히는 것 같았다. 피로감이 쏟아져 책상 앞에 도저히 앉아 있을 수 없었다. 딸기는 학교를 휴학했고, 통증은 계속되어 7년 뒤인 2021년 8월 현재까지도 복학하지 못했다. 아마도 대학을 다시 다닐 수 없을 것 같다고 했다. 미리 낸 등록금은 돌려받지 못했고, 요즘은 대학 밖에서 이루어지는 온라인 강의를 들으며 지낸다.

원인 모를 통증이 찾아온 뒤 딸기는 병명을 찾기 위해 정형외과, 신경외과, 가정의학과, 한의원, 류머티즘내과를 전전했다. 진단과 처방은 다양했다. 일자목이다, 운동이 아닌 의사 자신이 놔주는 주사를 맞아야 한다, 신체 나이가 70세이다, 고기를 많이 먹어야 한다….

다양한 병원을 전전한 지 1년 6개월 만에 딸기는 그럴싸한 진단명을 얻는다. 섬유근육통. 특별한 원인 없이 신체 여러 부위에 통증이 계속되는 이 질환은 희한하게도 남성의 발병률에 비해 여성의 발병률이 8~9배나 높다.

진단이 늦어지는 건 딸기만의 이야기가 아니다. 섬유근육통 환자는 첫 증상을 경험한 뒤 제대로 된 병명을 진단받기까지 평균 2.3년이 걸린다. 그동안 평균 3.7명의 의사를 거치며, 환자의 84퍼센트는 여성이다.[1] 다발성경화증, 과민성대장증후군, 턱관절장애 등도 여성에게 흔하며 정확한 진단을 받기까지 오랜 시간이 걸리는 질환이다. 역설적으로 이러한 신체질환을 제대로 진단하지 못해 여성 환자가 우울증을 겪게 된다는 지적도 있다.[2] 실제로 섬유근육통 치료에는 진통제와 함께 항우울제가 쓰인다.

이 질환들이 여성에게 흔한 이유가 무엇이고 병의 원인이 무엇인지도 불분명하다. 섬유근육통, 다발성경화증 같은 그럴싸한 진단명을 얻고 난 뒤에도 원인을 제대로 알지 못하니 완치 역시 어렵다. 사실 여성에게 흔히 나타나는 대다수의 질병이 이러하다.

우울증 역시 남성보다 여성이 1.5~2배 높은 유병률을 보인다. 일본의 의료인류학자 기타나카 준코北中淳子는 그의 책『일본의 우울증Depression in Japan』에서 정신과 진료실에서 여성 우울증 환자의 고통이 사소하고 진단 불가능한 것, 그래서 실재하지 않는 것으로 여겨지거나 섬유근육통이나 다발성경화증과 같은 중추신경장애로 쉽게 진단된다고 지적한다. 그리고 이는 특정할 수 없는 증상을 설명하기 위해 두루뭉술하게 내려지는 진단일 뿐이라고 덧붙인다.

여성 환자가 대부분인 턱관절 장애

딸기는 외출했다가 몸이 너무 아파 기어오듯 집에 도착해 양치를 할 때면 턱이 벌어지지도 않았다고 말했다. 이는 앞서 소개한 턱관절 장애의 대표적인 증상이다. 측두하악장애temporomandibular disorders, TMD라고도 부르는 턱관절 장애의 다른 증상으로는 두통이나 씹는 근육에 생기는 통증, 입을 벌리거나 움직일 때마다 턱관절에서 딱딱거리는 소리가 나는 것 등이 있다.

나 역시 오래전부터 턱관절 장애로 고생 중이다. 20대 중반이 넘어가면서 어느 날부터인가 턱에서 딱딱 소리가 나고, 스트레스가 심할 때는 입이 제대로 벌어지지 않았다. 증상이 가장 극심했을 때는 2020년 3월이었다. 석사학위 논문 초고를 쓸 때였고, 애인과 지리멸렬한 싸움 끝에 헤어진 때였으며, 여성 인터뷰이 중 한 명이 자살한 때였다. 밤새 자는 동안 치아를 어찌나 꽉 세게 물었던지 일어나면 턱이 얼얼했다. 이러다간 머지않아 어금니가 몽땅 갈려 나가거나 죄다 부서질 것 같았다. 입을 벌려 아침을 먹기도 어려웠고 두통도 심했다. 치과에 가서 물어봐도 제대로 된 처방을 얻지 못하고 마음을 편안하게 먹으라는 둥, 스트레스 받는 상황을 피하라는 둥(그게 도대체 어떻게 가능한가?)의 말만 들었다. 고민하다 치의학, 그중에서도 여성 건강에 관심을 두고 공부하는 후배에게 전화를 걸었다.

서울대학교 치과병원 김예지 전공의는 내게 치아 사이에 손

1장. 엄살

가락 두 개를 넣어보라고 했다. 들어가지 않는다고 하자, 심각하다며 일반 치과에서는 잘 모를 테니 구강내과를 찾아가라고 권했다. 집 근처 구강내과에 가서 접수를 하니 의사에게 진료를 받기 전에 정보가 필요하다며 테스트지 같은 것을 건넸다. 내용을 보니 이곳이 구강내과인지 정신과인지 헷갈렸다. 당시 받았던 테스트지의 문항은 다음과 같다.

다음 문항에 대해 '매우 그렇다/그렇다/보통이다/아니다/전혀 아니다'로 표시하시오.

1. 머리가 아프다

2. 신경이 예민하고 마음의 안정이 안 된다

3. 쓸데없는 생각이 머리에서 떠나지 않는다

4. 어지럽거나 현기증이 난다

5. 성욕이 감퇴되었다

6. 다른 사람들이 못마땅하게 보인다

7. 누가 내 생각을 조정하는 것 같다

8. 다른 사람들이 나를 비난하는 것 같다

9. 기억력이 좋지 않다

10. 조심성이 없어서 걱정이다

11. 사소한 일에도 짜증이 난다

12. 가슴이나 심장이 아프다

13. 넓은 장소나 거리에 가면 두렵다

14. 기운이 없고 침체된 기분이다

15. 죽고 싶은 생각이 든다

16. 다른 사람은 듣지 못하는 헛소리가 들린다

17. 몸이나 마음이 떨린다

18. 사람들이란 믿을 것이 못 된다는 생각이 든다

19. 입맛이 없다

20. 울기를 잘 한다

21. 이성을 대하면 어색하거나 부끄럽다

22. 어떤 함정에 빠져 헤어 나올 수 없는 기분이 든다

23. 별 이유 없이 깜짝 놀란다

24. 자신도 걷잡을 수 없이 울화가 터진다

(이하 생략)

구강내과는 일반적인 치과보다는 전문적이었지만 그렇다고 아주 명쾌한 결론을 내주는 것은 아니었다. 의사는 내 입이 벌어지는 정도를 자로 재면서 생활 스트레스와 불안감 정도 등 이것저것 물은 뒤, 근육이완제와 항불안제를 처방해 주었다. 나는 전기자극을 주는 물리치료와 온찜질을 받은 뒤 집에 돌아왔다. 턱관절 장애는 지금도 계속되고 있고 증상이 심할 때면 스스로 온찜질을 하는 방식으로 대처하고 있다.

김예지 전공의는 의료인들 사이에서도 턱관절 장애가 "생명에 지장이 가지 않는데 골치만 아픈 답 없는 질환"으로 여겨진다

고 말했다. 치과 의사들도 이 질환을 잘 모르는데 그 이유는 첫째, 원인이 너무 여러 가지이고 둘째, 치의학의 시초가 외과적이라 턱관절 장애와 같은 내과적 문제에 대한 이해도가 많이 떨어져 정확한 원인을 찾는 데에 한계가 있다. 사랑니를 뽑거나 충치 치료를 하는 것처럼 수술을 통해 병소病巢를 제거하거나 구조물을 재건하는 방식으로 치료하는 것을 외과적이라 하고, 감기 치료처럼 수술을 하지 않고 약을 처방하거나 주사를 놓는 방식으로, 물리적으로 몸을 열지 않고 치료하는 방식을 내과적이라고 한다. 턱관절 장애는 수술을 통해 병소를 제거하긴 어려우니 원인을 찾아 증상을 개선하는 방향으로 치료해야 하는데, 그 원인을 파악하기가 어렵다.

셋째, 뼈가 아니라 근육 혹은 디스크의 문제일 경우, 겉으로 드러나는 문제가 아니어서 치료를 위해서는 환자의 서술에 의존해야 한다. 그런데 이때 여성의 증상 호소를 그냥 징징댄다고 생각할 가능성이 있다. 턱관절 장애는 남성보다 여성에게서 훨씬 흔하게 나타난다. 단국대학교 치과대학 구강내과학교실은 턱관절 장애로 병원을 찾는 환자의 무려 99.8퍼센트가 여성이며 그중에서도 20대의 유병률이 가장 높다고 보고한 바 있다.[3]

기-승-전-여성 호르몬

"생명에 지장이 가지 않는데 골치만 아픈 답 없는 질환", "원인이 너무 여러 가지", "여성의 증상 호소를 그냥 징징댄다고 봄". 여성이 자주 앓는 질환에 따라붙는 단골 멘트들이다. 여기에 몇 가지만 더해지면 레퍼토리가 완성된다. "닥터 쇼핑doctor shopping 하는 여자", "건강염려증", "환자 역할을 해서 이득을 얻으려 함", "정신의 문제", "여성에게 더 흔한 이유는 여성호르몬 때문".

호르몬은 여성의 건강을 설명할 때 거의 만능 열쇠처럼 이용된다. 나의 경우 호르몬으로 여성 질환을 설명하는 것을 볼 때마다, 현대 의학이 이 질환을 잘 모르고 연구할 의지도 별로 없다는 것으로 알아듣는다. 호르몬의 영향을 무시하는 것이 아니라, 호르몬만을 강조할수록 그 밖의 다른 원인을 탐구하기 어려워지기 때문이다. 너무 간편하고 안이한 해결책이다.

우울증을 예로 들어보자. 우울증은 여성에게서 흔한 대표적인 질환이다. 흥미롭게도 연령대와 지역을 불문하고 통계적으로 여성이 남성보다 우울증에 취약하다. 2016년 보건복지부가 실시한 정신질환실태 역학조사에 따르면 주요우울장애(우울증)의 평생 유병률(평생 동안 한 번 이상 경험할 확률)은 남성 3.0퍼센트, 여성 6.9퍼센트로, 여성이 남성보다 2배 이상 높다. 이러한 양상이 한국에서만 나타나는 것은 아니다. 세계보건기구World Health Organization, WHO는 2017년 발간한 보고서 「우울증 및 다른 흔한 정신질환depression and other common mental disorders: global health estimates」에서 전 세계적으로 남성(3.6퍼센트)보다 여성(5.1퍼센트)에게 우울증이 더 흔하게 나타난다고 보고했다. 자연히 이런 질문이 따라붙는다. 여성은 왜 남성보다 우울한가?

한국 주요 의과대학에서 사용하는 정신의학 교과서들은 그 원인을 대체로 에스트로겐에서 찾는다. 여성은 남성과 달리 호르몬 변화에 따른 월경 주기를 가지기 때문에 기분 변화도 더 심하다는 것이다. 이를 근거로 우울증은 여성의 생애주기별로 세분화되기도 한다. 생리전증후군, 산후우울증, 갱년기우울증 등 여성의 삶에서 우울을 경험할 일은 많고도 많다. 정신의학 교과서에서 이 증상들은 모두 각각의 '질환'으로 명명된다. 한 교과서는 갱년기우울증 환자를 "병전(발병 전) 성격이 강박적·양심적이며 융통성이 적고 책임감이 강하고 급하고 예민"하다고 묘사한다.[4]

중년 여성은 우울증 때문에 병원을 가장 많이 방문하는 집단 중 하나이다. 가정폭력과 돌봄노동과 저임금 노동에 시달리는 중년의 여성을 상상해 보자. 그가 병원에 내원해 자신의 우울에 대해 상담하면, 의사는 십중팔구 에스트로겐의 급격한 변화로 완경기를 겪고 있음을 지적할 것이다. "약을 처방할 테니 아침저녁으로 먹고, 콩이나 석류 등 에스트로겐이 많이 함유된 음식을 섭취하세요. 햇빛을 자주 보고 운동도 꾸준히 하시고요." 다음 진료 때까지 우울이 가시지 않는다면? 그것은 치료의 의무를 다하지 못한 환자 탓이다.

여성의 우울, 그 원인을 에스트로겐으로 한정하는 설명은 우울을 경험하는 여성의 구체적인 사회문화적 맥락을 지워버린다. 여성은 감정 관리를 못하는 취약한 존재가 되고 의학적 설명

외에 자신의 고통을 둘러싼 배경을 살피기 어려워진다. 그러나 과연 맥락 없는 고통이 있는가?

정신의학 교과서에서 남성의 우울은 여성의 우울과 달리 성호르몬보다는 사회문화적 요인으로 설명된다. 여성뿐 아니라 남성 역시 성호르몬을 갖고, 또 특정한 생애 주기를 경험하지만, 테스토스테론은 남성의 정신질환을 진단하는 데에 주요한 기준이 되지 못한다. 의학에서 표준이 되는 몸은 남성이기 때문이다. 남성의 몸이 표준이 될 때 아픈 것, 병리적인 것, 비정상적인 것은 남성 몸 바깥에 놓인 것이어야 한다. 그렇기에 우울과 같이 병리적인 상태를 설명할 때 그 원인은 남성의 '정상'적인 몸이 아닌, 그를 힘들게 한 외부적 요인, 곧 사회문화적인 조건에서 찾아진다. 반대로 여성의 우울은 그 원인이 여성의 '비정상'적인 몸 안에 있는 것으로 여겨진다. 곧 여성이 아픈 것은 '원래 그렇게 태어나서'이다.

024

여성이 겪는 질병의 원인은 왜 자꾸만 여성의 몸, 그중에서도 성호르몬 등 생식기와 관련된 것으로 설명될까. 나는 남성을 표준으로 두고 의학 지식을 만들어 온 사람들이 여성과 남성의 차이를 분석할 때, 그들을 둘러싼 온갖 사회·문화·경제적인 조건을 고려하지 않고 오로지 생식기 위주로 사유해 왔기 때문이라고 본다. 남성 지식인은 여성의 정체성을 구성하는 가장 중요한 요소를 생식기로 이해하고 있는 것이다.

이는 우울을 다룬 의학 기사에서 끊임없이 재생산되는 고정

관념 중 하나이다. 「부부 싸움을 하고 나면 꼭 생리를 한다?」[5]라는 제목의 기사처럼, 여성의 우울은 생리나 출산과 같은 생식 능력과 자주 관련이 있다고 설명된다. 하지만 남성의 우울은 "직장 생활의 스트레스가 과거보다 심해진 탓"이며 "여성의 지위가 높아짐에 따라 상대적으로 남성의 지위가 위축됐기" 때문이다.[6] 중년 여성의 우울이 폐경과 관련된 것이라면, 중년 남성의 우울은 "'위엄 있는 아버지'를 은연중에 강요하는" 사회에서 "자신을 드러내고 표현하는 일이 익숙지 않은" 남성들이 "어깨에 짊어진 짐들의 무게에 눌려" 초래되는 것이다.[7] 이런 기사는 셀 수 없이 많다.

고통을 대결하자는 말이 아니다. 물론 남성도 우울하겠지. 우울증 자체가 여성의 증상을 중심으로 규정된 질병이라 남성 우울증 환자가 덜 드러나고 여성 우울증 환자는 과대 재현되는 것일 수도 있다(〈3장. 치료〉 참고). 더 치명적인 결과가 생기기 전에 남성 우울증 환자를 찾아내 치료로 이끄는 일은 중요하다.

그러나 눈여겨보자는 것은 이것이다. 왜 유독 여성의 질환을 설명할 때는 남성의 질환을 설명할 때보다 생물학적 원인을 더 들먹이는가? 여성이 남성과 다른 것은 생식기뿐만이 아니다. 여성은 남성보다 더 가난하고, 더 불안정한 노동 환경에 처해 있다. 출산 및 독박 육아를 수행하며 사회와 고립되고, 직장으로 다시 복귀하지 못하는 경우도 다반사이다. 젊고 아름다운 외모를 가져야 한다는 압박을 남성보다 훨씬 심하게 받는다. 성폭력 및 가정폭력의 위험에 상시 노출된다. 특정한 역사와 문화, 사회 안에서 여성이 처한 구체적인 경험을 고려하지 않은 채 단순히 여성 호르몬에서만 원인을 찾는다면 결코 여성 우울증, 나아가 여성 환자가 많은 질환들을 제대로 탐구해 갈 수 없을 것이다.

몸의 문제? 마음의 문제?

내가 만난 인터뷰이 중 거의 모두가 우울증과 함께 신체 증상을 겪고 있었다. 속 답답함, 심장 두근거림, 두통, 몸 떨림 등 증상도 제각기 다양했다. 우울증이라고는 하지만 이들이 경험하는 것이 정신질환만은 아니다. 무엇이 먼저인지도 불분명하다. 몸이 아파서 우울한 건지, 우울해서 몸이 아픈 것인지?

2019년 10월 만난 딸기는 치아가 무척 상해 있었다. 이를 너무 꽉 깨무는 습관 때문에 신경이 손상돼 앞니를 전부 치료받는 중이라고 했다. 딸기는 2017년부터 정신과에도 다니기 시작했다. 정신과 약은 우울이나 불안뿐 아니라 신체 증상에도 효과가 있었다. 딸기는 말했다.

> "신체 증상과 우울증이 분명히 (서로) 주고받는 점이 있어. 발작성 빈맥도 있고, 갱년기 증상처럼 몸이 뜨거워졌다가 차가워졌다가를 초마다 반복하기도 하고, 몸이 움찔거리기도 하고. 이유를 제대로 알 수도 없고 언제 끝날지도 모르니까 더 불안하고 우

026

울해져. 그러다 보면 통증도 더 심해지고."

정신질환과 신체질환의 경계는 불분명하다. 신체질환으로 인해 정신질환이 발병하기도 하고, 정신질환이 신체질환으로 나타날 수도 있다. 애초에 이런 이분법적 구분 자체가 잘못된 걸 수도 있다. 딸기는 이 헷갈림 때문에 자기 검열과 불안이 더 커진다고 말했다.

우울증을 다루면서 간과하지 말아야 할 또 다른 점은 우울이나 불안과 같은 정신적 고통은 질병의 원인이 아니라 결과일 수도 있다는 점이다. 정확한 진단명을 얻지 못하고 고통을 감내하는 동안 딸기가 느끼는 우울과 불안은 증폭했고 이를 해결하기 위해 정신과에 찾아갔다. 사실 누구라도 이유를 알지 못한 채 만성 신체질환을 겪으면 우울하지 않기가 더 힘들 것이다.

우울을 질병의 결과가 아닌 원인으로만 보면 고통의 출발점이 된 질병을 찾아내고 연구하기 어려워진다. 섬유근육통, 다발성경화증 등 의학적으로 설명하기 어려운 질병의 진단이 늦어지는 이유이기도 하다. 우울증을 진단받은 여성 환자의 30~50퍼센트는 오진이라는 주장도 있다.[8] 정확한 진단이 늦어질수록 병원에 방문할 때마다 환자는 더 늙고 병들어 있게 된다.

정여진 정신건강의학과 전문의는 "공황발작이나 신체화장애(정신적 문제가 신체 증상으로 나타나는 장애)가 의심된다고 해서 온 환자를 진단해 보니 공황발작이나 신체화장애의 전형적인 증상과

다른 데다 심전도 등 검사상 유의한 소견이 발견되기도 해 내과
나 신경과로 돌려보내는 일이 종종 있었다"라며 특히 "여성과 노
인의 경우 임상의들이 신체가 아닌 정신의 문제로 좀 더 확신하
는 경향이 있다"라고 했다.

　아픈 사람이 호소하는 고통이 몸에서 시작됐는지, 아니면
마음(도대체 거기가 어딘지?)에서 시작됐는지를 정확히 파악하는 것
은 어려운 일일 것이다. 그러나 적어도 왜 그렇게 의학적으로 판
명하기 어려운 질환을 가진 사람은 유독 여성, 노인, 빈곤층 등에
더 많은 것인지 질문할 필요는 있다. 마야 뒤센베리Maya Ducenbery는
『의사는 왜 여자의 말을 믿지 않는가』(2019, 한문화)에서 "여성과 사
회적 빈곤층이 의학적으로 설명할 수 없는 증상을 더 많이 보인
다면 이는 아마도 의학이 이들 계층의 증상을 탐색하는 데 관심
이 없기 때문일 것"이라고 말한다.[9]

미친년의 역사

신체형 장애somatoform disorder는 우울증과 자주 동반하여 나타난다.
신체형 장애는 정신적 갈등이 신체적인 증상으로 표현되어 나타
나는 장애로, 기질적 병리가 없거나 신체의학적으로 적절히 설명
되지 않는 장애로 정의된다. 내적인 불만이나 갈등이 적절히 해
소되지 않을 때, 신체적 증상으로 전환된다는 것이다. 한국의 문

화권 증후군으로 알려진 화병이 대표적인 신체형 장애이다.

　신체형 장애는 특히 여성, 가난한 사람, 시골에 거주하는 사람 등 사회의 주변부에 있는 사람들에게서 더 흔하게 나타난다. 대부분의 환자가 여성이다. 신체형 장애는 상당히 문제적인데 우선 환자가 부정적으로 묘사되는 경우가 많다. 대단히 뿌리 깊은 여성혐오의 역사, 미친년의 역사가 깃든 장애이다.

　우선 신체형 장애는 과거 히스테리아hysteria로 불리던 질환에 뿌리를 두고 있다. 우리가 흔히 '히스테리'를 부린다고 말할 때의 그 히스테리이다. 히스테리아는 자궁을 뜻하는 그리스어 히스테라hystera에서 유래한 말로, 자궁의 이동을 의미한다. 여성이 광기를 보이는 이유를 자궁이 몸속을 돌아다니기 때문이라고 본 것이다.

　이러한 시각은 기원전에서부터 시작됐다. 가장 오래된 기록은 종이도 아닌 파피루스(!)에서 찾을 수 있다. 기원전 1900년경에 작성된 카훈 파피루스와 기원전 1600년경에 작성된 에버스 파피루스 등 고대 이집트의 고문서에는 마비 증세를 보이며 신체 질환을 호소하나 그 원인을 찾지 못하는 여성의 질병을 '자궁의 굶주림'으로 진단했다는 내용이 쓰여 있다. 여성의 생식기 근처에 냄새나는 물질을 두거나, 고약한 냄새가 나는 약초를 먹이거나, 그 냄새를 맡게 해 자궁을 원래 자리로 돌려놓는 방식으로 치료가 이루어졌다.[10]

　고대 그리스에서도 이러한 관점을 공유했다. 서양 의학의 아버지라 불리는 히포크라테스Hippocrates가 기원전 400년에 쓴『히포크라테스 전집』에 히스테리아는 "자궁에 의해 야기되는 질식"으로 설명되어 있다.[11]

한편 13~15세기 중세 기독교적 세계관에서 히스테리아는 마녀 혹은 사탄에 의한 것으로 여겨졌다. 히스테리아의 원인이 달라졌으니 치료법도 변화했다. 환자 자신의 부정과 죄악에 의한 질환이니 의사를 찾을 것이 아니라 교회에 가야 했고, 교회에서는 기도와 악령을 쫓는 의식인 엑소시즘을 통해 환자를 치료했다. 르네상스 시기 동안 대단히 많은 히스테리아 환자들이 마녀로 몰려 고문당하고 처형당했다.[12] 1973년에 개봉한 〈엑소시스트〉는 악마에 사로잡힌 여자아이가 상당히 무섭게 나오는 것으로 유명한 영화이다. 특히 내 기억에 남고, 흔히 회자되기도 하는 장면은 여자아이가 몸을 거꾸로 뒤집은 채 네 발로 계단을 내려오는 장면이다. 히스테리아의 역사를 고려해 보자면, 그는 아동학대를 당한 심각한 우울증 환자였을지도 모른다. 어쨌든 의사, 지식인, 성직자 등 남성이 구축해 놓은 이성적 세계관의 질서를 상징하는 이들에게 히스테리아 환자는 무척이나 곤란하고 두려운 존재였던 것 같다. 미국의 과학사학자 마크 미칼레Mark S. Micale는 히스테리아를 일컬어 "남성이 그 반대의 성에게서 찾은 불가사의하고 감당할 수 없는 모든 것에 대한 극적인 의학적 은유"라고 설명하기도 했다.[13]

16~17세기를 거치며 히스테리아에 대한 인식은 조금씩 변

화하기 시작한다. 19세기 정신분석학의 흐름에서 히스테리아는 굉장히 중요하게 다루어졌다. 히스테리아 환자들은 불안, 불면, 호흡 곤란, 마비, 실어증, 발작 등의 증상을 보였고, 남편과의 규칙적인 성관계, 임신, 출산, 오르가슴, 휴식 등이 치료법으로 등장했다. 정신분석학자들이 기록해 둔 여러 히스테리아 환자 사례들이 있다. 이들은 야망에 찬 지식인 남성들의 미지의 분석 대상, 혹은 신기한 관찰 대상이었다.

프랑스의 신경학자 장 마르탱 샤르코Jean-Martin Charcot는 본격적으로 히스테리아 연구를 시작한 사람으로 여겨진다. 그는 불행한 사람들 중에서도 가장 불행한 이들의 수용소였던 프랑스 살페트리에르 정신병원을 근대 과학의 사원으로 전환하여, 이곳의 환자들을 과학적으로 치료하겠다는 목표 아래 '정신의학'이라는 새로운 학문을 만들었다. 그의 연구를 접하기 위해 피에르 자네Pierre Janet, 지그문트 프로이트Sigmund Freud 등 저명한 학자들이 몰려들었다. 샤르코의 연구 이전에는 히스테리아를 앓는 여성들은 꾀병을 부린다고 여겨지거나, 최면술사나 샤먼 등이 이들을 치료해 왔다. 샤르코는 히스테리아 연구를 마법의 세계에서, 근대 과학의 세계로 가져왔다.

샤르코의 연구는 대중적으로도 인기가 많았다. 그는 매주 화요일에 강의를 열어 젊은 여성 환자들을 전시하며 생생한 시연을 보였다. 이 시연에는 실제 연극배우가 동원되기도 했다. 샤르코는 여성 히스테리아 환자의 증상에는 관심이 있었지만, 이들의 삶에는 그다지 관심이 없었다. 다음은 그의 강의를 기록한 내용의 일부이다.

> **샤르코** 다시 한번 히스테리아의 근원 지점을 눌러봅시다. (남성 인턴이 환자의 난소 부근을 만진다.) 또 해봅시다. 대개 이들은 혀를 깨물 수도 있지만, 그리 흔한 일은 아닙니다. 이 활 모양의 등을 보세요. 교과서에서도 잘 나오는 현상이지요.
>
> **환자** 엄마, 무서워요.
>
> **샤르코** 이 정서적 폭발에 주목하십시오. 우리가 내버려 둔다면 다시 발작 행동으로 돌아오게 됩니다….
>
> (환자는 다시 소리 지른다. "엄마!")
>
> **샤르코** 다시 이 비명에 주목하세요. 아무것도 아닌 일에 대해서 지나친 소음이라고 할 수 있죠.[14]

1896년 지그문트 프로이트는 「히스테리아의 병인학The Aetiology of Hysteria」이라는 논문을 발표했다. 히스테리아를 앓는 여러 여성 환자를 만나 면담한 뒤, 프로이트는 아동기 성학대로 인한 트라우마에서 히스테리아가 발생한다는 결론을 내린다. 따라서 치료 역시 이 경험의 영향으로부터 벗어나는 것이 주가 된다. 그러나 프로이트는 이후 자신의 이론을 수정한다. 왜? 히스테리아는 여성들에게 너무나 만연한 질병이었다. 여성 환자들의 이야기가 모두 사실이라면, 당시 유럽 부르주아 사회에서 활동하던 수

그림1. André Brouillet의 A Clinical Lesson at the Salpêtrière(1887).

그림2. 19세기 히스테리아 환자로 기록된 여성들(Bourneville, D. M., and Regnard, P. 1878. *Iconographie photographique de la Salpêtrière: service du Dr Charcot.* Delahaye).

많은 남성 지식인은 가해자가 되고 만다. 이것은 절대로 받아들여질 수 없는 진실이었다. 1905년경 프로이트는 자신의 히스테리아 이론을 수정한다. 히스테리아 환자들은 아동기에 성적 욕망을 억압당하는 과정에서 성학대 경험을 상상해 낸다. 그들의 경험은 지어낸 것이다.[15]

'도라Dora'라는 여성 환자의 사례에서 이 같은 변화가 잘 드러난다. 도라의 아버지는 고작 십 대였던 도라를 자기 친구들의 성적 장난감으로 만들었다. 프로이트는 도라가 분출하는 모욕감과 분노를 수용하지 않았고, 대신 이 같은 폭력이 도라의 욕망을 충족시켜 준 것처럼 도라의 성적 흥분을 탐색하려 들었다. 프로이트가 이 같은 해석을 고집하자 도라는 치료를 그만두었다. 프로이트의 추종자들은 그의 해석에 따르지 않는 도라에게 불평이 많았다.[16] 이후에도 오랜 시간 동안 여성 환자들은 비웃음거리가 되거나 침묵을 강요받았다.

나는 프로이트를 포함한 남성 치료사들 앞에서 자신의 경험을 어렵게 털어놓았을 여자들을 생각한다. 그들의 분노와 억울함과 수치심을 떠올린다. 그것을 기리고 싶다. 나는 그들의 말을 믿는다.

히스테리아, 여성혐오의 역사

20세기에 들어서자 히스테리아는 우울 혹은 불안이라는 새로운 진단명에 그 자리를 내주었다. 실제로 환자 수도 감소했는데 그 원인은 분명하지 않다. 1980년 DSM 3판이 간행되면서, 히스테리아는 아예 공식 진단명에서 빠졌다. DSM Diagnostic and Statistical Manual of Mental Disorders(정신질환 진단 및 통계 편람)은 미국정신의학협회 American Psychiatric Association, APA에서 만든 진단 매뉴얼로, 전 세계 정신과에서 성경처럼 쓰인다. 미국정신의학협회는 히스테리아라는 용어가 개념의 혼란을 가져온다는 이유로 '신체형 장애'라고 새롭게 명명했다.[17]

공식 진단명에서는 빠졌지만 여전히 정신의학계에는 '히스테리아'가 남아 있다. 여성 환자를 "있지도 않은 일을 있다고 주장하며 꾀병을 부리는 신경질적인 여성", "괴상한 여성"으로 보는 관점은 남아 있는 것이다. 앞서 말했듯 여성 우울증 환자에게는 신체 증상 등 다양한 질환이 나타나고 그 증상이 일관적이지 않은 경우가 많다. 이러한 점 때문에 여성 우울증 환자는 남성보다 치료하기 어려운 대상으로 여겨지고, 곧잘 병자 역할을 얻기 위해 꾀병을 부리는 혹은 닥터 쇼핑 하는 환자로 그려지기까지 한다.

정신의학 교과서에서 신체형 장애를 설명할 때 빠짐없이 등장하는 것은 바로 '병자 역할sick role'이다. 신체형 장애를 앓음으로써 여성은 병자 역할을 행할 수 있는 권리를 얻게 되고, 이를 통해 이득을 얻을 수 있다는 설명이다. 이때 이득은 일차성 이득primary gain과 이차성 이득secondary gain으로 나뉘어 설명된다. 일차성 이득은 신체 증상을 통해 괴로운 내적 갈등을 의식하지 않을 수 있는 이득을 뜻하며, 이차성 이득은 팔에 마비가 오거나 말을 할 수 없는 등의 증상으로 인해 곤란한 상황을 피하고 주위로부터 관심과 보호를 받을 수 있게 되는 이득을 말한다.

정신의학 교과서는 신체형 장애를 겪는 환자들이 신체 증상을 통해 얻고자 하는 바가 분명히 있다고 설명하면서 이에 대한 증거로 환자들이 자신의 신체 증상에 대해 "기분 좋은 무관심La belle indifférence"을 보인다고 말한다.[18] '기분 좋은 무관심'이란 환자가 자신의 증상에 대해 무관심한 태도를 보이는 것을 일컫는 용어로, 히스테리아 환자에게 흔히 나타나는 것으로 알려졌다.

이 장애의 환자는 자신의 병의 원인을 신체적으로 보기 때문에 불필요한 검사를 반복한다. 의사가 '검사상 이상이 없다'라고 말해주어도 안심하지 못하고 계속 증상을 호소하면서 다른 의사나 유명하다는 병원을 전전하는 닥터 쇼핑과 비정상 질병행동abnormalillness behavior을 보인다. 또한 환자가 병자 역할을 통하여 학업이나 직장에서 겪는 갈등과 일상적 의무로부터 벗어나는 이득을 얻으려는 동기가 엿보일 때가 많다.[19]

환자들은 의사에 대해 과도하게 기대하거나 또는 오히려 불신을 하게 되고, 때문에 환자-의사 관계가 원만하지 못해 치료가 중단되는 경우가 많다. 따라서 여러 의사들이나 병원을 전전하는 경우가 많다.[20]

대개 성적性的, 공격적 내지는 본능적 충동과 그 표현을 억압하고자 하는 갈등이 원인이 되며, 억압된 욕구는 신체 증상으로 전환되어 상징적으로 표현된다. 환자는 증상의 의미를 모른다. 무의식적인 과정에 의한 것이기 때문이다. 환자는 신체 증상을 통해서 괴로운 내적 갈등을 의식하지 않도록 하는 이득(일차성 이득)을 얻게 되고 더 나아가 팔의 마비나 말을 할 수 없다는 등의 증상으로 인하여 곤란한 상황(힘든 일이나 말싸움 등)을 피할 수 있으며 주위로부터 관심과 보호도 받을 수 있게 된다(이차성 이득). 심각한 기능 상실이 있음에도 불구하고, 일부 환자에서는 자신의 기능 상실에 대하여 별로 걱정하지 않고 무관심한 듯 보이는 태도를 관찰할 수 있다. (…) 환자의 성격은 연극적이고 의존적, 자기중심적이며, 피암시성이 강하고 성적으로 미숙한 경우가 많다.[21]

신체형 장애 환자는 스트레스에 취약하고 이를 제대로 해소할 줄 모르며 병을 통해 자신이 원하는 바를 얻으려는 사람들로 그려진다. 교과서에서는 신체형 장애 환자들을 진단해 보면 모든 장기에 걸쳐 다양한 신체 증상이 나타나고 그 원인을 찾기가 어려우며, 환자들의 증상 표현 역시 일관성이 없고 극적으로 과장되며 다양한 말로 표현된다고 설명한다.

특징적 증상은 두통, 어지럼, 졸도감, 구역질, 구토, 복통, 소화장애, 설사, 변비, 호흡곤란, 빈맥, 성기능장애, 월경불순, 골근계 통증 등이다. 이런 증상은 그 기질적인 원인을 찾기가 어렵다. 증상 표현에 있어서도 일관성이 없으며, 극적으로 과장되고, 다양하게 표현되기도 한다. 흔히 '신경성' 위장병이나 '신경성' 심장병으로 말해지기도 한다.

환자의 성격은, 신체노출이 심하고 유혹적이며 이기적이고 의존적인 점 등 히스테리성 성격의 특성을 많이 보인다. 이들은 의존적이며, 이기적이고, 숭배받기 원하는 것처럼 보이고, 상대방을 조종하려는 것처럼 보이기도 한다. 따라서 대인관계 장애도 심하다.

불안이나 우울증 및 반사회적 행동장애를 신체화장애와 동시에 보이기도 한다. 자살하겠다고 주변 사람들을 위협하기도 한다. 그러나 실제 자살은 드물다.[22]

이처럼 성차가 두드러지는 신체형 장애에 취약한 사람들은 누구일까. 정신의학 교과서는 여성 환자가 많은 이유를 "신체화장애의 증상 기준에 임신, 월경 등 여성적인 것이 많기 때문"이라고 본다.[23] 또 "일반적으로 사회 하층민, 농촌 거주자, 저학력자, 지능이 낮은 사람에게서" 많이 나타나는데 그 이유를 "이들이 스트레스의 정도가 높고 스트레스 대처 능력이 부족하기 때문"이라고 설명한다.[24]

처음 이 내용들을 정신의학 교과서에서 확인했을 때는 솔직히 믿기지 않았다. 정신의학 교과서들은 세월이 흐름에 따라 여러 번의 개정을 거듭했다. 차별적인 내용이 일부 빠지기는 했지만, 그럼에도 여성 혹은 소수자에 대한 혐오가 여전히 남아 있는 경우가 많았다. 무엇보다 내가 만난 의사들이 이와 같은 내용을 공부하고 환자들을 만나왔다고 생각하니 괴롭고 두려워졌다. 이들은 내 고통을 들으며 무슨 생각을 했을까? 스트레스 대처 능력이 부족한 사람이라고 판단했을까?

언어화되지 못할 때, 고통은 심화된다. 여성, 사회 하층민, 농촌 거주자, 저학력자, 지능이 낮은 사람에서 신체형 장애가 많이 나타나는 이유는 이들의 스트레스 관리 및 대처 능력이 부족하기 때문이 아니라, 이들의 고통이 주류 학문의 담론으로 제대로 언어화되지 못했기 때문이다. 앎의 기본은 자기 자신을 아는 것이다. 특히 사회 속에서 나 자신이 어느 위치에 서 있는지를 파악하는 것이 중요하다. 내게 익숙한 지식은 무엇이고, 그것은 어디에서 왔는지, 또 내가 말하는 진실이 특정 집단에 더 호소력을 갖는다면 왜 그런 것인지를 돌이켜 보아야 한다. 어떤 지식이 다른 집단의 고통을 설명하는 데에 계속해서 실패해 왔다면 스스로 물어야 한다. 지금 이 지식은 누구를 위해 봉사하고 있는가?

아무도 믿어주지 않는 고통

여성의 고통을 엄살로 보는 역사는 이토록 유구하다. 더 안타까운 것은 고통을 인정받지 못하는 경험이 계속 반복되다 보면 스스로도 자신의 고통을 믿지 못하게 된다는 것이다. 기타나카 준코의 『일본의 우울증』 중 젠더 챕터는 유난히 슬프다. 기타나카는 이 챕터에서 남성 우울증 환자와 여성 우울증 환자가 진료실에서 경험하는 바를 비교한다. 남성의 경우 의사와 환자가 면담을 통해 함께 만들어 낸, 이 고통이 내 삶에 어떤 의미인지를 풀어내는 '마스터 내러티브'가 분명하고 일관적인 데에 반해, 여성 환자에게는 마스터 내러티브가 없다.

기타나카는 세 가지 문제를 지적한다. 첫째는 여성의 고통이 사회적·의학적으로 잘 인식되지 못한다는 점, 둘째는 의사를 불신하게 된다는 점이다. 불신은 남성 의사가 여성 환자의 이야기에 잘 공감하지 못해 벌어지기도 하고, 반대로 너무 개입하면서 여성 환자가 남성 의사에게 지나치게 의존하며 벌어지기도 한다. 셋째, 이로 인해 환자는 자신의 삶에서 우울이 어떤 의미인지 해석하기 어려워진다. 그 결과 자신의 고통과 경험이 진짜인지를 계속해서 의심하게 되고, 때로는 나의 우울이 진짜가 아니며 특정한 상황을 탈출하기 위해 스스로 꾸며낸 감정이라고 생각하게 된다. 기타나카는 사회적 스트레스, 남성 가부장으로서의 책임감, 과로 등 남성 우울증 환자의 마스터 내러티브에 익숙한 의사가 여성의 우울을 '가짜' 우울로 만들기 때문이기도 하다고 지적한다.

나는 고통을 유발한 사건 자체보다도 이것이 받아들여지지 않은 일련의 과정이 차곡차곡 반복되며 고통이 심화한다고 생각한다. 아픈 걸 아프다고 말하지 못할 때, 상처받은 것을 상처받았다고 말하지 못할 때, 내가 경험하는 고통이 타인과 연결되지 못할 때, 고통은 깊어진다. 스스로 거부해도 몸으로 나타난다. 내 일상과 삶을 뒤흔든다.

세상은 존재하는 수많은 고통 중 어떤 것만을 선별적으로 인식하고 아파해 왔다. 역사적으로 늘 조롱거리가 되거나 침묵을 강요당한 고통이 있다. 유독 엄살로 여겨지는 고통이 있다. 우리는 어떤 고통에 더 아파하는가? 어떤 고통을 더 의심하는가? 자신의 고통을 포함해 이 질문을 던져야 한다. 나 그리고 나와 같은 사람들의 고통을 어떻게 대해왔는지를 되돌아보아야 한다.

스베틀라나 알렉시예비치Svetlana Alexievich는 『전쟁은 여자의 얼굴을 하지 않았다』(2015, 문학동네)에서 다음과 같이 말한다.

> 하지만 왜? 나는 여러 번 자신에게 물었다. 절대적인 남자들의 세계에서 당당히 자신의 자리를 차지해 놓고 왜 여자들은 자신의 역사를 끝까지 지켜내지 못했을까? 자신들의 언어와 감정들을 지키지 못했을까? 여자들은 자신을 알지 못했다. 하나의 또 다른 세상이 통째로 자취를 감춰버렸다.[25]

내가 발견한 고통의 진실을 전달하기 위해 이 문장에 매달린다. 우리의 역사를 지키기 위해서이다. 엄살 좀 부리지 말라고, 너희처럼 편하게 자란 세대가 어디 있느냐고, 너희가 가난을, 전쟁을, 민주화운동을 아느냐고 묻는 사람들로부터 우리를 지키기 위해서이다.

새롭게 쓰일 고통의 기록, 그 첫 번째 옹호자가 되기 위해서 이 책을 쓴다. 그러려면 우선 자신의 고통부터 믿어야 한다.

처 방 전

□의료보험 ☑의료보호 ③산재보호 ④자동차보험 ⑤기타( ) 요양기관번호:

교보 연월일 및 번호	년 월 일 - 제 호		의료기관	명 칭
성명				전화번호
				팩스번호
자 주민등록번호				e-mail 주소

병류호			처 방 의료인의 성 명	(서명 또는 날인)	면허종별
					면허번호

* 환자의 요구가 있는 때에는 질병분류기호를 기재하지 않습니

처방 의약품의 명칭	1회 투약량	1일 투여 횟수	총 투약일수
산리튬정_(300mg/1정)	2.0000	1	7
프람정 10mg(에스시탈로프람옥살산염)_(12.77mg/1정)	1.0000	1	7
트탁스정 15mg(미르타자핀)_(15mg/1정)	1.0000	1	7
리티코정 (트라조돈염산염)_(50mg/1정)	1.0000		7
보트릴정(클로나제팜)_(0.5mg/1정)	1.0000	3	7

2장   진단

우울증이라는
말에
먹히는 것
같아요

주사제 처방내역(원내조제 □ 원내처방 □)

용기간   교부일로부터 (   )일간   사용기간 내에 약국에

의약품 조제내역

제역	조제기관의 명칭				처방 대
	조제약사	성명	(서명 또는 날인)		
	조제량 (조제일수)				
	조제연월일				

내가 정신과에 처음 내원한 것은 2016년 12월이었다. 2020년에 대학원을 졸업하고 병원을 옮기게 되면서 의무 기록지를 떼볼 일이 있었는데, 의사의 진단을 문서로 확인한 건 그때가 처음이었다. 다음과 같이 적혀 있었다.

> Impression: biopolar II disorder, current depressed
>
> (추정 진단: 제2형 양극성장애, 현재 우울 상태)

양극성장애는 흔히 조울병(조울증)이라고 불리는 기분장애로, 조증과 우울 상태의 양상에 따라 종류가 나뉜다. 제1형 양극성장애는 조증과 심한 우울증이 나타나는 유형이다. 나의 추정

진단(환자가 호소한 증상을 토대로 의사가 추정한 진단) 병명인 제2형 양극
성장애는 경한 조증과 심한 우울증이 나타나는 유형으로, 조증
으로 진단할 만큼 심한 조증 증상은 나타나지 않는다.

사실 의사가 나를 조울병으로 추정 진단했다는 건 그리 놀
랍지 않았다. 병원에 다니는 동안 의사에게 확정 진단을 받은 적
은 없었지만, 의사가 처방하는 약의 종류로 내 상태를 짐작할 수
있었기 때문이다. 이처럼 나를 포함한 많은 환자들이 약 검색을
통해 자신의 진단을 추정한다. 의사는 대표적인 조울병 치료제인
리튬과 강력한 수면 효과를 가진 졸피뎀을 처방했다.

진단명보다도 마음에 남은 건 다음과 같은 기록이었다.

> 부적절한 정서. 내면적 우울감에 비해 표정이 밝고 과도한 사회적 미소.

떠올려 보았다. 수 개월간 계속된 불면증과 우울, 불안에 지
친 마음을 안고 방문한 정신과 진료실 안에서도 본능적으로 얼
굴에 웃음을 띠던 때를. 낯선 이 앞에서 내 감정 상태가 그를 불
편하게 할까 봐 초조했던 마음을. 그리고 이러한 불일치가 의무
기록에 쓰일 만큼 병리적으로 보인다는 사실에 놀랐고 어쩐지
수치스러웠다.

'과도한 사회적 미소' 덕분인지 최악의 상태일 때도 이를 알
아차리는 이는 드물었다. 도저히 일상을 숨길 수 없는 가족과 애
인 정도만 내 비정상적인 들뜸과 가라앉음을 눈치챘다. 그러나

감정의 부침은 대체 어느 정도가 되어야 '비정상'적인가? 인간은 오직 각자의 감정만 경험할 수 있을 뿐인데.

우울할 때는 주변 환경도 우울했다. 청소년기 자살 사고가 심하던 때에는 집에 문제가 많았다. 병원에 처음 방문한 때는 서울 강남역 10번 출구 여성 표적 살인사건 이후 페미니스트 활동가 그룹 '페미당당'에서 활동하던 시기이다. 그해 겨울, 지금은 잘 알려진 '미투 운동' 이전에 트위터를 중심으로 '○○_내_성폭력' 해시태그 운동이 벌어졌다. 여러 분야에서 성폭력을 고발하는 여성들의 목소리가 줄줄이 터져나왔다. 매일 밤 SNS에 올라오는 성폭력 고발 글을 보며 잠을 자지 못했다. 성폭력 경험이 떠올라서 괴로웠고, 이렇게 가까운 곳에서 친구 혹은 동료가 괴로워하고 있었음을 몰랐다는 게 괴로웠다. 스스로가 방관자로 느껴졌다. 그리고… 이렇게나 많은 여자가 같은 괴로움을 겪으며 살아간다고?

불면증이 몇 달간 지속되자 일상에서 맑은 정신을 유지하기 어려웠다. 침대에서 일어나지 못한 채 하루를 흘려보내는 일이 잦았다. 자살을 구체적으로 상상하기 시작하자 혹시 몰라 방 안에 있는 날카로운 물건들을 치웠다. 어느 날은 책을 펼쳤는데 읽을 수가 없었다. 한 문단을 몇 번이고 반복해서 읽어도 이해되지 않았다. 책을 읽을 수 없다니? 그것은 내가 더 이상 나일 수 없음을 의미했다. 그때 처음으로 병원에 갔다.

병원을 방문한 그날부터 2021년 8월 지금까지 매일 약을 먹는다. 4년 동안 아침엔 항우울제인 웰부트린 150mg을, 저녁엔 항조증 약물 탄산리튬 300mg을 먹었고 최근에는(특히 이 책의 작업을 시작하면서는) 상태가 호전되어 그중에서 항우울제를 빼고 먹고 있다.

병원에서의 경험은 썩 좋지 않았다. 이런 말들을 들었다.

"(연인 관계에 대한 고민을 털어놓자) 조울증 환자는 이혼도 많이 합니다."

"지금까지는 롤러코스터 같은 삶을 사셨죠? 약을 드시지 않으면 앞으로도 그럴 겁니다."

진단명 하나로 그간의 인생을 이렇게 정리당하는구나. 그가 나를 딱하다는 듯 바라보는 모습도 싫었다. 나는 여러 번 의사를 바꾸었고 시행착오 끝에 지금의 선생님께 정착했다.

병명이 가진 힘은 컸다. 거기에 설득도 됐다. 조울증이라는 진단명은 나 자신을 이해하는 데에 큰 영향을 미쳤다. 예전엔 자연스러운 감정의 흐름이라고 생각했을 것을, 병원을 방문한 뒤부터는 조울증 증상에 맞춰 생각하게 됐다. 상태가 좋은 날에는 이게 '정상적'인 감정인지 약으로 만들어 낸 인위적인 감정인지 고민했다. 조울증이 조현병으로 발전하는 경우, 자살로 생을 마감하는 경우, 치료 뒤 재발하는 경우 등 조울증 관련 사례와 통계치를 가지고 자꾸만 내 미래를 점쳤다. 나는 정말 미친 인간일까?

진료실 안에서는 고통의 맥락이 삭제됐다. 그곳에서 중요한 건 우울의 원인이 아니라 우울의 증상이었다. 고통의 원인을 찾아내 제거하는 것보다는 증상을 완화하는 것이 치료의 목표였다. 그러나 원인이 해소되지 않는 이상, 우울은 완전히 사라지기 어렵다. 진단과 치료제만으로는 부족했다.

말하자면… 나는 치료가 필요했으나, 인생을 해석할 권한을 누구에게도 넘기고 싶지 않았다. 정신과에서 듣는 얘기든 심리상담에서 듣는 얘기든, 이는 판단의 자원으로만 남길 바랐다. 내가 우울하고 미친 인간이기만 할까. 타인의 고통에 공감하고 함께하느라 아팠던 것을 약함의 증거로 삼고 싶지 않았다. 무엇보다 너무나 열심히 싸워오질 않았나. 어쨌든 이렇게 살아 있지 않은가.

이후 약 5년간 우울증, 나아가 정신질환이라는 주제에 몰입해 지냈다. 석사 논문 주제를 바꿔 우울증을 정의하고 측정하는 지식이 어떻게 형성되었는지 연구했고, 나와 같은 사람을 수십 명 만나 인터뷰했다. 이 글은 죄다 '조울증'이라는 진단명으로는 만족할 수 없어서 스스로 다시 쓰는 이야기이다. 내 권한을 빼앗기지 않으려 애쓴 흔적이다.

이해하는 방식에 따라 다르게 존재하는 세계

2016년 스물여섯 살에 조울병 진단을 받았지만, 우울은 어린 시절부터 나와 함께했다. 나의 증상에 '우울증'이라는 이름을 붙인 때가 2016년일 뿐이다. 여성 인터뷰이 대부분이 이러한 말을 한다. 내가 기억하는 최초의 순간에도 나는 우울했다고.

어린 시절 경험한 것은 우울뿐만이 아니었다. 자살 사고, 불안, 공황, 경조증, 환각의 경험까지. 단지 시기마다 그것의 이름을 붙이는 방식이 달랐을 뿐이다. 돌이켜 보면 어렸을 적 나는 몸과 마음, 느끼는 것과 생각하는 것을 서로 뚜렷하게 구분하지 못했다. 현실과 상상을 분별하지 못하고 오락가락했다. 생각이 단지 생각으로만 남아 있지 않고 실제 감각으로 이어지는 일도 종종 벌어졌다. 그 시기 내 머릿속 인식의 세계가 만들어 낸 낯설고 공포스러운 느낌을 기억한다.

어린 시절 귀신을 자주 봤다. 여섯 살쯤에는 천둥 번개가 치고 비가 쏟아지는 날이면 현관문을 두들기며 문을 열어달라고 하는 저승사자 무리를 보기도 했다. 그들은 꼭 〈전설의 고향〉에 나오는 저승사자의 모습과 같았다. 저승사자가 우리 집 현관문을 계속 두드린다고 말하면 엄마는 비바람에 현관문이 흔들리는 것뿐이라고 답하였다. 내가 보기엔 분명 저승사자였다. 이것은 진짜 경험일까, 가짜 경험일까?

오랫동안 귀신을 본 아동기의 기억이 거짓이라고 생각하며 지냈다. 얼마 전 엄마에게 해당 기억에 관해 묻자, 엄마 역시 기억한다고 했다. 그리고 그 시절 내가 이모할머니와 붙어 지내다 보니 자꾸만 이상한 말을 했다고 덧붙였다. 이모할머니는 어릴 때 오빠와 나를 키워줬고 특히 나를 무척 예뻐하셨다. 그는 무당이었다. 내가 자꾸 귀신을 보자 엄마는 이모할머니와 나를 떼어났다. 그의 신기神氣가 내게 전해질까 두려웠기 때문이다.

세상에 귀신이 존재하고, 무속신앙이 믿을 만하다고 주장하려는 것이 아니다. 나는 귀신이 있는지 없는지, 나아가 환청이 진짜인지 아닌지, 정신질환이 진짜 병인지 아닌지를 구별하는 데에는 관심이 없다. 나는 사람들이 고통과 공포, 그리고 혼란을 마주했을 때 그걸 어떤 방식으로 풀어내는지에 관심이 있다. 사람들이 세계를 이해하는 방식과, 그에 따라 실제로 다르게 존재(재현이 아니라)하는 세계 사이에 어떤 관계가 있는지를 들여다보고 싶다.

일상생활을 하다가 느닷없이 미칠 것 같은 불안감을 겪을 때도 있었다. 아무 일이 벌어지지 않았는데도 엄청나게 두려웠다. 숨을 쉬기 어려웠고 곧 죽을 것 같았다. 이 공포는 주기적으로 찾아왔다. 당시에는 너무 어렸기 때문에 그 공포가 어떤 의미인지 알 수 없었다. 그래서 어린이로서 떠올릴 수 있는 이유를 갖다 붙였다.

'책장에 붙여놓은 스티커가 떨어질 것 같아….'

'어제 배운 나눗셈이 너무 무서워. 딱 나누어떨어지지 않아서 끝없이 수가 반복돼….'

이러한 공포의 감각은 너무나도 강렬했기 때문에 오랫동안 그때의 기억을 잊을 수 없었다. 하지만 그에 대한 해석은 인생의 시기마다 조금씩 달라졌다. 교회를 열심히 다니던 때에는 그간 잘못 생각해 왔다고 결론지었다. 그 경험은 사탄에 의한 것이었다. 교회 사람들에게 이 이야기를 하면 공포의 의미를 설명해 주었고, 나는 수긍했다. 더 자란 뒤에는 교회보다 책을 더 신뢰하게 됐다. 대학에 들어와 정신의학에 관심을 두고 여러 책을 읽으면서 나의 증상에 '공황발작'이라는 이름을 붙였다.

그 공포는 무엇이었을까? 스티커를 아끼는 마음? 무리수가 주는 무한에 관한 공포? 아니면 보기 드문 아동기 불안장애? 이 중 어느 것을 진짜 경험이라고 말할 수 있는가? 아니 이러한 구분은 정녕 의미가 있는가?

일련의 경험을 통해 느낀 바는 이렇다. 고통을 해석하는 방식은 한 개인이 지닌 문화적·지적 자원에 따라 달라진다. 고통의 표현 역시 가족, 학교, 미디어 등 일상에서 마주하는 여러 개념이 작용한 결과이다. 여섯 살 때의 내가 가졌던 공포와 불안은 〈전설의 고향〉이라는 드라마에 영향을 받아 귀신이나 저승사자의 모습으로 나타났다. 엄마는 무속신앙이라는 지식을 토대로 내 경험을 해석했다. 교회 사람들은 성경에 기반한 기독교적 세계관으로 내 경험을 받아들였다. 사람들은 알게 모르게 자신에게 내재된 세계관을 바탕으로 경험을 해석한다. 이러한 세계관은 인식으로만 남아 있지 않고, 실제 감각으로 이어진다. 귀신을 보고, 사탄을 보고, 주님의 목소리를 듣는다. 그 어떤 것보다 이 경험들은 생생하게 실재한다. 세계는 이해하는 방식에 따라 다르게 인식될 뿐 아니라, 실제로도 다르게 존재한다.

내가 느낀 불안과 공포를 이해하기 위해 끊임없이 다양한 자원을 찾고, 그를 기반으로 나의 경험을 재해석해 왔다. 그때마다 나의 세계는 무너졌다가 다시 세워졌다. 이 같은 경험은 어떤 강력한 세계관을 만나더라도 언제나 다르게 바라볼 여지가 있다는 가르침을 주었다. 목숨처럼 믿는 신념도 다른 세계에선 아무것도 아닐 수 있었다. 정신과에 방문하여 약을 처방받고 관련한 공부를 해나가면서도, 그것들에 도움을 받으면서도, 이 같은 설명 방식에 완전히 먹히지 않고 거리를 두고 바라볼 수 있었던 것은 그간의 혼란 덕분이었다. 견고하게 세워뒀던 세계를 무너뜨리는 일은 매번 엄청나게 두려운 일이었지만.

다양한 문화권 증후군

현실과 환상을 구별하지 못하고 오락가락한 사람이 나뿐만이 아니었던 듯싶다. 몸과 마음이 구별되지 않고 실제의 세계와 상상의 세계가 서로 교류하며, 정신적이고 신체적인 증상이 함께 나타나는 현상은 세계 곳곳에서 발견할 수 있다.

동남아시아 및 중국 남부에서 발병하는 코로koro는 남성의 성기가 점점 쪼그라들어 복부로 밀려 들어가 마침내 완전히 사라지고 말 것이라는 극심한 공포와 불안을 겪는 상태를 말한다. 코로를 앓는 사람들은 자신의 성기가 실제로 멀쩡하다는 것을 눈으로 확인한 이후에도 여전히 불안을 호소한다. 1984~1985년 사이에 중국 16개 도시에서 3,000여 명이 집단으로 발병하기도

했다.[1,2]

　인도와 네팔처럼 남아시아 힌두교 문화권에서 발병하는 다트 증후군dhat syndrome은 자신의 소변에 정액이 섞여 빠져나간다는 믿음에서 오는 불안을 말한다. 이로 인해 무기력, 권태, 발기부전, 조루 등의 증상이 나타난다. 힌두교 문화권에서는 정액을 생명의 액체로 여겨서, 이것이 매 순간 빠져나간다는 믿음은 당사자에게 심한 공포와 불안을 가져다준다.

　일본의 다이진 교푸쇼対人恐怖症, taijin kyofusho도 비슷한 예이다. 이는 타인에게 폐를 끼치거나 불편을 주는 것을 극도로 두려워하는 사람들에게 자주 나타나는 증상이다. 심장박동이 빨라지며 숨을 잘 쉬지 못하고 몸을 떨며 공황발작을 겪는다. 이 증후군을 겪는 사람들 중 많은 수는 자신의 몸에서 역겨운 냄새가 날지도 모른다는 공포를 갖는다.

　한국의 화병 역시 이름 그대로 'Hwabyeong'으로 보고될 만큼 한국에서만 발병하는 특정 질병이다. 울화병이라고도 불리는 화병은 글자 뜻 그대로 분노가 억압되어 생기며 불면, 피로, 호흡곤란, 가슴 통증 등 신체 증상을 동반한다. 화병은 특히 농촌 지역일수록, 학력이 낮을수록, 여성일수록 흔하게 나타난다고 알려졌다.

　흥미로운 점은 이러한 증후군이 한두 명의 착각이 아니라 집단적으로, 패턴화되어 나타난다는 것이다. 더불어 특정한 사회나 문화권에서만 인지되고, 다른 문화권에서는 이를 병적인 증상으로 인지하지 않는다.

세계보건기구의 국제질병사인분류the International statistical Classification of Diseases and related health problems, ICD(이하 ICD)처럼, 전 세계는 이제 대부분 표준화된 질병 분류를 사용한다. 이상적으로 보았을 때, 이 분류 안에서는 전 세계 어디를 가나 같은 질병으로 진단된다. 적어도 제도화된 의료 시스템 내에서는 그런 편이다.

정신질환 역시 표준화 과정을 거쳤다. 미국정신의학협회의 DSM이 대표적으로 표준화된 질병 분류 체계이다. DSM은 1952년 처음 발간된 이후 현재 5판에 이르기까지 여러 번의 개정을 거쳤으며, 그 과정에서 다양한 질병이 추가되고 삭제되었다. DSM은 정신질환을 진단하는 데에 전 세계에서 가장 권위 있는 기준으로 널리 사용된다.

DSM에 등재된 정신질환은 우리가 흔히 아는 우울증, 조울증, 불안장애, 조현병 등으로 전 세계에 보편적으로 발병한다고 여겨진다. 하지만 앞서 소개한 코로, 다트 증후군, 다이진 교푸쇼, 화병 등은 이러한 분류에 잘 들어맞지 않는다. 그래서 DSM 4판에서는 특정한 사회나 문화에서만 나타나는 '문화권 증후군culture-bound syndrome' 섹션을 따로 빼 정의해 두었다. 2013년에 다시 개정된 DSM 5판에서는 몇몇 문화권 증후군 사례를 소개하고 있지만, 화병 관련 내용은 삭제되었다.

지극히 미국적인 병, 우울증

캐나다 몬트리얼 맥길대학교 사회및횡문화정신의학부 교수 로런스 커메이어Laurence J. Kirmayer는 우울증과 같은 정신적 고통을 설명하는 '설명 모형'이 문화마다 다른 것에 주목하는 학자이다. 커메이어는 특정 문화권의 믿음과 이야기가 개개인의 관심을 특정한 감정과 증상으로 이끌고, 그 밖의 느낌과 증상으로부터 멀어지게 한다고 말한다. 가령 어떤 문화권에서 병에 관한 이야기는 장의 불편함이나 근육통과 연결되는 반면, 다른 문화권에서는 다른 유형의 증상과 연관되어 그 증상이 합당하다고 인정받는다. 커메이어는 이러한 설명 모형이 해당 문화권에서 기대하는 질병 경험을 만들어 낼 수 있다는 점에서 우울증과 같은 질병의 원인과 증후, 경과에 관한 믿음이 자기달성적인 성향이 있다고 주장한다.

054

문화권 증후군은 이제 DSM에 간신히 부록처럼 끼여 있다. 한국에서도 젊은 여성 세대는 화병보다는 우울증이라는, 미국에서 만들어진 정신의학 설명 모형을 통해 자신의 질병을 이해한다. 그러나 문화권 증후군처럼, 사람들의 고통을 설명하는 모형이 문화마다 다른 것을 살피는 일은 여전히 중요하다. 이들이 호소하는 증상 자체가 때로는 심적 고통의 원인을 풀 단서를 품고 있기 때문이다. 코로와 다트 증후군은 왜 하필이면 남성의 성기와 정액과 관련하여 발생하는 공포증일까? 화병이나 다이진 교푸쇼와 같이 인간관계와 관련된 질환이 여성에게 자주 발생하는 이유는 무엇일까?

특정 사회에서 사람들이 호소하는 고통은 그 사회가 강요하는 정상성과 관련이 있다. 이들이 고통을 표현하고 해석하는 방식을 들여다보면, 사람들의 심적인 고통이 어떤 맥락에서 기인한 것인지를 탐구할 수 있다.

커메이어는 '우울증'이라는 진단 역시 아주 미국적인, 독특한 형태라고 말한다. 그는 고통스러운 감정과 느낌을 낯선 사람에게 기꺼이 공개하고 마음의 고통을 의료 문제로 보는 성향을 지닌 것은 미국인이 유일하다고 지적한다. 다른 문화에서는 대체로 내적 고통에서 도덕적·사회적 의미를 찾기 때문에 공동체 내의 어른이나 영적 지도자들을 찾아가지 공동체 밖의 의사에게 도움을 구하지는 않는다는 것이다. 한국에서도 우울증을 호소하는 여성 중에서 연령대가 높을수록 무속신앙 등을 찾는 이들이 많다. 특히 정신과를 찾아가는 일을 어려워하거나, 찾아갔더라도 증상이 호전되지 않아 실망한 경우 무속신앙에 의지하는 경우가 많다.

미국에서 수입된 DSM은 증상을 분류하는 기존의 방식을 바꾸고, 정상적인 행동과 상태, 그리고 병적으로 여겨지는 것 사이에 경계선을 새로 그었다. 이는 정신질환, 나아가 스스로를 이해하는 자아에 관한 믿음 역시 한 문화에서 다른 문화로 수출될 수 있다는 사실을 잘 보여준다.

우리는 흔히 질병이 사람들의 인식과는 무관하게 독립적으로 존재하는 것이라고 생각하지만, 앞에서 살펴봤듯 질병은 어느 정도 사회적으로 구성된다. 같은 증상을 호소하더라도 문화권마다, 시대마다, 더 구체적으로는 의학의 분과마다 다른 진단을 내릴 수 있다. 진단이 달라지면 물론 치료법도 달라진다.

인터뷰이들이나 나 역시 이제 히스테리아나 화병보다는 우울증, 불안장애라는 말에 더 익숙하다. 이렇게 미국을 통해 들어와 보편화된 정신질환의 각기 다른 이름들은 지금 여기 한국에 사는 여성들의 고통을 얼마나 잘 설명해 줄 수 있을까? 우리가 놓치고 있는 것은 무엇일까?

많은 여자들이 우울과 함께 분노를 말했다. 자신은 우울한 것이 아니라 분노했던 것이라고 했다. 우울증 진단 기준에는 분노와 관련한 증상은 없다. 울화병이라고도 부르는 화병은 애초에 우울과 분노를 함께 포함한 질병 개념이다. 화병을 통해 우울증에 접근할 때 우리는 우울증이라는 이름으로 살피지 못했던 점들을 발견할 수 있을까?

사실 우울과 분노를 화병으로 보던 때에도, 그 당시의 진단 체계나 치료법이 여성들의 삶을 오롯이 이해하고 문제 해결의 실마리를 제공했던 것 같지는 않다. 오히려 화병이라는 진단명으로 한에 서린 여성들을 병리화했을 뿐이다. 다만 지적하고 싶은 것은 '우울증'이라는 병명으로는 한국 여성의 감정과 증상, 그들이 마주하는 사회적인 상황을 충분히 포착하기 어렵다는 것이다.

치료의 측면에서도 공동체 내에서 문제를 털어놓고 해결하기보다는 공동체 바깥에 위치한 낯선 전문가에게 홀로 찾아가게 되지 않나. 우리는 우리에게 주어진 다양한 자원을 동원해 고통을 해석하고 공유하며 충분히 더 많은 것을 배워야 한다.

우울증 자가검사 테스트: 21점 이상은 우울증?

히스테리아나 화병이라는 말은 이제 많이 쓰이지 않을 뿐 아니라, 실제로 그 환자 수도 줄었다. 대신 우울과 불안이라는 새로운 개념이 그 자리를 차지했다. 한국 사회에서도 우울증을 향한 관심은 지난 30년간 폭발적으로 증가했다. 일례로 국내 11개 중앙지에서 발간한 신문에서 '우울증'이라는 단어를 포함한 기사는 1990년 39건에서 2019년 3,344건으로 80배 이상 증가했다.[3]

한국 보건복지부에서는 2001년 이래로 5년마다 정신질환실태 역학조사를 실시하고 있다. 상당수의 언론 기사는 역학조사를 통해 얻어낸 통계 수치를 인용하여 우울증이 만연한 현실을 염려하기도 하고, 때로는 기사와 함께 자가검사형 우울 측정 검사 도구의 문항을 실어 독자 스스로 우울증을 알아차리도록 돕는다. 이러한 검사 도구는 그 자체로 우울증을 '홍보'하는 역할을 한다.[4]

우울증 자가검사 도구는 인터넷 검색 등을 통해서도 쉽게 찾아볼 수 있다. 특히 언론 기사나 지역별 정신보건복지센터 홈페이지 등에서 자주 보이는 자가검사 도구 중 하나는 CES-D the Center for Epidemiologic Studies Depression Scale이다. CES-D는 "평소에는 아무렇지도 않던 일들이 괴롭고 귀찮게 느껴졌다", "잠을 설쳤다", "마음이 슬펐다" 등과 같은 20개의 짧은 문항으로 이루어진 도구로, 지난 일주일 동안 경험했던 증상의 빈도를 "전혀 그렇지 않음/조금 그러함/보통 그러함/아주 그러함" 네 단계로 평가한다. 사용자가 우울 증상의 유무나 정도를 체크하면 이를 바탕으로 0~60점 사이의 점수가 계산되고, 16점 혹은 21점과 같이 특정한 점수를 기준으로 우울 증상이 얼마나 심각한지 평가된다.

실제로 정신적 고통을 호소하는 많은 사람이 자신의 증상을 설명해 줄 수 있는 진단명을 얻기를 바란다. 이런 사람들에게 CES-D와 같은 정신질환 자가검사 도구는 무척 유용하게 작동한다. 자신의 증상에 이름을 붙일 수 있으니까. 스스로 우울증 위험군이라 생각되면 병원에 찾아갈 수도 있고, 또 자신과 같은 질병을 가진 사람들에 관한 통계적인 정보 역시 얻을 수 있다. 이는 우울증뿐 아니라 조울증, 자폐증, 각종 성격장애 등 다양한 정신질환을 경험하는 사람들에게도 마찬가지이다.

주의해야 할 점은 자가검사 도구만으로 한 사람이 우울증을 앓고 있는지 그렇지 않은지를 결정할 수 없다는 것이다. '우울 증상을 갖는 것'과 '우울증을 앓는 것'은 다르다. 우울 증상의 척도는 검사를 받는 대상자가 호소하는 주관적인 불편을 평가하

우울증 자가검사 (CES-D)

아래에 있는 항목들은 지난 일주일 동안의 당신의 상태에 대한 질문입니다. 그와 같은 일들이 지난 일주일 동안 얼마나 자주 일어났었는지 선택해 주세요.

문항	전혀 그렇지 않음	조금 그러함	보통 그러함	아주 그러함
1. 평소에는 아무렇지도 않던 일들이 괴롭고 귀찮게 느껴졌다.				
2. 먹고 싶지 않고 식욕이 없다.				
3. 어느 누가 도와준다 하더라도 나의 울적한 기분을 떨쳐버릴 수 없을 것 같다.				
4. 무슨 일을 하든 정신을 집중하기가 힘들었다.				
5. 비교적 잘 지냈다.				
6. 상당히 우울했다.				
7. 모든 일들이 힘겹게 느껴졌다.				
8. 앞일이 암담하게 느껴졌다.				
9. 지금까지의 내 인생은 실패작이라는 생각이 들었다.				
10. 적어도 보통 사람들만큼의 능력은 있었다고 생각한다.				
11. 잠을 설쳤다(잠을 잘 이루지 못했다).				
12. 두려움을 느꼈다.				
13. 평소에 비해 말수가 적었다.				
14. 세상에 홀로 있는 듯한 외로움을 느꼈다.				
15. 큰 불만 없이 생활했다.				
16. 사람들이 나에게 차갑게 대하는 것 같았다.				
17. 갑자기 울음이 나왔다.				
18. 마음이 슬펐다.				
19. 사람들이 나를 싫어하는 것 같았다.				
20. 도무지 뭘 해나갈 엄두가 나지 않았다.				

* 아직 모든 설문에 답하지 않으셨습니다.　　　　　　　　총 점수 0 점

· **평가기준: 20점 이하는 정상범위, 21점 이상은 전문가와의 상담 필요.**
· **본 척도는 조맹제, 김계희(1993)가 신경정신의학회에서 발표한 CES-D 척도를 사용하였음을 알려드립니다.**

그림3. 우울증 자가검사 도구(CES-D). 관악구 정신건강보건센터 홈페이지.

우울증이라는 말에 먹히는 것 같아요

는 반면, 임상 진단은 엄격한 진단 기준을 적용하여 병력과 검사를 통해 의사에 의해 내려진다. 따라서 우울 증상을 척도로 하여 우울증을 진단하면 실제보다 더 많은 사람들이 우울증 환자로 나타난다.

자가검사에 자주 사용되는 CES-D는 1971년 미국 국립정신건강연구소the National Institute of Mental Health, NIMH에서 개발한 간이 선별검사 도구로, 일반 인구 집단을 대상으로 우울 증후군depressive symptomatology을 역학조사하고 그 결과 값을 이용해 연구를 진행하기 위하여 만들어졌다.[5] 다시 말하면 CES-D는 우울 증상의 정도를 측정하는 도구이지 우울증을 진단하는 도구가 아니다. 그렇다면 우울 증상의 정도는 왜 측정하려 하는 걸까? 이는 항우울제의 임상 시험과 관련이 있다(〈3장 치료〉 참고).

1993년 CES-D를 한국어로 번역한 조맹제 정신건강의학과 전문의 역시 "원래 CES-D 자체는 임상 진단으로서의 우울증을 확인하는 도구는 아니며 어떤 상태에서든 우울 증상군을 가려내는 것이므로 임상 진단 간의 변별보다는 우울 기분 상태의 정도를 측정하는 것"이라며 "따라서 본 연구의 결과만으로 이 도구(CES-D)가 주요우울증에 대한 진단 변별력이 있다고 단언하기는 어렵"다고 강조한 바 있다.[6]

기준점을 설정하는 데에도 여러 문제가 있다. 검사를 통해 우울증인지 아닌지를 결정하기 위해서는 기준점이 존재해야 한다. CES-D를 이용해 산출된 점수는 0~60점 사이인데, 이때 기존

선별검사 도구와의 관계, 실제 임상 진단과의 관계를 비교하여 가장 적절하다고 설정한 기준점을 '최적 절단점'이라고 한다. 최적 절단점은 0~60점 사이에서 임의적으로 제시된 기준점으로, 최적 절단점 앞뒤로 조사 대상자의 우울증 진단 여부를 결정한다.

최적 절단점은 대개 검사 도구마다 비슷하게 설정되지만 같은 종류의 선별검사 도구라 할지라도 국가마다, 연구 목적마다 달라질 수 있다. 〈그림 3〉에서는 CES-D 점수가 21점 이상일 때 전문가와의 상담이 필요하다고 명시해 두었는데, 미국의 경우 CES-D의 최적 절단점은 보통 16점이다.[7] CES-D 점수가 18점인 사람은 미국에서는 우울증 위험군이지만, 한국에서는 우울증 위험군이 아니라는 이야기이다.[8]

요컨대 자가검사 도구 CES-D는 우울증을 진단하는 도구가 아닌 우울 증상의 정도를 측정하는 도구이고, 그 정도를 측정하는 데에 사용되는 기준점 역시 절대적인 것이 아니다. CES-D와 같은 도구가 '우울증 자가검사 도구'로 자주 소개되지만, 이것만으로는 한 사람이 우울증을 앓고 있는지 그렇지 않은지 알 수 없다. 우울증 진단은 임상 의사와의 충분한 면담을 거쳐 이루어져야 하고, 그렇게 진중하게 내려진 진단 역시 시간이 흐름에 따라서 혹은 의사에 따라서 변할 수 있다. 우울증 자가검사 도구는 우울증 위험군인 사람들을 찾아내 그들을 치료로 이끄는 데에 도움을 주지만, 동시에 환자를 과잉 산출할 수 있고 또 사람들이 자신의 고통과 정체성을 인식하는 방식에 영향을 줄 수 있다는 점에서 위험할 수 있다. 정신질환은 한 사람의 정체성에 큰 영향을 미치기 때문이다.

　우울증이라는 질병 개념과 우울증을 진단하고 우울감을 측정하는 기준에는 이렇듯 한계가 있다. 그럼에도 우울증 진단은 당사자에게 큰 의미를 갖는다. 나의 고통을 설명해 주고, 나의 지난 기억을 재해석할 수 있는 자원이 되어주고, 이를 통해 나 자신을 새롭게 보도록 만들기 때문이다. 진단은 가장 힘이 센 지식이다.

진단 하나에 다 담을 수 없는 고유한 감정들

진단은 혼란의 영역이다. 어디서 시작하든, 진단 경험을 추적하다 보면 끝도 없이 펼쳐진 새로운 영역의 이야기를 만난다. 그래서 '진단은 좋은가, 나쁜가? 필요한가, 필요하지 않은가?' 가치 판단을 하려고 시도할 때마다 계속해서 미끄러진다.

　진단은 해방인 동시에 억압이다. 진단은 정상과 비정상, 건강과 병리, 현실과 환각, 진짜 고통과 가짜 고통 사이에 경계선을 긋는다. 진단은 미스터리했던 증상들에 이름을 붙여주고 나와 같은 사람을 찾게 해준다. 아무도 믿어주지 않았던, 심지어 나조차도 승인하지 않았던 고통을 인정해 준다. 그러나 동시에 나를 멋대로 규정하고 낙인찍는다. 수치심을 준다. 삶을 재단한다. 과거를 멋대로 해석하고 현재의 정체성을 건들며 미래를 예언한다.

진단은 곧 이름을 붙이는 일이다. 이름을 붙이는 일은 지식이라는 권력을 가진 사람들이 하는 일이다. 앞서 말했듯 현재의 우울증 개념은 미국정신의학협회의 DSM과 세계보건기구의 ICD에 기반한다. 전 세계 의사는 이러한 분류 체계에 표준화되어 있는 증상에 기반해 우울증 환자를 살피고 진단을 내린다.

※ 1번과 2번 중 하나는 반드시 포함되고, 다섯 가지 이상이 동일한 2주 동안에 나타난다.

1. 거의 하루 종일 우울한 기분이 거의 매일 이어지며, 이는 주관적 느낌(예컨대 슬픔, 공허감, 아무런 희망이 없음)이나 객관적 관찰 소견(예컨대 자주 눈물을 흘림)으로 확인됨

2. 거의 하루 종일 거의 모든 활동에 대한 흥미나 즐거움 감소된 상태가 거의 매일 이어짐

3. 체중 또는 식욕의 심한 감소나 증가

4. 거의 매일 반복되는 불면이나 과수면

5. 정신운동의 초조(예: 안절부절 못함) 또는 지체(예: 생각이나 행동이 평소보다 느려짐)

6. 거의 매일 반복되는 피로감 또는 활력 상실

7. 무가치감, 또는 지나치거나 부적절한 죄책감이 거의 매일 지속됨

8. 사고력 또는 집중력의 감퇴, 결정을 못 내리는 우유부단함이 심해져 거의 매일 지속됨

9. 죽음에 대한 생각이 되풀이되어 떠오르거나, 특정한 계획이 없는 자살

사고가 반복되거나, 자살을 시도하거나, 구체적인 자살 계획을 세움

※ 임상적으로 의미 있는 고통이나 대인관계, 직업을 포함한 주요 영역의 기능

저하를 일으킴.

※ 약물 등 섭취 물질이나 질병으로 인해 야기된 생리적 효과로 인한 것이

아니어야 함

표1. DSM-5의 주요우울장애 진단 기준.

하지만 DSM과 ICD 체계는 특정한 전문가 집단, 특히 서구 백인 남성 지식인 계층에 의해 만들어졌다. 지금 우리에게 가장 익숙한 설명 방식이지만, 이 지식을 만드는 데에 한국의 이삼십 대 여성이 참여하지는 않았다. 그렇다면 DSM이 표준화한 '우울'은 한국 사회의 여성들이 경험하는 우울을 얼마나 잘 설명해줄까? 우리의 우울은 앤드루 솔로몬Andrew Solomon(『한낮의 우울』을 쓴 미국의 저널리스트이자 작가)의 우울과 얼마나 같고 또 다를까?

DSM 5판에서 우울증은 우울장애군depressive disorders으로 분류되며, 이 중 주요우울장애major depressive disorder를 통상적으로 우울증이라고 한다. 내가 만나본 여자들은 우울증을 중심으로 자신을 이해하고 있었지만 사실 그 밖의 다른 진단명을 거친 경우도 많았다. 병원을 옮길 때마다 각 의사가 파악한 자신의 상태는 매번 달라졌다. 또한 똑같이 우울증을 진단받는다 하더라도 우울

감을 표현하는 양상은 제각각 다양했다. 대부분의 인터뷰이가 신체 증상을 함께 겪었다. 일상생활이 가능한 정도의 우울증을 경험하기도 하지만, 더 심해지면 일상생활을 유지하는 것이 불가능해지고 누워만 지내게 된다. 다음은 여자들의 증언이다.

"아침에 눈을 뜨면 울어요. 울고, 끊임없이 생각해요. 생각하고 싶지 않은 어떤 순간들이 되풀이돼요, 머릿속에서. 잠을 자도 꿈을 계속 꾸기 때문에 휴식일 수가 없는 거예요. 자는 것도 무서워요. 꿈에는 주로 악몽 같은 기억이 나타나요. 때로는 원했던 순간이 펼쳐지기도 하는데, 그럴 때는 꿈에서 깨어나면 더 끔찍해요. 눈을 뜨면서부터 잠을 잘 때까지 맨날 울며 하루하루를 보내니까 일상생활이 불가능해져요.

어느 날은 열심히 애써서 '연구실을 가야겠다' 마음을 먹고 샤워를 해요. 샤워를 하면서 울어. 울면서 샤워를 해. 울면서 또 연구실을 가. 울기 싫은데. 연구실에 가면 동료들을 보잖아요. 그럼 막 반갑게 웃으면서 얘기하고 밥을 먹어요. 그러다가 일해야지 하고 딱 뒤돌아 책상에 앉으면 그 순간부터 (아무도) 나를 못 보잖아요. 그때부터 또 눈물이 나는 거예요.

자존감도 많이 떨어지고 할 수 있는 게 없다고 느껴지고. 계속 벗어나려고 끊임없이 노력하는데 끊임없이 실패하니까 더 무기력해지고, 끔찍하고, 그만두고 싶고. 이 세상 모든 게 흥미롭지 않으니 앞으로 무슨 일이 벌어진다고 해도 흥미가 없는 거예요.

음… 앞으로 슬픈 일이 많이 닥칠 텐데, 사람들은 뭐하러 그런 슬픈 일들을 힘겹게 버틸까." 현지

"내가 우울감을 심하게 느낄 때 항상 느끼는 감정이 참을 수 없는 심심함이거든? 무료함이라고 해야 하나. 그래서 미친 듯이 몰두할 거를 찾게 되는 것 같아. 근데 몰두할 것이 도저히 나타나지 않는 거야, 아무리 찾아도. 우울감에서 벗어날 때는 흥미로운 것들이 엄청 많아져.

스무 살 넘어서도 다들 이러고 사는 줄 알았어. 어떤 유튜브 채널에서 모두가 죽고 싶다는 생각을 하진 않는다고 그러더라고. (그 사실을) 그때 (처음) 알았어, 진짜로. 나를 엄청 괴롭히는 기억들이 있는데, 그 기억을 떠올릴 때마다 목 뒤쪽이 뻣뻣해지면서 이상하게 죄책감이 들고 수치스럽고 쪽팔려. 여기 명치 있는 데가 너무 아프고 가슴을 옥죄는 듯한 느낌을 받아." 딸기

066

"문 잠그고 맨날 울고 죽는 연습을 하고 자해하고 갑자기 나가서 남자들 만나서 자고 오고. 새벽 3시마다 술 마시러 나가거나 몇 날 며칠 울고 죽을 생각만 하다가, 갑자기 또 잠도 자지 않고 작업만 하다가. 그냥 그런 식으로 반복돼요. 혼란과 죄책감과 분노. 분노는 남보다 저를 향하는 경우가 많고요. 숨 못 쉬어서 불안할 때도 많아요.

툭 치면 전체가 정지해 버리고, 무기력한 정도가 너무 심해서 네

걸음 정도 걸으면 더 걸을 수 없는 상태가 돼요. 애정 결핍과 자살 충동? 당연한 것 같고. 남들의 죽음에 영향받는 것, 건망증, 강박증, 난독증. 난독증은 정말 미칠 것 같아요. 다 방치하는 거, 사람들 무서워하는 거, 온갖 것들이 다 (우울증의) 증상 아닐까요? 헷갈려요."

지은

"심장이 아주 빨리 뛰고 빨리 뛰니까 죽을 것 같아. 호흡이 안 돼. 폐를 삼 분의 일 정도만 쓰는 것같이 (몸 안에) 산소가 안 돌아. 자살보다는 자해 사고가 더 큰 것 같아. 누가 죽는 것도, 누구를 죽이는 것도, 나를 우울하게 하는 모든 것을 컨트롤할 수 없는데, 유일하게 가능한 게 나를 해치는 것인 거야. 나한테 상처를 내거나 식음을 전폐하는 식으로 자해를 하면 내 몸이라도 내가 통제할 수 있구나 하는 생각이 들었던 것 같아.

분노가 제일 큰 화두야. 중고등학생 때 편두통이 진짜 심해서 거의 발작을 일으켰는데 동네 병원에서도 해결이 안 됐어. 큰 병원에서도 안 돼. 서울에 있는 대형 병원에 가봤는데도 뇌에 이상이 하나도 없다는 거야. 단순 스트레스라고 했는데, 그랬던 게 대학에 오자마자 사라졌어. 왜 그런가 생각해봤는데, 분노를 표출하는 방법을 알게 돼서 그런 것 같아. 왜냐하면 고등학생 때까지는 그러면 안 된다고 생각했어. 대학에 와서는 화도 내보고 하니까 편두통이 진짜 말끔히 없어졌어. 걷기 어려울 정도로 어지럽고 토하고 지옥 같았는데, 언제 그렇게 아팠냐는 듯 지금은 너무나

067

"지병이지 지병. 우울이 지병이야. 내가 장애인이라는 생각 많이
해. 이거 장애 맞아. 나는 단순한 우울이 아니라 불안장애가 심
해. 강박이 있었어. 원래 모든 강박장애의 기저에는 불안이 있는
거잖아. 완벽주의, 결벽에 대한 강박이 제일 심했어. 그 외에도 청
소년기에는 사람들이 나를 해칠 것 같다는 불안이 있었어. 세상
이 다 이상해 보이는 거야. 왜 사람들이 저렇게 위험하게 다니나,
이런 생각도 들고. '내가 이걸 하지 않으면 나쁜 일이 생길 거야'
하는 전형적인 주술적 사고도 많이 했어. 자꾸 뭔가를 깜빡한 것
같아서 계속 확인하고. 길을 걷다가 뭔가를 떨어뜨린 것 같아서
자꾸 뒤를 돌아보기도 하고.

청소년기에 그 증상이 제일 심했는데 언제부터 나타났는지는 잘   **068**
모르겠어. 정신 건강이 안 좋아지면서 그런 방식으로 표현되었던
것 같아. 불안했고, 잠을 잘 못 잤고, 언제나 흥분해 있는 상태.
잠에 대한 기억을 떠올려 보면 항상 눈을 감고 밤을 새우는 것
같았어. 체중도 진짜 안 나갔어. 섭식장애가 있었던 적은 한 번도
없는데 사람이 언제나 긴장해 있으니까 살이 안 붙는 거야." **민지**

"믿기지 않으시겠지만 병원 가는 날 빼고는 방 밖을 안 나갔어
요. 그러면 모든 근육이 다 빠져요. 바깥을 아예 안 나가니까 되
게 고통스럽고 정신 차리면 날짜는 많이 지나 있고. 병원에 약

타러 갈 때, 그때 오랜만에 땅을 딛는 거예요. 그러면 하루 걸었다고 종아리에 근육이 뭉쳐요. 그런 생활을 최근까지 했죠. 이렇게 앉아 있는 것도 신기해요. 맨날 누워 있어 가지고. 누워서 할 수 있는 거는 핸드폰 메모장에 괴롭다고 일기 쓰는 거밖에 없어요. 아빠는 이렇게 일어난 것만으로 고맙다고 하셨어요. 제가 거의 폐인이었으니까. 식물인간 수준으로 누워 있었으니까.

일상은 하루 종일 누워 있는 거예요. 폭식 아니면 거식이에요. 입맛이 없어요. 모든 욕구가 다 사라져요. 어떤 감흥도 느낄 수가 없어요. 옛날에 너무나 좋아했던 영화도 볼 생각조차 들지 않고, 음악이 소음으로 들려요. 아무것도 안 들었어요.

몸이 항상 긴장되어 있어요. 편안하게 누워 있으면 되는데 그러질 못하고 항상 긴장이 돼요. 자살 사고는 항상 있어요. 우울증으로 자살해서 죽든지 다른 병에 걸려서 죽든지. 차가 오면 나를 치고 가라고 기도를 해요, 요즘도. 예전에는 매일매일 그랬고요. 달라진 건 기력이 생겨서 앉아 있을 수 있다는 거. 이렇게 인터뷰도 할 수 있을 정도로. 엄청 좋아진 거죠."

잔잔

069

"우울이 굉장히 심해지면 멍해지더라고요. '우울하다' 이런 생각이나 감정도 안 들고 그냥 멍한 상태가 돼요. 뭔가 좀 마비된 것처럼? 자고 일어나는 것도 엉망진창이고. 지금이 낮인가? 밤인가? 그것조차 분간이 잘 안 돼요."

조개인

우울증이라는 말에 먹히는 것 같아요

DSM이 규정하는 주요우울장애의 아홉 가지 증상 리스트와 여자들의 이야기는 비슷한 부분도 있지만 그렇지 않은 것들도 있었다. 우울증이라는 하나의 진단명 아래 모이기에는 우울의 정도와 증상의 스펙트럼이 너무 다양하기도 했다. 이처럼 자신이 가진 증상이 진단 기준과 들어맞지 않을 때, 이들은 자신을 오롯이 설명하는 진단명을 얻지 못하고 다양한 진단명 사이를 떠돌게 된다.

병명의 힘은 크다

여성 인터뷰이들은 병원을 바꿀 때마다 진단명과 처방 약, 복용량이 달라지는 경험을 했다. 같은 증상으로 병원에 다녀도 어떤
곳은 우울증으로, 또 다른 곳에선 주의력결핍 과잉행동장애(이하 ADHD)로, 다른 곳에서는 공황장애로 진단했다. 때로는 성격장애로 진단했다. 이런 경험은 이들에게 혼란을 주었다. 나는 도대체 어떤 사람이란 말인가? 내가 아픈 이유는 도대체 무엇 때문인가?

병원마다 진단이 달라지는 이유를 물어보며 인터뷰이들의 고민이 담긴 글을 보여주자 장형윤 아주대학교병원 정신건강의학과 교수는 이렇게 말했다.

"진단명이 환자들에게 이렇게 큰 의미인 줄 몰랐어요. 학교에서

공부할 때는 진단명과 각 질환의 정의를 중요하게 배우지만, 사실 임상에서는 큰 의미가 없는 것 같아요. 환자를 진단하기보다는 증상을 완화하는 방향으로 치료하게 되니까요."

가령 같은 불안 증상이라고 하더라도 이를 우울증의 증상으로 볼 것인지, 성격장애의 증상으로 볼 것인지, 공황장애로 볼 것인지에 따라 진단명이 달라질 수 있다는 것이다.

그러나 환자들에게 진단명은 큰 의미를 가진다. 미국의 뮤지컬 드라마 〈크레이지 엑스 걸프렌드 시즌3〉에는 다음과 같은 장면이 나온다. 정신질환을 앓는 주인공 리베카는 자신의 증상에 알맞은 진단명을 얻지 못하고 오랫동안 여러 병원을 전전하다가 마침내 지금까지와는 다른 새로운 진단명을 얻게 된다. 진료실에 들어가는 길에 리베카는 기쁨에 차 노래를 부른다.

"30년 가까이 난 내가 잘못된 줄 알았어.
엄마는 엄살 피우지 말라고 했고 그래서 난 강해지려 애썼지.
해낼 때까지 나 자신을 속여가며 그렇게 살아왔어.
슬픔과 공포의 이유를 알려고 할 때마다
결국 시행착오만 겪었어.
약을 먹거나, 찬송가를 부르거나, 남자 때문에 이사하거나.
하지만 이제는 후회할 필요가 없어.
왜냐면 곧 진단을 받을 테니까!

우울증이라는 말에 먹히는 것 같아요

(…)

난 이제 새로운 진단을 받을 거야.

새로운 진단.

이젠 나에게 우리와 어울리지 않는다고 말하지 마.

선생님. 내 편, 내 동족을 처방해 줘요.

제가 지금까지 속해 있었다고 말해주세요.

저와 같은 진단을 공유하는 사람들과요.

그게 뭘까? 뭐가 옳을까?

조현병 아니면 가벼운 조울증?

환청을 들은 적은 없지만 이젠 들릴지 몰라.

(갑자기 환청이 들리며) '당신 정말 멋져요, 리베카!

고마워!

정신질환에 낙인이 있다는 건 알아.

그치만 내 자신을 알 수만 있다면 낙인도 괜찮아.

내가 어떤 사람이어야 하는지 알 수만 있다면

새로 받은 진단으로 말이야."[9]

　　다음 장면에서 리베카는 정신과 의사에게 경계성 성격장애
를 진단받는다. 의사는 리베카에게 이 진단명에 관한 정보를 인
터넷에서 찾아보지 말 것을 당부하지만 리베카는 의사와의 면담
이 끝난 후 화장실에서 경계성 성격장애에 대해 검색해 본다. 리

베카는 이 병의 치료가 매우 까다롭고 낙인이 심하며 무엇보다 자살로 생을 마감하는 환자의 비율이 매우 높다는 사실을 알고 절망한다.

완벽하진 않아도 적어도 자신이 누군지 알고 싶었던 리베카처럼, 실제로 정신적 고통을 호소하는 많은 사람이 자신의 증상을 설명해 줄 수 있는 진단명을 얻기를 바란다. 해석할 수 없는 고통의 경험보다는 해석할 수 있는 고통의 경험이 훨씬 견딜 만한 법이다. 또한 의사라는 전문가에게 얻은 진단은 곧 권위로부터의 승인이어서, 이전에는 '엄살'로 치부되었던 나의 고통이 주변인들에게 인정받는 계기를 만들어 주기도 한다.

의료화? 약료화? 그게 뭐든 고통의 인정이라면

건강보험심사평가원이 2020년 6월 발표한 「2019년 진료비 주요 통계(진료일 기준)」에 따르면 2019년 진료비 증가율이 가장 높았던 진료 과목은 정신건강의학과이다. 2019년뿐 아니라 최근 몇 년간 정신건강의학과에 방문하는 사람들은 계속해서 증가하는 추세이다.

정신건강의학과를 방문하는 사람이 많아졌다고 해서 실제로 정신질환을 앓는 환자가 늘어났다고 결론을 내리기는 어렵다. 정신과는 다른 과보다 진료의 문턱이 높다. 과거에는 병원을 방문하지 못했던 환자가, 우울증과 같은 정신질환에 관한 사회적 낙인이 줄어들면서 이제는 더 쉽게 병원을 찾게 된 것일 수 있다. 곧 실제 환자 수가 늘었다기보다는 병원을 방문하는 사람의 수가 많아졌을 수 있다.

또한 정신질환에 관한 정보가 많아질수록, 이 정보가 일종의 홍보 효과를 내어 사람들이 자신의 상태를 자각하고 병원을 방문하도록 이끌 수 있다. 곧, 우울 증상을 겪고 있었으나 이를 치료해야 할 질환으로 인식하지 못했던 사람들이 병원을 방문하게 하는 계기가 되어줄 수 있다. 앞서 설명한 인터넷으로 쉽게 찾아볼 수 있는 우울증 자가검사 도구가 대표적인 우울증 관련 정보이다.

이렇게 보면 우울증 환자가 많아졌다는 것은 실제로 병을 앓는 환자가 많아진 것일 수도 있지만, 또 한편 우울한 상태를 병리적인 것으로 인식하면서 의학적 틀을 적용해 우울 증상을 이해하고 치료하려는 사람들이 많아진 것으로 볼 수 있다. 이처럼 기존에는 의학적 문제로 여겨지지 않았던 증상들이 의학적 문제로 정의되는 과정을 '의료화medicalization'라고 부른다. 우울증은 알코올의존증, ADHD, 출산, 비만과 더불어 대표적인 의료화 사례이다.

우울증이 의료화되는 과정을 회의적으로 보는 사회학 연구가 많다. 『만들어진 우울증』(2009, 한겨레출판), 『프로작 네이션』(2011, 민음인), 『미국처럼 미쳐가는 세계』(2011, 아카이브)와 같은 저작은 우울증의 의료화 과정을 비판적으로 살핀다. 물론 이를 비판적으로 검토하는 것은 중요하지만, 이러한 접근 안에서 자발적으로 정신과를 찾아가는 여자들은 단순히 의료화라는 시스템 속 수동적인 피해자처럼 느껴진다. 그러나 실제로 만나본 여자들은 누구보다 적극적으로 진단을 바라며 진단이 부여하는 사회적 의미를 이용할 줄 아는 사람들이었다. 학계 안에서 우울증을 연구할 때와 직접 현장에서 당사자를 인터뷰할 때 발견한 가장 큰 차이점이 바로 이것이었다. 우울증 당사자들은 결코 단순한 피해자가 아니다. 이들은 대단히 적극적으로 치료 과정에 참여하는 행위자이다.

인터뷰이들은 대체로 진단을 달가워한다. 의사의 말을 모조리 신뢰해서가 아니라 자신의 질병을, 나아가 스스로를 이해하는 데에 의학적 용어와 이론을 하나의 자원으로 사용할 수 있기 때문이다. 의학적 지식에 대한 사회적 믿음과 의학 전문가의 권위 덕에, 진단은 오랫동안 인정받지 못했던 이들의 고통을 공식적으로 인정해 주는 역할을 하기도 한다. 우울증 당사자들은 오랫동안 자신의 고통을 인정받지 못해왔다. 아프다고 말하면 엄살이라고 답하는 상대에게 지쳐 누구에게도 말하지 못하고 고립되다가 고통이 심화된 사람들이다. 그런 상황에서 '우울증'이라는 진단은 이들의 고통을 승인하며 해방감을 준다.

여자들은 진단이라는 이름 붙이기에 관한 다양한 견해를 전해주었다. 유진은 "우울증을 이해받기 위해 병원에 다니지 않는다"라고 말했다. 의사에게는 약만 적당히 타면 그만이다. 딸기는 여전히 자신이 우울증이 맞는지 고민한다고 했다.

> "나는 우울에 대해서 말하는 게 좀 어려워. 내가 앓고 있는 것이 우울이 맞는지, 그런 의문이 들어서. 아직도 그게 해결이 안 되었나 봐. 다 이렇게 살 거야 하는 생각이 여전히 있기도 하고, 한편으로는 레이블링을 하는 것이 불편할 때가 있고."

우울이란 과연 실체가 있는가? 유진의 말은 치료를 받는 당사자야말로 자신의 질병에 대해 가장 오래 고민한 사람임을 보여준다.

> "어떤 사건으로 인해서 우울한 적은 있지만, 그것도 사실 딱 무자르듯 설명할 수는 없는데…. 도대체 우울증이라는 것의 실체가 뭘까를 엄청 많이 고민한 것 같아. 호르몬 때문이라고 하기에는 너무 사건이 있어. 그 사건을 없앨 수는 없으니, 그러면 우울증은 불치병인 건가? 그러면 너무 좌절스럽잖아. 절망적이고. 그래서 호르몬의 문제라고 생각해 보면, 너무 설명이 안 되는 부분

이 많고. 그래서 아직도 나에게 우울은 미지의 세계야."

지금까지 공황장애, 불안장애, ADHD, 조울증, 불면증, 식이장애, 알코올조절장애, 트라우마 등 다양한 진단명을 거친 지은은 이렇게 말했다.

"우울증을 안 믿어요. ADHD 자체를 안 믿고. 정신병 자체를 안 믿게 됐어요. 무슨 연구 결과, 임상 시험, 의사 선생님들이 배우는 것들, 약의 효과, 그런 모든 반응이 일어나는 과정. 옛날에는 되게 중요하게 생각해서 검색도 많이 하고, '아 맞아, 나 이런 증상 있는데'라고 생각하기도 했는데, 이제는 다 없애버렸어요. 이런 (제) 기분에 병명을 넣기가 싫어요."

한국이 아닌 프랑스에서 상담 치료를 받은 세리는 다른 견해를 들려주었다. 세리는 한국에 있는 친구들에게 "우울증을 약으로 치료하는 건 좀 아닌 것 같아"라고 말하면, 반감이 굉장히 심했다고 말했다.

"돈을 내고 뭔가를 받는 것 자체에 되게 안심하고 있다고 느꼈고, 심지어 약의 부작용도 감당해야 될 거라고 생각하더라고요."

세리의 지적은 일리가 있다. 앞서 이야기했듯 진단은 해방인 동시에 억압이다. 세리의 친구들이 반감을 보인 이유는 아마도 오랫동안 우리의 우울을 엄살로 치부하는 문화에 질려버렸기 때문은 아니었을까. 정신질환에 따라붙는 지독한 낙인 탓에 적절한 치료를 받기 어려운 현실에서 너무 많은 상처를 받았기 때문일지도 모른다.

당사자에게 진단이란 나의 우울이 병이냐, 병이 아니냐 하는 문제라기보다 누군가 나의 고통을 알아주는가, 알아주지 않는가의 문제이다. 고통을 계속해서 호소하는데도 반응하지 않는 사회에서 오래 홀로 버티던 사람에게 누군가의 '알아줌'은, 그것이 설령 신자유주의 시대 감정 관리의 결과이며 다국적 제약회사의 자본주의적 책략이라 할지라도 소중한 것이다. 증상만 나아진다면, 고통만 경감된다면 무엇인들 못 할까?

'알아줌'은 너무도 중요한 문제이다. 어쩌면 전부이다. 누군가를 죽고 살게 한다.

"(병원에서) 내가 지금 정상적으로 기능을 하지 못하는 게 오히려 자연스럽다는 얘기를 들으니까 너무 다행이었어. 나는 그때 그 얘기를 들었을 때 정말 살 것 같았는데 엄마는 내가 약을 먹는 게 이상한 거지. 힘들다는 얘기를 하지도 않았고 학교도 다니고 있고 아무렇지 않아 보이는데 갑자기 정신과에 다니면서 약을 먹는다고 하니까. 엄마는 그때 정신과에 대해서 안 좋은 편견을 가지고 있기도 했고.

엄마가 약 먹지 말고 운동을 해보라고 해서 PTpersonal training를 끊어줬는데 운동할 컨디션도 아니었으니까 PT 받다가 토를 한 거야. 정말 뭘 할 상태가 아니었던 거지. 엄마는 약에 대한 거부감이 굉장히 컸거든. 그래서 나가서 뭐라도 해라, 아니면 상담을 받아봐라 하는데, 그게 자꾸 내가 아프다는 사실을 부정하는 것 같은 거야.

나는 진짜 이 진단을 받고 너무 해방감도 느끼고 다행이라고 생각했는데, 엄만 계속 이게 병이 아니라고 하는 거지. 내가 운동을 안 해서 그런 거라면서. 안 그래도 나 스스로도 이게 꾀병은 아닐까 의심을 많이 하던 차였는데.

엄마가 내가 다니던 정신과를 믿지 못하겠다고 다른 상담소에 데려간 적이 있어. 내가 선택한 곳이 못 미더우니 상담소에 데려가서 얘가 진짜로 약 처방이 필요한지를 확인하고 싶었던 거지. 그 후에 자기가 믿을 만한 병원으로 나를 데려가고 싶어 했어.

나는 엄마가 나를 상담소에 데려간 게 내 병을 모두 부정하는 것 같이 느껴졌어. 상담이 끝나고 집에 돌아오는 길에 엄마는 계속 비슷한 논지의 얘기를 했어. 그냥 약을 먹지 말고 상담을 받아보면 되는 거 아니냐고. 나는 엄마가 나를 여기 데려온 건 결국에는 내가 아프다는 걸 부정하고, 병이 아니라는 사실을 누군가에게 증명받고 싶은 것 아니냐고 그랬어. 실제로 그랬고.

그래서 그날 죽어야겠다고 생각했어. 엄마랑 차를 타고 가다가 진짜 못 버티겠어서 소리 지르면서 여기서 내려달라고, 엄마랑 더는 같은 공간에 있고 싶지 않다고 했어.

이제 죽을 거라고 생각하니까 너무 좋은 거야. 다 끝날 거라고 생각하니까. 그래서 수중에 갖고 있던 돈으로 제일 비싼 치즈랑 와인을 사가지고 한강에 가서 어두워질 때까지 기다렸어. 그러면서 진짜 많이 울었어. 친구들 생각도 많이 났어. 내가 연락이 안 되니까 친구들이 연락도 되게 많이 해줬었단 말이야. 미안했어. 친구들이 내 장례식에 찾아온다고 생각하면.

어쨌든 나는 지금 죽을 수 있으니까 너무 행복하고, 이제 끝난다고 생각하니까 해방감도 들고. '와, 이제 진짜 끝이다. 너무 좋겠다' 이런 생각이 많이 들었어.

그리고 어두워졌을 때, 떨어졌어."

나와 함께 페미당당 활동을 했던 예지의 인터뷰로 이 장을 마무리한다. 그는 우울증이 깊어지자 페미당당 활동을 따라가기 어려워졌다. 사고 능력이 현저히 떨어지자 자신의 쓸모를 의심하게 됐다. 그는 우울증에 걸린 우리를 자주 보살폈지만 정작 본인의 우울이 깊어졌을 때는 스스로 고립시켰다. 일을 그만두고 학교를 휴학했다. 이 사실을 누구에게도 말할 수 없어 학교를 간다고 말한 뒤 바깥 카페에서 홀로 시간을 보냈다. 병원에 가서 사고력 저하가 우울증의 증상임을 알게 되었을 때 "살 것 같았다".

처 방 전

교보 연월일 및 번호		년 월 일 - 제 호	의료기관	명 칭	
자	성명			전화번호	
				팩스번호	
	주민등록번호			e-mail 주소	
병류호		처 방 의료인의 성 명	(서명 또는 날인)		면허종별
					면허번호

* 환자의 요구가 있는 때에는 질병분류기호를 기재하지 않습니

처방 의약품의 명칭	1회 투약량	1일 투여 횟수	총 투약일수
산리튬정_(300mg/1정)	2.0000	1	7
프람정 10mg(에스시탈로프람옥살산염)_(12.77mg/1정)	1.0000	1	7
르탁스정 15mg(미르타자핀)_(15mg/1정)	1.0000	1	7
리티코정 50mg(트라조돈염산염)_(50mg/1정)	1.0000	1	7
보트릴정(클로나제팜)_(0.5mg/1정)	1.0000	3	7

3장

치료

우울은

병일까

병이 아닐까

조

주사제 처방내역(원내조제 □ 원내처방 □)

| 용기간 | 교부일로부터 ( )일간 | 사용기간 내에 약국에 |

의약품 조제내역

	조제기관의 명칭			처방대
제역	조제약사	성명	(서명 또는 날인)	
	조제량 (조제일수)			
	조제연월일			

약 이야기부터 시작해 보자. 나의 경우 운이 좋게도 처음부터 약이 잘 맞았다. 우울의 밑바닥에서 허우적대던 때, 병원에 가서 처방받은 최초의 약은 리튬이었다. 병원에서는 약에 대해 자세히 설명해 주지 않았다. 의사는 내 상태를 확인한 후, 수면제와 기분장애 약 하나를 처방해 주었다. 진료실을 나와 내가 무엇을 먹게 된 것인지 궁금해서, 약의 모양을 토대로 인터넷에 검색해 보았다. 탄산리튬과 졸피뎀이었다.

많은 인터뷰이가 나처럼 검색을 통해 자신이 먹는 약의 정보를 확인했다. 내가 먹는 약이 무엇인지 궁금해하는 건 어찌 보면 당연한 일이다. 미국에서 정신과를 방문한 인터뷰이만이 유일하게 약에 대한 정보를 충분히 제공받았다. 그는 의사로부터 약에 대한 정보가 쓰인 문서를 받았고, 의사의 설명과 함께 문서를 모두 읽어본 뒤에 약을 먹을지 말지를 결정했다. 약에 대해 이해하고 복용 여부를 결정하는 과정에만 꼬박 하루가 걸렸고 다음 날에야 처방된 약을 복용할 수 있었다.

한국은 소위 '마약 청정국'이라고 불리지만 다이어트약을 포함한 향정신성의약품向精神性醫藥品을 대단히 쉽게 처방하고 있다. 환자는 자신이 먹는 약이 무엇이고, 내 몸에 어떤 영향을 미치는지를 충분히 알지 못한 채 약을 복용한다. 일단 먹어보고 부작용이 나타나면 그제야 의사에게 보고하고 약을 바꾼다. 다음 약에 대한 정보도 충분히 얻지 못한다. 무엇보다, 진단을 내리고 약을 처방하는 데에 들이는 시간이 너무도 짧다. 환자는 짧은 시간 동안 자신의 상태를 압축적으로 의사에게 전달해야 한다. 딸기는 이렇게 말했다.

"의사에게 한 달 동안 있었던 일을 압축해서 2분 만에 말해야 한다는 게 되게 무섭고 어려웠어. 이게 잘못 전달되면 내가 매일매일 먹어야 하는 약에 반영될 수 있으니까. 내가 먹는 약은 부작용도 정말 많은데… 시간이 부족하니까 개인적인 맥락을 빼고 신체 증상만 말하게 되더라고. 의사가 들으려고도 하지 않고. 이야기를 제대로 못 한 것 같아서 병원에서 나올 때마다 무섭고 불안해서 울었어."

3장. 치료

의사는 약효가 나타나기까지 2주 정도 걸린다고 했다. 혈액 내의 리튬 농도가 일정 수준 이상 높아지는 데까지 걸리는 시간이었을 것이다. 기다리는 2주 동안 죽을 맛이었다. 지금 당장 죽을 것 같은데 어떻게 2주를 버티라는 것인지. 산소도 빛도 부족한 심해에서 무척이나 느리게 흐르는 시간을 견디는 기분이었다. 그리고 점차 감정의 진폭이 잦아들었다. 효과가 있었다. 솔직히 그 이상으로 충격이었다. 마치 평생 초고도 근시로 살던 사람이 라식 수술을 하고 처음 눈을 뜬 기분이랄까. 배신감도 느꼈다. 모두가 이렇게 살았다고? 이렇게 인생이 쉬웠다고? 태어나서 처음 느껴보는 평온함이었다.

약을 먹은 상태에 적응하는 데에는 시간이 걸렸다. 리튬은 내게 평온함을 가져다줬지만, 때로는 이전의 내가 그리웠다. 전보다 덜 우울했지만, 또 전보다 덜 자신만만했다. 전체적으로 일상에서 경험하는 감정의 영역이 좁아진 것 같았다. 기쁨과 슬픔의 극단에 이르렀을 때 느끼던 짜릿함이 그리웠다. 리튬을 통해 더 편안하고 더 행복할 수는 있겠지만, 경험의 스펙트럼은 더 좁아지는 것 같았다. 심각한 조증으로 이어지지 않는다면, 경조증은 신이 내린 축복 같기도 했다. 쌩쌩 돌아가는 머리와 끊임없이 솟구치는 에너지, 무한대로 펼쳐질 것 같은 창조력과 자신감이 그리웠다.

나는 모범적인 환자는 아니었다. 의사의 말을 곧이곧대로 듣지 않고 진단명을 달가워하지 않았다. 그가 내 정체성과 인생을 마음대로 해석하며 침범한다고 느낄 때마다 불쾌했다. 진료실에서는 나뿐만 아니라 의사도 본인의 이야기를 해야만 마음을 열고 속 얘기를 꺼냈다. 오로지 나 혼자만 취약해지는 것이 불공평하게 느껴졌다. 나의 상태를 자가 진단하고 약을 끊기를 반복했다(조울증 환자가 자주 반복하는 실수이다). 그러다 상태가 악화되면 다시 병원에 갔다.

'조울증 환자'라는 말을 쓰면서도 여전히 껄끄럽다. 많은 사람이 고통에 대한 승인으로서 병명을 바라고 기꺼워하지만, 나의 경우 해방감보다는 불편함을 느낀다. 정신병에 대한 낙인 때문이 아니라, 함부로 한 존재를 병리적으로 보는 무례함 때문이다. 꾸준히 약을 먹는 지금도 병명은 나와 내 삶을 해석하는 데에 쓰는 여러 권의 참고문헌 중 하나로만 여긴다.

맞지 않는다 싶으면 의사를 계속해서 갈아치웠다. 지금은 서울시 은평구에 있는 살림의원에 정착했다. 이곳의 선생님은 첫 만남에서 자기와의 치료가 어떤 식으로 이루어지길 바라느냐고 먼저 물었다. 앞에서 열거한 병과 치료에 대한 나의 생각을 솔직하게 이야기했다. 선생님은 모든 치료 과정마다 먼저 내 생각을 묻고, 그 뒤에 자신의 생각을 말씀하신다. 그렇지 않으면 자신의 의견에 따라 내 생각이 달라질 수 있으므로. 약 처방을 내릴 때도 내 의견을 묻고 이를 반영해 함께 상의해 가며 약을 조절한다.

매일 약을 먹는다는 것은 하나의 의식儀式이다. 이는 내가 아픈 사람이라는 것을 확실히 인식하게 한다. 약을 먹을 때마다 자각한다. 나는 환자이구나. 그중에서도 정신병자이구나. 사람들에게 말하기에도 보여주기에도 좋다. 나 우울증 약 먹어. 아, 너는 우울증 환자이구나. 빠르게 승인이 이루어진다.

약과 함께하는 삶이 시작되면 이후 찾아오는 수많은 감정과 몸의 반응을 약과 관련지어 생각하게 된다. 간만에 평온함을 느낄 땐 되묻는다. 이건 약의 효과일까? 나의 반응일까? 이전에는 자연스러운 감정의 반응이라고 느낄 만한 문제도 쉽게 병리적으로 여긴다. 불안이나 우울을 느낄 때는 묻는다. 약이 잘 안 맞나? 용량이 부족한가? 지금 힘든 건 월세를 못 내서인가, 약이 부족해서인가? 이건 병리적인 상태인가, 아닌가? 이 같은 혼란은 특히 환각이나 망상과 같은 정신증 증상이 없는 신경증 환자에게 더 잦은 것 같다.[1]

처음에는 감기약처럼 우울증 증상이 가시고 나면 약을 그만 먹어도 될 것이라 생각했다. 리튬 처방은 생각보다 오래 계속됐다. 약을 그만 먹고 싶어 의사에게 언제까지 먹어야 하냐고 물으니 "오래 드셔야 한다"라는 답이 돌아왔다. "얼마나 오래요?" 되물으니 "꽤… 오래요. 적어도 3년 이상, 어쩌면 평생이요"라고 대답했다.

임신을 했을 때도 약이 치명적인 결과를 가져올 수 있는 기간을 제외하고는 꾸준히 먹어야 한댔다. 임신과 출산과 육아를 겪으며 감정이 더 날뛸 가능성이 높다고 했다. 피치 못할 사정으로 약을 먹지 못할 때는 전기충격 치료를 받아볼 것을 권했다. 의사는 전기충격 치료가 부정적인 인식과는 달리 얼마나 안전한 치료법인지 여러 번 조심스레 말했다. 하지만 그럼에도 좀 충격이었다.

무엇보다 치료의 원리가 궁금했다. 원자번호 3번의 가벼운 금속 원소이자 배터리에나 들어가는 줄 알았던 리튬이 어떻게 기분장애 약으로 쓰일 수 있는지, 전기충격 치료가 내 두뇌에 어떤 영향을 미치는지 듣고 싶었다. 여러 번 질문했지만 그때마다 속 시원한 답을 듣지는 못했다.

"우울증은 뇌의 신경전달물질의 불균형으로 인한 것입니다. 약은 이 불균형을 바로잡아 줍니다."

"전기충격 치료는 두뇌를 재부팅하는 것과 같습니다. 충격을 줘서 머리를 리셋시키는 것이지요."

이런 답은 충분하지 않았다. '신경전달물질의 불균형'이라는 말은 너무 포괄적이고 추상적이다. 구체적으로 어떤 신경전달물질이 어떻게 불균형이라는 것인지, 리튬은 신경전달물질이 아닌데 이 불균형에 어떤 영향을 준다는 것인지, 그 과정에서 다른 부작용은 정말 없는 것인지, 나는 정확한 메커니즘을 알기를 원했다. 전기충격 치료가 두뇌를 재부팅하는 것과 비슷하다는 말 역시 비유일 뿐, 치료의 메커니즘을 설명하는 말은 아니었다. 나는 내 몸에서 무슨 일이 일어나는지를 알고 싶었다.

나중에 알고 보니 의사들이 그토록 모호한 언어로 설명했던 것은 그들도 잘 몰라서였다. 차라리 잘 모른다고 솔직하게 말했으면 좋으련만. 우리가 먹는 정신과 약 대다수는 그 작용기전(약이 신체에서 작용하는 방식)이 제대로 밝혀져 있지 않다. 약의 역사는 너무도 많은 우연과 실수, 뜻밖의 발견과 직감, 그리고 제약회사의 마케팅으로 이루어져 있다.

우당탕탕 약의 역사

정신질환은 신체질환과는 다른 특수성을 갖는다. 우울증 진단에는 확실한 생물학적 테스트가 없다. 임신을 했을 때, 우리는 임신 테스트기나 초음파검사를 통해 임신 여부를 가린다. 고혈압 진단을 내릴 때, 혈압을 측정해 그 수치로 고혈압인지를 판가름한다. 당뇨도 마찬가지이다. 그러나 우울증은 이와 같은 몸 안의 생물학적 지표, 곧 생물지표biomarker가 존재하지 않는다. 우울증 자가검진 도구나 DSM 진단 기준이 있긴 하지만, 이들은 모두 바깥으로 보이는 증상을 묻는 문항으로 이루어져 있다. 우리는 임신 여부를 '배가 불러온다', '입덧을 한다', '생리를 하지 않는다' 등 겉으로 보이는 증상으로 판단하지 않는다. 하지만 정신질환은 그렇게 한다. 또, 체크리스트에 쓰인 증상을 보인다고 해서 바로 우울증을 진단받는 것은 아니며, 의사는 환자와의 대화를 통해 모든 것을 총체적으로 고려한 뒤 우울증 진단을 내린다.

즉, 정신질환은 병의 여부를 판별하는 생물지표가 애초에 존재하지 않기 때문에, 약을 먹을 때는 반드시 믿음이 필요하다. 확실히 입증할 증거는 없지만, 내가 우울증이라는 믿음 말이다.

기분 조절 기능을 하는 세로토닌·노르에피네프린·도파민 등의 신경전달물질 혹은 뇌의 특정 부분이 생물지표라고 생각할 수 있지만, 이 같은 생물학적 조건은 정신질환을 대단히 한정적으로밖에 설명하지 못한다. 기분장애뿐만이 아니라 성격장애, 행동장애를 포함한 대부분 정신과적 장애에 있어서 '망가진 뇌'는 결과가 아니라 과정에 가깝다. 곧 신경전달물질의 불균형 때문에 우울한 것인지, 아니면 우울해서 신경전달물질이 불균형해지는 것인지 판단하기 어렵다.

신경전달물질이 뇌에만 있는 것도 아니다. 뇌에서 만들어지는 세로토닌은 전체의 5퍼센트에 불과하며 나머지 95퍼센트는 장의 내분비 세포인 장내 크롬친화성세포에서 생성된다. 세로토닌은 인체 곳곳에서 수면, 소화, 혈압 등의 과정에 작용한다.[2]

그렇다면 정신과 약은 어떻게 정신질환 치료제로 쓰이게 되었는가? 약의 역사는 진단의 역사와 마찬가지로 파헤치면 파헤칠수록 황당할 정도로 허술하다. 지금 우리가 쓰는 약들 중 우연히 발견된 것이 부지기수로 많다. 정확한 작용기전을 밝혀낸 후 사용하는 것이 아니라, 특정 증상에 효과가 있다는 것을 경험적으로 알게 된 후 치료에 쓰이는 식이다.

가령 조현 증상을 다스리는 데에 탁월한 효과를 보인 최초의 정신과 약 클로르프로마진(소라진)[3]은 염색약으로 쓰이는 화합

물인 메틸렌블루methylene blue에서 기원했다. 초기 항우울제인 이미프라민 역시 서머블루, 스카이블루라는 염료에서 탄생했다. 모노아민 산화효소는 세로토닌, 도파민 등 신경전달물질을 산화시켜 분해해 버리는 효소인데, 이를 억제하는 모노아민 산화효소 억제제MAO inhibitor는 원래 로켓 연료에 쓰이던 물질이었다. 이들은 모두 진정제나 마취제, 심장 수술에 쓰일 신약 등 다른 목적을 위해 개발되었다가, 우연히 다른 역할을 할 수 있다는 사실이 발견되어 정신과 약으로 쓰이게 됐다. 곧 약이 먼저 개발된 후, 뜻밖에 쓰임새를 발견하게 되면 기존에 있는 정보를 바탕에 두고 연역적으로 연구를 진행한다는 이야기이다. 과거에 수많은 약에서 애초에 기대했던 목적과는 다른 쓰임새가 발견된 것처럼, 지금 우리가 사용하는 약 또한 의도와 다른 방식으로 우리 몸에 작용할 수 있다. 우리는 그것을 부작용이라고 부른다.[4]

091

많은 이들이 부작용을 경험한다. 대표적인 정신과 약의 부작용은 식욕 증진, 식욕 부진, 무기력, 손 떨림, 수면장애, 감정 둔화, 입 마름, 변비, 기억력 저하 등이다. 정신과 약을 장복長服했을 때 뇌에 어떤 일이 일어나는지 우리는 아직 잘 모른다. '정상적'인 감정을 얻기 위해 무엇을 희생하고 있는지는 불확실하다. 정신과 약을 장복하는 많은 이들이 이를 감수해야 할 것으로 여기며 산다. 약을 먹지 않으면 삶의 질이 현격히 떨어지기 때문이다. 삶의 질이 떨어지는 정도가 아니라, 당장 죽을 사람도 많을 것이다. 35년간 정신과 약을 먹어온 조울증 당사자이자 심리학자인 로런 슬레이터Lauren Slater는 『블루 드림스』(2020, 브론스테인)에서 "살기 위해 죽고 있다"라고 말한다.

> 까놓고 말해 나는 추하게 늙고 있다. 건강을 잃었고 가장 큰 원인은 정신과 약이다. 그럼에도 이 약들 없이 살 수 없다. 30년 이상 꾸준하게 복용량과 약의 수를 늘린 결과 내 뇌는 완전히 바뀌었고 매일 약을 먹지 않으면 신경 체계가 제 기능을 하지 못한다. (…) 내가 처음부터 이미프라민을 먹지 않았다면 어떻게 됐을까? 나중에 프로작을 먹지 않았더라면? 온전히 내 힘으로 우울증에서 벗어날 수 있었을까? 답을 알 방법은 없다. 하지만 지금까지의 경험으로 추측할 수는 있다. 내가 현재 살기 위해 죽고 있다는 점을 감안했을 때 이 약들이 없었다면 나는 지금보다 더 빨리 죽었을 것이다. 그러니 어찌 찬양하지 않으랴.[5]

리튬의 역사를 예로 들어보겠다. 리튬은 우주를 구성하는 원소로, 인간보다 먼저 우주에 존재했다. 원소 자체의 성질은 불안정하지만, 복용하는 사람에게는 고요한 평정심을 가져다준다. 리튬은 인위적으로 합성한 다른 정신과 약과는 달리 자연 상태의 돌에서 찾을 수 있는 물질이다.

리튬이 조울증 약으로 쓰일 수 있다는 사실이 발견된 과정은 다소 황당하다. 정신질환 치료제로서 리튬을 처방하기 시작한 것은 19세기 중반부터이다. 초기 리튬 치료법은 곧 잊혔다가,

이후 1949년 호주의 정신과 의사 존 케이드John Frederick Joseph Cade에 의해서 조증 치료제로 다시 소개되었다.[6] 그러나 그의 실험 역시 잘못된 과학을 바탕으로 이루어졌다.

당시 의사들은 산성뇨acidic urine가 모든 중병의 원인이라고 생각했다. 케이드는 중증 정신질환자의 소변을 모아 기니피그의 복강에 주입하는 실험을 반복하면서 정신질환을 일으키는 소인을 찾고자 했다. 농축된 소변 샘플을 주입받은 기니피그는 매번 모두 죽었다. 케이드는 기니피그를 죽게 한 원인이 요산uric acid에 있을 거라고 추정했다. 그는 물에 용해되지 않는 요산을 녹이기 위해 소변 샘플에 리튬 염lithium salt을 첨가했다. 그리고 이 샘플을 기니피그에 주입하자 놀라운 결과가 나타났다. 기니피그는 죽지 않았고 오히려 의식이 또렷해지면서도 무척이나 고요하고 얌전해졌다. 케이드는 리튬의 효과를 입증하기 위해 자신의 몸을 대상으로 실험을 진행했고, 이후로는 환자들을 대상으로 실험했다. 이렇듯 리튬이 조울증 약으로 쓰일 수 있다는 사실은 기니피그에게 정신질환자의 오줌을 주입하다 발견해 낸 아주 뜻밖의 사실이었다.[7]

리튬은 정신의학사에 큰 업적을 남기며 많은 사람을 살렸다. 역사도 길고, 화학적으로도 단순하며 효과적이고, 무엇보다 다른 정신과 약과는 달리 자연 상태에서 인위적인 합성을 거치지 않고 얻을 수 있다. 그러나 우리는 리튬이 어떻게 해서 인간이 느끼는 감정에 영향을 주는지 여전히 알지 못한다. 리튬이 뇌 안에

093

서 어떤 작용을 하는지를 연구하는 학자도 소수이다. 로런 슬레이터는 그 이유를 "리튬이 수익성이 없기 때문"이라고 설명한다. 그는 리튬이 "정신의학과 자본주의 사회에 속한 기업 이익의 밀접한 관계를 가장 잘 보여주는 약"이라고 보면서 많은 사람에게 효과를 보인 리튬이 있었음에도, 제약회사들은 특허권과 수익을 위해 신약 개발에 몰두한다고 지적한다.[8]

무엇이든 개발되어 세상에 나오기 위해서는 돈이 필요하다. 정신과 약도 마찬가지이다. 약물의 새로운 효과를 발견했다고 하더라도, 제약회사가 이를 신약으로 개발하기 위해서는 시장성이 있어야 한다. 우울증 약이 팔리려면 우울증 환자가 필요하고, 조현병 약이 팔리려면 조현병 환자가 필요하다. 제약회사는 잠재적인 환자군이 얼마나 되는지를 판가름한 뒤, 시장성이 있다고 판단될 때 약을 개발한다. 약이 개발된 후에는 공격적인 마케팅을 통해 적극적으로 질병을 알려 잠재적 환자를 "만들어 낸다". 반대로 약물의 새로운 쓰임새를 발견한 뒤에도 시장가치가 없다고 생각하면 더 이상 개발하지 않는다.

사람들은 질병과 그 치료법을 순수한 과학의 산물로 여기고 또 그래야 한다고 생각하지만, 현실은 그렇지 않다. 질병은 어느 정도는 사회적 구성물이며, 약도 마찬가지이다. 약을 먹으려면 우리는 특정 상태를 병리적인 것으로 규정해야 한다. 하나의 약이 우리 삶에 들어오는 것은 고통을 이해하는 문화 자체를 바꾸는 일이다.

질병을 만들어 가는 과정에 의료 전문가만 참여하는 것은 아니다. 제약회사, 건강관리 기업, 환자로 이루어진 시민단체 등도 포함된다. 알코올중독자 자조 모임인 '익명의 알코올중독자들Alcoholics Anonymous'의 사회운동 덕에 알코올중독은 질병이 될 수 있었다. "우울증은 마음의 감기"라는 표현은 다국적 제약회사 글락소스미스클라인GlaxoSmithKline이 자신들이 제조한 항우울제를 일본에 판매하기 위해 내세운 캐치프레이즈였다.[9]

미국의 저널리스트 이선 와터스Ethan Watters는 『미국처럼 미쳐 가는 세계』에서 고통과 자아에 대한 믿음은 한 문화에서 다른 문화로 수출될 수 있는 메시지에 순응하고 반응하면서 형성된다고 말한다. 그에 따르면, 정신질환의 임상적 표현은 환자가 속한 인종적·문화적 배경은 물론, 의료 체계·매스미디어·가족·친구·의사와의 대화 속에서 마주하는 진단 범주와 개념이 작용한 결과이다. 따라서 한 문화가 다른 문화에 유입될 때, 새로 들어온 문화는 환자의 증상을 분류하는 방식을 개조하고, 설명 모형을 교체하며, 정상적인 상태와 병으로 여겨지는 것을 새롭게 규정한다.[10]

와터스는 일본에 우울증이 수입되는 과정을 분석하며, 제약회사의 메가마케팅megamarketing(주어진 국제 시장에 진입하거나 개입하기 위해서 정치적·경제적·심리적 및 공중 관계적 기술을 이용하여 해당 국가 내 여러 집단의 협력을 얻어내는 마케팅)이 가장 먼저 타기팅 한 것은 일본 사회였다고 설명한다. 우울증이라는 개념을 일본 사회에 뿌리고, 이름 없던 감정에 우울이라는 새로운 이름을 부여해 항우울제를 팔 수 있는 시장을 만들어 낸다는 것이다. 한국에서도 마찬가지로 50년 전만 해도 우울증은 매우 드문 질병이었다. 오히려 사람들에게는 '울화병'이라는 질병이 더 익숙했다. 조현병도 누군가에게는 신병이었을 것이다(이것은 여전히 그렇다).

우울증과 제약회사의 관계를 둘러싼 이야기는 음모론처럼 들리지만, 부인할 수 없는 현실이다. 항우울제가 그토록 많이 쏟아져 나오는데도 불구하고 우울증 환자가 계속해서 증가하는 이유는 도대체 무엇인가? 항우울제가 탁월하다면 우울증 환자가 갈수록 줄어드는 것이 논리적인 결과이지 않을까?

이를 설명하는 몇 가지 연구 흐름이 있지만 그중 내가 가장 흥미롭게 생각하는 두 가지 접근을 소개한다. 첫째는 우울증이라는 질병이 먼저 존재하고 이를 치료하기 위해 약이 등장한 것이 아니라, 약을 토대로 우울증이라는 특정한 질병 개념이 형성됐다는 연구들이다. 이 같은 연구들은 우울과 불안과 같은 새로운 방식의 질병 개념이 등장함에 따라 기존 히스테리아 환자의 수가 줄어든 이유를 잘 설명해 준다. 둘째는 우울증이라는 질병 개념이 증상을 중심으로 개편되면서, 대규모 통계조사가 가능해졌다는 점을 강조하는 연구이다. 이러한 연구에서는 우울증 환자가 증가했다기보다는, 규정된 증상에 걸맞은 사람을 찾아내기 용이해지면서 우울증 환자처럼 보이는 사람들을 선별해 내기 쉬워졌다고 주장한다.

정신약리학자이자 역사학자인 데이비드 힐리David Healy는 1950~1960년대에 진행된 임상 시험에서 우울해 보이는 환자에게 쓰인 약에 '항우울제'라는 이름이 붙고, 반대로 항우울제에 반응한 환자들이 '우울증 환자'로 불리게 된 과정에 주목한다.[11] 이 시기 정신의학 전문가와 제약회사가 끈끈하게 협력하면서 다양한 임상 시험이 이루어졌다. 이때 임상 시험의 결과를 확인하려면 일련의 우울 증상을 나열한 리스트가 있어야 했다. 약의 효과를 입증하려면 시험 전후로 무엇이 달라졌는지를 나타내는 기준이 필요했기 때문이다. 임상 시험 결과를 확인하는 데에 사용된 리스트는 곧 우울증이라는 질병을 규정하는 기준이 됐다.[12]

미국 하버드대학교 과학사학자 앤 해링턴Anne Harrington은 증상을 중심으로 우울증이 규정되면서 나타난 몇 가지 변화들을 지적한다. 첫째, 다양한 배경을 가진 환자가 단일한 '우울증 환자'로 한데 뭉뚱그려졌다. 우울을 경험하는 원인은 사람마다 다를 것이나 증상을 중심으로 만들어진 체크리스트는 원인에 대한 단서를 제공하지 않는다. 특정한 증상의 유무만을 가릴 뿐이다. 둘째, 의사와의 면담 없이도 증상을 기준으로 진단을 내릴 수 있어 대규모 통계조사가 가능해졌다. 한국에서 5년마다 실시되는 정신질환실태 역학조사의 경우도, 의사가 직접 환자를 방문하는 것이 아니라 일반인 인터뷰어가 며칠간 훈련을 받고 조사를 다닌다. 1980년대 세계보건기구는 전 세계적으로 우울증 역학조사를 실시했는데, 그 결과 이전보다 훨씬 많은 인구가 우울증을 앓고 있음이 드러났다. 해링턴은 실제로 우울증 환자가 증가했다기보다는 정신의학 지식이 전문화되면서 우울증을 선별하는 기준이 표준화되었기 때문이라고 지적한다.[13]

항우울제의 등장이 정신질환자의 탈시설화deinstitutionalization(수용 시설 또는 병원의 입원 중심의 치료를 이용하던 방식에서 벗어나 지역 사회 및 사회 복귀 시설에서 제공하는 치료 프로그램을 통해 필요한 서비스를 제공하는 일)를 이끌었다는 주장도 있다. 이러한 흐름의 연구들은 항우울제를 비롯한 항정신병약물抗精神病藥物의 발전과, 정신의학의 관행 혹은 정책의 변화가 서로 깊은 관련이 있다고 본다. 기존에는 심각한 증상을 호소하는 환자들이 장기간, 때로는 평생 동안 정신병원이나 시설에 입원하는 수용 중심의 관행이었다면, 항정신병약물이 개발되고 널리 유통되기 시작한 이후에는 지역사회에 이들을 다루는 기관이 생기고 환자들은 통원치료를 받는 지역사회 중심의 관행으로 변화했다고 본다.[14]

정신의학의 두 흐름: 역동정신의학과 생물정신의학

처음부터 약을 중심으로 정신질환의 치료가 이루어졌던 것은 아니다. 모든 학문이 그렇듯 정신의학도 다양한 학파로 나뉜다. 어느 나라에서 어떤 지적 전통을 기반으로 훈련받은 의사를 만났느냐에 따라 우리는 서로 다른 치료를 경험할 수 있다.

정신의학의 학문적 전통은 크게 두 가지 흐름으로 나눌 수 있는데, 한 가지 흐름은 프로이트를 중심으로 한 역동정신의학dynamic psychiatry 혹은 정신분석학 전통이다. 이 전통에서는 내밀한 면담을 통해 환자의 내면세계를 파악하여 이를 토대로 정신질환의 원인을 분석하고 환자를 치료한다. 1장에서 소개한 샤르코와 프로이트의 히스테리아 환자 치료가 대표적인 예이다.

다른 한편에는 뇌의 구조와 기능에 대한 체계적인 연구를 통해 정신질환을 이해하고 치료하려는 생물정신의학biological psychiatry 전통이 있다. 이 전통은 기본적으로 정신질환을 신경과 뇌의 문제로 본다. 이 분야의 대표자는 독일의 정신과 의사였던 에밀 크레펠린Emil Kraepelin으로, 그는 정신질환을 다루는 데에 있어서 원인이 아닌 증상에 집중했다. 그는 증상, 병리 소견, 경과, 예후 등 눈으로 관찰되는 특징을 기록하고 분류하는 기술적 정신의학descriptive psychiatry을 개척했다.

두 학문적 전통은 오늘날에도 여전히 독립된 흐름을 유지하고 있지만, 아무래도 한국에서는 생물정신의학 쪽의 힘이 더 우세하다. 그것은 한국이 생물정신의학을 중심으로 발전하는 미국의 지적 전통에 영향을 많이 받기 때문이기도 할 것이다. 정신의학뿐만이 아니라 대체로 각 학문의 권위자들은 미국 박사 출신이다. 어떤 나라에 가서 공부를 하고 돌아온다는 것은, 그 나라에서 헤게모니를 차지한 학문에 길들여진다는 의미이기도 하다.

두 전통 모두 장단점이 있다. 그러나 한 사람의 고통을 정신분석학 전통으로 보든 생물정신의학 전통으로 보든, 고통을 개인화한다는 점에서는 똑같다. 나의 우울을 어린 시절 겪은 좌절된 욕망에서 비롯한 것으로 보든, 망가진 뇌의 결과로 보든 치료는 개인의 몫이 된다. 아픈 사람은 주로 여성이며, 치료하는 사람은 주로 남성이라는 점도 똑같다. 정신의학 지식을 만들고 구축해 온 사람들은 대체로 남성이다. 그들이 만든 지식 안에서 제정신인 사람의 기준 역시 남성이다. 이러한 지식과 치료법을 참고는 하되, 우리는 여기서 더 나아가야 한다. 여성이 홀로 고통을 감당하지 않을 수 있도록, 바꾸고 치료하는 주체가 환자 개인뿐 아니라 사회가 되도록 말이다.

1952년 DSM 제1판이 등장한 이후 여러 번의 개정을 반복하며 많은 질환이 추가되거나 삭제되었다. 가령 DSM 제1판에서는 동성애가 정신질환으로 규정되어 있었지만, 1973년 출판된 제2판에서는 빠졌다. 이 같은 사실은 병리적인 것과 병리적이지 않은 것의 구분이 절대적이지 않음을 보여준다.

다양한 정신과 약의 개발은 생물정신의학이 발전하는 데에 큰 역할을 했다. 1950년대 첫 정신과 약 클로르프로마진이 등장한 이후 '항정신병약물 혁명psychopharmacology revolution'이라 불릴 정도로 정말 많은 약이 쏟아져 나왔다. 당시 예상하지 못했던 정신과 약의 효과가 속속 발견되면서 다양한 임상 시험이 진행되었고, 그 과정에서 생물정신의학적 관점이 우세하기 시작했다.

정신분석학 전통에서는 의사마다 진단이 달라진다는 문제도 있었다. 같은 우울 증상을 겪는다고 하더라도, 그 원인을 어떻게 분석하느냐에 따라 환자에게 내려지는 진단과 치료법은 달라졌다. 정신의학이 하나의 학문 분과로 전문화되기 위해서는 어떤 의사를 찾아가건 같은 진단과 치료를 받을 수 있는, 다시 말해 진단과 치료의 표준화가 필요했다.

DSM 제3판을 기준으로 우울증을 바라보는 방식이 본격적으로 변화했다. 이전에는 정신분석학 전통 아래에서 병인학(질병의 발병 원인과 그 작용 방식을 연구하는 학문)적으로 이해했다면, 미국정신의학협회가 1980년 DSM 제3판을 펴내면서부터 오늘날처럼 증상을 기준으로 우울증을 정의하고 진단하는 방식이 본격화되었다. 미국정신의학협회는 정신과 의사마다 환자에게 내리는 진단이 달라지지 않고, 전 세계적으로 표준화된 진단을 내릴 수 있도록 증상을 중심으로 진단 체계를 개편했다.

과학사학자 뤼시 거버Lucie Gerber와 장 폴 가우딜리어Jean Paul Gaudillière는 우울증은 드물고 심각한 질병이었으나 DSM 제3판 이후에는 일반의general practitioner에 의해서도 다루어지는 만연하고 가벼운 질병으로 변화하였다고 지적하면서, 이 때문에 일상생활이 가능한 사람들 속에서 우울증 환자를 찾아내고, 분류하고, 치료하는 돌봄의 문제가 등장하게 되었다고 말한다.[15]

현대인이 겪는 사회적, 문화적 변화 속에서 우울증을 분석하는 연구들도 있다. 이러한 연구들은 20세기 말 정신의학에서 형성된 우울증의 질병 개념은 당시 사회에서 올바르게 받아들여지는 개인의 특성이 무엇인지를 반영한다고 지적한다. 이러한 관점에서 우울증은 신자유주의 시대에 적응하지 못한 무력한 사람들의 질병이다. 이들은 정신의학에서 정의하는 정상성의 기준이 신자유주의 시대를 살아가는, 자기관리에 철저한 현대인의 모습이라고 말한다.[16]

　　미국의 정신의학자 로라 허쉬바인Laura D. Hirshbein의 연구는 흥미롭다. 흔히 우울증은 여성의 질병으로 알려져 있다. 어느 나라 어느 연령대를 비교해도 여성이 남성보다 1.5~2배가량 높은 우울증 유병률을 보이기 때문이다. 1970년대 이후 이러한 통계 결과가 알려지며 여성이 왜 남성보다 우울한지를 생물학적으로, 사회적으로 검토하고 분석하는 연구가 쏟아졌다. 허쉬바인은 그 과정에서 항우울제 임상 시험에 참여한 피험자 중 대다수가 여성이었다는 사실이 질문되지 않은 채 남아 있었다고 지적한다. 곧 여성만을 대상으로 임상 시험이 진행되었고, 그 결과 우울증의 질병 규정 자체가 여성을 기준으로 형성되었다는 것이다. 이렇게 볼 때 우울증은 여성에게 흔한 질병이 아니라, 여성의 증상을 기준으로 규정된 질병이다. 이는 현재의 우울증 진단 기준으로는

102

남성의 우울증을 제대로 포착할 수 없다는 말이기도 하다.[17]

한국 사회에서도 우울증을 주제로 한 많은 연구가 이루어지고 있다. 그중 하나의 연구 흐름은 우울증을 다루는 언론 기사의 폭발적인 증가를 의미 있는 변화로 보고, 미디어에서 우울증이라는 질병이 어떤 맥락에서 다루어지는지를 살펴봄으로써 우울증을 통해 한국 사회의 변화를 분석하는 연구이다.[18]

또 다른 연구에서는 우울증에 가해졌던 낙인이 흐려지고 '마음의 감기'로 불리기 시작하며 일반인도 쉽게 경험할 수 있는 흔한 질환이 된 과정을 우울증의 약료화 혹은 생의료화의 결과로 본다. 이 연구들은 한국 사회에서 우울증에 관한 담론이 신자유주의적인 질서 아래에서 사회적으로 구성되었음을 지적한다.[19]

연세대학교 석사학위 논문 「정서적 고통의 의미와 우울의 사회적 구성」의 저자 이유림은 이러한 흐름에서 제약산업의 자본이 압도적인 영향력을 가지며 질병의 '사회적' 구성이 질병의 '기업적' 구성으로 대체되었다고 지적한다. 이러한 시대적 흐름은 무엇을 야기하는가? 이유림은 정서적 고통을 번역하고 의미화하고 분류하는 과정에서 항우울제가 중요한 역할을 맡게 되었음을 지적하면서, 이러한 '우울의 약료화'가 우울증은 심각한 질환이기 때문에 병원에 가야 하고, 병원에 가면 약으로 쉽게 해결할 수 있다는 이중 메시지를 준다고 말한다. 항우울제는 신자유주의 시대의 자기관리 방법의 하나로 여겨지면서, 개인의 고통에 내재한 사회구조적 문제를 정치적으로 사유하기보다는 사적으로, 심리적인 문제로 환원하게 만든다고도 지적한다. 이유림은 "항우울제는 현시대의 구조적 힘과 시대가 요구하는 인간상이 압축적으로 드러나는 물질이다"라고 말한다.[20]

OECD 가입국 중 자살률 1위 국가라는 한국의 현실을 반영해 우울증 유병률과 자살률의 관계를 연결 짓는 연구도 있다.[21] 여성의 우울증 유병률이 거의 언제나 남성보다 높다는 사실은 사회학, 인류학, 여성학 등 다양한 분야의 연구를 불러왔다. 국내에서는 여성의 높은 우울증 유병률을 문제의식으로 삼아 여성 혹은 모성과 우울증의 관계를 함께 분석하며 사회적으로 가해지는 여성의 고통 혹은 억압을 강조한 연구들도 있다.[22]

"쓰기"는 치료가 될 수 있다

 104

겉으로 보이는 증상을 기반으로 정신질환을 분류한 덕분에 정신의학의 신뢰도는 높아졌으며, 비슷한 증상을 보이는 환자군을 묶어 치료할 수 있게 됐다. 그러나 앞서 지적했듯, DSM은 여러 한계를 갖는다. 환자는 진공 속에 있는 존재가 아니라 특정한 삶의 맥락과 정체성을 가진 존재이다. 병의 증상도, 이를 해석하는 방식도 각자의 삶의 맥락과 정체성을 통과하며 다르게 나타난다. 이 모두를 범주화하고 계량화하여 일률적으로 진단하거나 치료하는 것이 과연 적절할까?

DSM 진단 기준만으로는 부족하다는 것을 환자도 알고 의사도 안다. 에밀 크레펠린의 후예들이 만든 것이 DSM이라면, 다른 대안을 제시한 학자들도 있었다. 20세기 초 미국의 정신과 의사 아돌프 마이어Adolf Meyer와 독일의 철학자 칼 야스퍼스Karl Jaspers는 정신질환에 관한 네 가지 치료적 관점을 제시하고, 이를 모두 고려하여 체계적으로 환자를 돕자고 제안했다.

첫 번째는 질병disease 관점이다. 이는 다른 의학 분야에서 일반적으로 환자를 보는 관점이다. 환자의 문제가 특정한 장기에 생긴 기능적, 구조적인 병에 의한 것이라고 본다. 증상을 발견하면 몸속에서 그 원인을 탐색하고 이를 치료한다. 치매나 조현병을 뇌에 생긴 생리적 변화로 보는 것이 이러한 관점이다. 따라서 의사는 이렇게 물어야 한다. "환자는 어떤 질병을 가졌는가?", "아픈 곳은 어디인가?"

두 번째는 규모적dimensional 관점이다. 어떤 사람은 키가 크고 어떤 사람은 키가 작다. 어떤 사람은 지능이 높고 어떤 사람은 지능이 낮다. 전체 인구집단에서 사람들은 다양한 생리학적, 심리학적 특성의 분포 안에 위치한다. 그 정도가 유별난 사람들이 있다. 규모적 관점은, 이 분포의 극단에 위치한 사람들이 DSM을 통해 성격장애로 분류된다고 본다. 특정한 자극이 주어지면 이들은 어떤 병리적인 반응을 한다. 따라서 의사는 이렇게 물어야 한다. "이 사람은 원래 이런 종류의 사람이다. 그런 사람을 어떻게 성공적으로 도울 수 있을까?"

세 번째는 행동behavior 관점이다. 이 관점에서는 어떤 원인에 의한 것이든, 당사자에게 유발된 심리학적 충동이 거식증, 성적 도착, 이상 성욕, 중독 등과 같은 특정한 행동을 유발한다고 본다. 따라서 의사는 이렇게 물어야 한다. "환자는 어떤 고통을 겪길래 특정 행동을 반복하는 것일까? 어떻게 하면 그가 행동을 변화하도록 도울 수 있을까?"

마지막으로 생애사life story 관점이다. 환자가 고통받는 이유는 그것이 질병이어서도 아니고, 그들이 그들이어서도 아니고, 그들이 하는 행동 때문도 아니다. 바로 그들이 인생에서 우연히 마주해야만 했던 것들 때문이다. 생애사 관점은 환자의 정신과적 상태를 서사 구조 안에서 설명한다. 특정한 환경 안에서 일련의 사건이 일어나면, 이에 따른 결과가 나타난다. 환자는 자신의 이야기를 다시 씀으로써 회복할 수 있다. 따라서 의사는 이렇게 물어야 한다. "환자는 무슨 일을 겪었길래 이런 증상을 보이는 것일까? 환자의 증상은 그가 겪은 일과 어떤 관련이 있을까?"

생애사는 다양한 버전으로 쓰일 수 있다. 아버지와 나의 관계를 중심으로 풀어갈 수도 있고, 계급적 관점에서 풀어갈 수도 있고, 호르몬을 중심으로 한 생물학적 관점에서 써 내려갈 수도 있고, 여성 억압과 해방의 서사로 구성해 볼 수도 있다. 치료에 있어서 그 이야기가 어떤 버전인지는 크게 중요하지 않다. 이야기를 다시 씀으로써 그 상황을 소화했다는 느낌을 받을 수 있는가, 그것이 중요하다.[23]

이 네 가지 관점은 DSM에 기반해 "햄버거 가게 토핑하듯 약을 주는" 생물정신의학의 치료 방식에 답답함을 느끼던 내게 해방감을 주었다. 내가 만난 여자들 중 대다수는 이미 이 모든 관점을 고려하여 자신의 병을 이해하고 있었다. 어떤 특정한 관점만을 받아들이기보다 내가 아픈 곳, 내가 나인 것, 내가 행동하는 것 그리고 내가 겪은 것을 모두 종합적으로 고려하여 자신의 질병을 대하고 있었다.

정신과를 방문하는 사람이 많아짐과 동시에 서점에 다양한 정신질환 수기가 쏟아지고 있다. 나는 이 책들이 환자 스스로 생애사 관점에서 자신을 치료하는 과정이라고 생각한다. 치료의 관점에서는 이 이야기들이 어떤 버전인가는 크게 중요하지 않으나, 나는 여기서 좀 더 욕심을 부리고 싶다. 생애사 관점에서 자신의 병을 서사화할 때에도 젊은 여성들의 고통이 너무 개인의 문제로만 치부되지 않았으면 한다. 우리가 질병을 서사화할 때, 살기 위해 마주해야 했던 각자의 배경들이 유사하다면, 그것은 더 큰 공간에서 논의될 필요가 있다. 이를 위해 2부에서는 여성들의 질병 서사에서 공통적으로 발견되는 것들을 정리해 담았다.

자기 몸의 전문가로서 치료에 참여하는 여자들

여자들은 각자 자신의 상황과 선호에 맞추어 치료 방식을 택했다. 대부분은 생물정신의학에 기반한 약물 치료를 택했지만, 그렇지 않은 경우도 있었다. 혹은 약물 치료로 부족함을 느껴 다른 대안을 찾기도 했다. 당장의 고통을 매일매일 마주해야 하는 사람들에게는 이 중 어떤 치료가 옳은지, 혹은 과학적인지를 논의하는 것은 그다지 중요하지 않다. 치료만 된다면 그게 약이든, 상담이든, 환각제든, 하나님이든, 내림굿이든 관계가 없다.

지현은 현대 의학을 믿지 않는다고 말하면서도 약 처방은 중요하다고 강조했다.

> "사주팔자도 보러 가고 타로도 보고 점도 보고 심리치료를 받기도 했지만 사실⋯ 저는 그냥 현대 의학을 믿지 않아요. 약에 대한 부정적인 선입견이 많잖아요. 저도 약 먹기를 두려워했거든요. 근데 이거라도 안 먹으면 안 될 것 같은 거예요. 특히 계속 아프고 잠을 못 자니까 사람이 회복이 안 되잖아요. 일단 먹고 자는 것만은 약이 해결을 해주니까 이거라도 도움을 받자, 먹고 자는 것만이라도 해결이 돼야 한다⋯."

세리는 약을 먹지 않고 라캉 정신분석학에 기반한 상담 치료를 받아왔다.

> "(제가 상담 치료를 받은 곳에서는) 내담자를 공백의 자리로 데려가는 것이 치료라고 이야기해요. 우리는 자라면서 자기 안에 기준

3장. 치료

들을 계속 만들어 가잖아요. 경험이 쌓이면서 생각하는 방식이 고착되고, 점점 더 같은 방식으로 생각하기 쉬워지고요. 그걸 완전히 비워야 다시 다른 방향으로 (생각하는 방식을) 만들 수 있다고 이야기하더라고요. 왜냐하면 바뀌는 게 너무나 어렵기 때문에. 신체적인 호르몬 같은 걸로 치료할 수 없다고 생각해요.

상담자가 절대로 저에게 먼저 어떤 제안을 하지 않고, 심지어 책 추천도 해주지 않아요. 자기는 나에 대해서 모른다는 사실을 긴 시간을 들여서 이해시켜주거든요. 보통 치료를 받으러 갈 때는 이 전문가가 내 뇌의 상태를 더 이해하고 있을 거라고 가정하고 가잖아요. 근데 상담을 받으며 점점 깨닫는 거죠. 아, 이 사람은 실제로 내가 느끼는 거에 대해서는 아무것도 아는 게 없구나. 그걸 제일 잘 알고 얘기해야 하는 사람은 바로 나구나.

109 한국은 특별히 더 자본 위주로 (의료 시스템이) 형성되어 있잖아요. 또 모든 진단 시스템이 미국에서 들어온 거기도 하고요. 근데 그 시스템을 만들고 돈을 주는 게 약을 만드는 회사잖아요. 저는 이 시스템이 너무 속도가 빠르다고 느껴지고…. 진단을 받으러 들어간 그곳에서 단 몇 분 사이에 이 사람이 어떤 원인으로 이렇게 됐는지 절대 알 수 없거든요. 그걸 시도할 수 있는 시스템 자체가 아니라고 느껴요."

의사와 환자, 상담사와 내담자는 치료를 위해 서로 협력하는 관계이지만 치료하는 사람과 치료받는 사람이라는 구도 때문에 권력관계가 생길 수밖에 없다. 이 구도에서 긴장감을 느끼고 때로는 그가 나와 같은 당사자가 아니라는 점 때문에 얘기를 털어놓으면서도 막막함을 느낀다는 여자들도 있었다.

만 2년 넘게 상담을 받고 있는 민지는 이렇게 말했다.

"여전히 상담받다가 당혹스럽고 수치스러울 때가 많아. 나는 남 앞에서 우는 게 싫어. 상담하면서 많이 울게 되거든. 그게 너무 싫어. 특히 일 이야기가 아니라 가족 이야기를 하면서 울 때가 진짜 너무 괴로워. 너랑 나는 관계가 동등하잖아. 나이도 같고 친구고 활동도 서로 뭐 하는지 알고 지향이 같다는 것도 알고. 근데 상담해 주는 선생님은 아니잖아. 난 선생님에 대해서 개인적으로 아는 게 없어. 나보다 나이도 많고 날 치료하러 온 사람이야. 난 환자이고. 이런 격차가 자아내는 막막함. 내가 하는 말들이 이 사람에게 어떻게 가닿을지 알 수가 없다는 것. 그런 게 외롭게 느껴져."

지현 역시 여러 병원을 전전하며 자신과 맞는 의사를 만나기 위해 애썼다. 좋다는 곳은 다 가봤다고 했다. 의사와 좋은 관계를 맺으며 1~2년간 꾸준히 다닌 병원이 있었다. 정작 가장 상태가 나빠졌을 땐 그곳에 가지 못했다. 의사를 실망시킬까 봐 걱정되었기 때문이다.

"인간의 심리라는 게 되게 교묘한 것 같아요. 의사와 나도 결국
에는 관계 속에 있는 거예요. (다른 사람한테 그랬던 것처럼) 이 사람
한테도 괜찮은 상태의 나를 보여줘야 할 것 같고, 치료를 받으며
점점 좋아지는 모습을 보여줘야 덜 실망할 것 같고. 상태가 다시
안 좋아지니까 만나기가 두려워지더라고요."

지현은 병원의 도움을 많이 받았지만, 이제는 '관리 잘하는
우울증 환자' 이상의 무언가가 되고 싶다고 했다.

"병원에 가면 대부분 저를 다독였던 것 같아요. 무리하지 말라고
요. 그러면 저는 제 한계를 정해놓게 돼요. 그럴 때면 먹고 자고
배설이 잘되는 상태로 만족해야 하는 걸까 싶은 생각이 들기도
했어요. 평생을 이렇게 살아갈 수는 없을 텐데. 내가 가진 불안장
애나 우울증이 어떤 면에서 나를 성장시킬 수 있는 동력이 될 수
도 있을 것 같은데, 그렇게 대단한 야심을 부리는 건 아닌데. 어
떤 시도를 하고 싶을 때 병원에서는 리스크가 있으니까 그걸 말
리죠. 더 안 좋아지면 어떡하려고요, 이렇게요. 임파워링이 없다
고 해야 할까요."

병원에서의 치료도 상담 과정도 이들에게 도움이 된 편이었
지만 무엇보다도 같은 당사자끼리의 만남이 서로를 치유해 주었
다. 예빈은 자살 사별자들과의 만남에서, 현지는 정신병동에서

만난 사람들에게서, 대륜은 조현병 환우 모임에서 많은 위안을 얻었다.

이혼을 준비하는 과정에서 병원을 찾은 수정은 정신과 치료보다 비폭력 대화NonViolent Communication, NVC를 배운 것이 훨씬 도움이 되었다고 했다. 전문가와의 상담보다도 가정폭력쉼터에서 당사자들끼리 나눈 대화를 통해 가장 많이 치유 받았다고 말했다.

한국에서는 금지된 실로시빈psilocybin이나 LSD와 같은 환각제를 통한 치료 방법을 택한 사람들도 있었다. 한국에서는 향정신성의약품 '가목'(가장 위험)으로 지정된 LSD가 치료제로 쓰인다니 엉뚱한 이야기로 들릴 수 있지만, LSD는 처음 등장했을 때 각종 우울증 등 정신질환 치료에 탁월한 효과를 보이며 기적의 치료제로 칭송받았다. 그러나 그 영광도 잠시, 1960년대 히피들이 많이 사용하던 LSD가 무절제와 방종의 상징으로 낙인찍히면서, 미국 정부는 1970년 LSD와 실로시빈을 1급 마약으로 지정했다. 이후 모든 임상 시험이 중단됐다. 최근에 와서야 치료제로서 LSD를 복권하려는 시도가 조심스레 이루어지고 있다.[24]

강력한 마약이라는 오명과는 달리, LSD는 놀랍게도 중독성이 없고 오히려 약물중독을 치료하는 데에 탁월한 효과를 보인다. LSD와 비슷한 구조를 가진 실로시빈은 광대버섯의 일종인 실로시브psilocybe 버섯에서 추출한 물질로, 자연 상태에 존재하는 물질이다. 멕시코의 마자텍Mazatec 인디언들은 이 버섯을 먹고 샤먼 의식을 치른다. 사실 멕시코의 인디언들뿐 아니라 인류의 역

112

사에 존재했던 수많은 샤먼 또는 무당들이 약초를 통해 영적인 경험을 하며 공동체 내의 아픈 사람들을 치료해 왔다. 환상과 현실의 경계가 뚜렷해지고, 현실 바깥의 것들을 비과학적인 것이라고 여기기 시작한 것은 근대 과학이 출현한 이후부터이다. 이러한 탈주술화의 역사는 인류사 전체를 놓고 봤을 때 샤먼-주술의 역사보다 훨씬 더 짧다.

실로시빈과 LSD를 경험한 인터뷰이들의 증언이 있었으나 이들의 경험을 글로 전달하기는 다소 어렵다. 경험 자체가 언어 너머의 것이라고 느껴진다. 공통적인 증언은 "자연과의 합일", "수많은 생명과의 연결감", "거대한 시간의 흐름 속 일부" 그리고 "사랑" 등이다.

어떻게 LSD라는 단일한 약이 각기 다른 정신질환을 치료하는 데에 도움이 되는 걸까. 연구진들은 LSD가 디폴트모드네트워크Default Mode Network(이하 DMN)의 활동을 감소시킨다고 말한다. DMN은 아동 발달 단계 중 아동후기가 되어야 본격적으로 작동하는 두뇌의 부위로, 자아 정체성을 유지하는 역할을 한다. DMN의 활동이 활발해질수록 자아에 대한 감각과 인식이 강해지며 내면세계에 몰두하게 되는데, 그 활발해진 상태의 극단이 우울·중독·강박이다. LSD는 DMN의 활동을 저해함으로써 자아가 해체되는 느낌과 함께 억눌려 있던 뇌의 다양한 영역들을 일깨운다.

LSD를 치료제로 쓸 수 없다고 하더라도 이 같은 연구 결과

113

는 통찰을 준다. 우울은 그게 어떤 종류의 생각이든 '나'를 향한 몰두와 관련이 있다. 자아가 강조되기보다 자아가 해체될 때, 그래서 애초에 중요한 문제가 아니게 될 때, 마음은 더 평온해진다.

영적인 존재들

마지막으로 종교와 관련한 두 가지 사례를 소개하고 싶다. 깊은 고통을 마주하다 보면 누구나 영적인 존재가 된다. 그것이 어떻게 발현되는가는 사람마다 조금씩 다르다.

혜림은 어린 시절 누가 봐도 우울증을 겪는 아이였다. 유치원생 때부터 중학생 때까지 따돌림을 당한 세월만 도합 10년이었다. 고등학교에 들어가고 난 뒤에도 폭력이 지속되자 등교 거부를 시작했다. 고등학교 입학 후 일주일 뒤, 학교를 자퇴했다. 엄마는 집에만 있는 혜림을 억지로 끌고 병원에 갔지만, 혜림은 치료할 의지가 없었다. 가족들이 모두 걱정하자 어느 날 이모할머니가 엄마와 혜림을 자신이 다니는 교회로 불렀다. 교회 사람들은 한 번도 자기네 교회를 '교회'라고 부르지 않았다. 그곳의 이름은 '공동체'였다.

"제가 열일곱 살이었는데 저한테 마귀가 들렸다고 했어요. 살인의 영靈, 음란의 영, 우울의 영, 이런 귀신이 저한테 들렸대요. 지금 생각해 보면 그 공동체는 무섭게 겁을 주고 여기 다니면 치료할 수 있다, 이렇게 사람들을 끌어모았던 것 같아요. 그게 전략이었던 거죠. 당시에 제가 화장실 갈 힘도 없이 매일 누워만 있고 아프니까 엄마도 정신적으로 지치시고, (궁지에) 몰린 상태였으니까…."

그곳에서 엄마와 3년을 보냈다. 공동체의 논리 회로는 완성되어 있었다. 한번 들어온 사람들을 그 안에 주저앉히는 논리였다. 우선 아이들을 자퇴시킨다. 학교가 아니라 공동체 내에 더 머물게 한다. 이들을 고립시키기 위해서이다.

"공동체에서 강조했던 건 '1,335일을 버티고 나면 우리가 하나님의 위대한 도구로 쓰임 받을 수 있고, 사도행전의 다음 장을 우리가 써 내려갈 수 있다'였어요. 십 대인데 다들 꿈이 있고 비전이 있을 거 아니에요. 미래에 하느님이 엄청난 걸 준다고 하니까 얼마나 설레고 기대가 됐겠어요. '내가 남들과 다른 길을 걷더라도 하느님이 다 보상해 주실 거야'라고 생각하면서 자퇴라는 엄청난 궤도 이탈을 별생각 없이 해버리는 거예요. 신천지에서도 자퇴를 많이 시킨다고 들었는데 똑같은 수법이라고 들었어요."

신도들은 보통 사업 실패 등 인생에서 고난과 좌절을 겪은 경우가 많았다. 교회는 신도들에게 "하나님이 준비하신 비전을 위한 삶"이라는 의미를 부여함으로써 그들을 붙잡아 두었다.

사이비 종교 안에서 보낸 3년 동안 혜림의 조울증 증세는 심
화되었다.

"전문적인 치료가 아니라 종교적 체험으로 메워나가면서, 조울
사이클이 심화됐던 것 같아요. 종교적 감정이 고취될 때는 엄청
나게 고양되기도 하고, 반대로 내가 타락한 것 같을 때는 우울의
늪에서 기어 다니기도 하고. 그런 식으로 극과 극을 오가면서 양
극성이 되지 않았나 추측해요. 치료의 측면에서는 첫 진단 이후
방치된 채로 3년을 보낸 거죠.

저는 하나님께 당시 제 인생에서 가장 크고 막막하게 느껴졌던
'진로' 부분을 내드리고, 그 외의 다른 영역들에서 '충심'을 보여
드리려 애썼어요. 물론 그렇다고 해서 '연결되는 순간'이 없었던
것은 아니에요. 찬양을 부를 때, 두 손을 하늘로 뻗고 기도할 때,
물도 마시지 않고 72시간 금식을 할 때, 저는 하나님을 간절히
바랐죠. 그런 제 기원에 대해 어느 정도의 반응이 있었어요. 이전
에 경험하지 못했던 방식으로 가슴이 달궈지고, 마른 스펀지처
럼 영적 충만함을 빨아들였어요. 저는 그때 의식이 아주 또렷했
고, 저에게 벌어지는 일들을 섬세하게 감각할 수 있었어요. 제가
속한 곳은 사이비 종교(라기보다 이단 기독교라는 표현이 더 적확한 것
같네요)가 분명했지만, 저는 그 안에서 분명 영적이고 어느 정도
는 육체적이기까지 한 것을 겪었어요. 어떤 경험이든, 한 사람의

몸에 들어오는 순간 그것은 물리적인 실재가 되고, 우리의 삶에 영향을 미친다고 생각합니다. 종교적 비유를 써보자면, 신의 두 팔이 저를 단단히 붙들었고, 그 흔적이 생생하게 제 몸에 남았습니다. 종교 집단을 탈출한 뒤에도 신을 도저히 부정할 수 없었어요. 단 한순간도 말입니다."

신의 존재를 부인하지 못했던 것은 혜림의 자살 시도를 막는 순기능을 하기도 했다. 당장이라도 투신하거나 목을 매고 싶었지만, 죽는 순간 영원한 지옥에 떨어질 거라 생각하니 도저히 그렇게 할 수 없었다. 사후세계에 대한 믿음이 있는 한, 혜림에게 자살은 고통을 중단하는 일이 아닌 영원한 고통을 촉발하는 일이었다.

"십 대 후반의 저에게는 하나님이 전부였다고 감히 단언할 수 있어요. 제 손에 쥐고 있는 것이 아무것도 없다고 느꼈기에 더욱 절박하게 매달렸고, 그 매달림이 제 목숨을 이어놓았어요. 몸이 빠져나갈 만큼 커다란 창문턱에 몇 번을 서 있었는지요. 엉엉 울면서 사거리에 서서, 오는 차에 맞추어 뛰어나가려고도 했어요. 머리를 찧어 공중전화 박스 유리를 부수고, 그 파편으로 손목을 긋고…. 그 모든 자살 시도를 멈추게 한 것이 하나님이었어요. 지금이야 제 삶에 다른 자원이 많아져서, 하나님을 일상의 중심에 놓지 않고도 얼마 동안은 그런대로 살아갈 수 있어요. 하지만 그때의 저에겐 그런 자원이 아예 없었죠(또는 없다고 생각했죠). 하나님께 매달리고, 더욱 매달리고, 간절했고…. 지금은 더 이상 그렇게 하나님을 찾을 수 없다는 게 아쉽기도 해요. 결국 순수란 극단과 맞닿아 있는 게 아닐까요. 그토록 순수하게 하나님만을 바랐던 저는 사실 너무나 내몰린 사람이었던 거죠. 다른 이의 고통과 비교하면 손톱의 때만큼도 안 될지 모르지만…."

홍승희라는 이름으로 글을 써온 작가이자 퍼포먼스 아티스트인 칼리는 이제 무당 일을 한다. 그가 조울증 치료에 관해 쓴 글을 읽은 적이 있었다. 얼마 전 내림굿을 받았다는 소식을 듣고 인터뷰를 요청했다. 우울증 취재를 하며 무속신앙에 대한 이야기를 계속해서 접했지만, 이를 언어화해서 증언해 줄 사람을 찾지 못한 참이었다. 우리는 일산의 한 카페에서 만났다.

118

"이십 대 초반에 우울증 진단은 받았어요. 그때는 이 사회가 문제라고 생각해서 병원에 다니지 않았어요. 왜냐하면 그때 세월호 참사도 있었고, 우울감은 모든 사람이 겪어야 하는 것이라고 생각했어요. 이런 분노와 절망 때문에 정신과를 잠깐 다니다 말았죠."

힘들 때는 거리에 나가 침묵 시위 같은 퍼포먼스를 했다. 퍼포먼스라는 이름으로 했지만 명상 수행과 가까운 행위였다. 찾아오는 부정적인 감정을 예술 행위로 승화시키다가 자살 충동이 강해지자, 인도로 떠났다. 그곳에서 떠돌이 생활을 하며 인도에서 수행하는 구루들에게 배움을 얻었다. 인도에서의 수행 덕에 많이 치유되었으나, 한국에 돌아오니 다시금 조울증 진단을 받았다.

"한국에선 어쩔 수 없이 약을 3개월 정도 먹었어요. 그때쯤 임신 중지 수술도 하게 됐어요. 그때는 약도 끊고 완전히 밤새워서 글을 쓰는 걸로 풀었어요. 그렇게 『붉은 선』(2017, 글항아리)이라는 책을 냈어요. 그때는 모든 게 너무 분노스러웠어요. 여성으로서 내 몸에서 일어나는 일을 이야기하는 것도 금기시되는 이 분위기 자체가 너무 싫은 거예요."

다시 인도로 떠났다. 이후에는 이집트, 페루 등 세계의 샤먼과 함께 그들의 치료 의식에 참여하며 본격적으로 해외에서만 생활했다. 그러면서 무속신앙에 관심을 갖게 됐다.

"샤먼이라고 불리는 무당도 오랫동안 술이나 약초 등으로 사람들을 돌보고 치료했잖아요. 내림굿을 받는 사람도 같이 체험하게 하면서 신령을 받아들이게 하는 그런 뿌리가 있구나, 알게 됐어요. 이런 일을 하는 사람들이 대부분 여성이었잖아요. 서양에서는 마녀로 몰려서 천대받거나 불에 타 죽거나. 그래서 내가 서 있어야 하는 위치는 무당이 아닐까. 이런 고민을 하기 시작했어요."

이후에 내림굿을 받아야겠다고 생각해서 한국으로 돌아왔다.

"되게 고민이 됐던 게 내가 경험하는 환각을 의학적으로 치료를
해야 되는지 아니면 종교적으로 가야 하는지, 인생의 큰 갈림길
이었던 것 같아요."

칼리의 부모는 독실한 기독교 신자이다. 친척 중에 목사도
있다. 칼리는 여러 종교 중에서 고민했다. 그중 칼리의 증상을 가
장 폭력적으로 해석하지 않을 수 있는 종교는 무속신앙이라고
느꼈다. 그렇게 조언해 준 사람이 교회 목사였다.

"왜냐하면 기독교로 가게 되면 퇴마를 받게 될 테니까요. 타투도
악마의 상징이라고 하니까요. (칼리는 타투가 많다.) 목사님이 교회
에서는 저를 퇴마할 존재로 보게 될 거라고 하시면서 그게 굉장
히 폭력적일 수 있을 거라 조언해 주셨어요. 무당을 하면서도 사
람들과 연대할 수 있다고 말씀해 주셨고요. 그런 무당도 많이 존
재해야 한다고."

그렇게 내림굿을 받게 됐다. 내림굿은 보통 비용이 매우 비
싸지만 운이 좋게도 무료로 받았다.

"무속신앙이라는 체계가 진짜 다 뛰어넘을 수 있잖아요. 인간 사회의 모든 고통들을 다 해석할 수 있고, 그 해석의 권위가 나한테 주어지니까 큰 힘이 되는 것 같아요. 이렇게 여성들에게 해석의 권위를 주는 종교도 흔치 않잖아요. 보통 하나님은 아버지이니까요."

무당은 또한 여성들이 자신의 이야기를 할 수 있는 통로가 되기도 한다. 실제로 칼리에게 찾아오는 손님의 99퍼센트가 여성이다. 칼리는 우울증, 조울증 등을 해석하는 언어가 너무 많지만, 그것이 자신의 이야기와 맞지 않고, 남성이 표준인 이야기라고 느낀다. 사주명리, 오행을 공부하며 다르게 해석할 여지를 얻었다.

"저 같은 경우는 죽고 싶을 때 무당을 찾게 됐거든요. 실제로 저한테 오는 손님들도 죽고 싶어서 오시는 분들이 많아요. 그니까 이 세상에서 정말 답이 없을 때, 그때 저를 찾아오시는 분들을 위한 문을 열어놓고 싶어요."

칼리는 내 생년월일을 묻더니 사주를 봐주었다. 오행 중 물이 많으며, 완전 무당 사주라고 했다. 이 책의 작업에 대해서 소개하니 웃으며 "무당이 하는 일을 하고 계시네요"라고 말하기도 했다. 칼리는 미치는 것에 대한 두려움이 있었다며 "뭔가 완전히 길을 잃는, 가장 쓰레기 같은 인간으로 해석되는 거잖아요"라고 말했다. 칼리와 자기만의 굿판을 벌이는 여자들에 대해서 한참 이야기를 했다. 옛날 같았으면 마녀 사냥으로 화형당했을 여자들에 대해서.

"예전에 무당들은 책을 잘 안 읽었대요. 왜냐면 남성 중심의 서사 구조와 해석 틀 자체가 자기와는 안 맞으니까. 그래서 수다 떨거나 흥얼거리는 넋두리 같은 걸 했고, 그게 구전으로 전해져서 굿이 된 거잖아요, 굿거리.

굿을 할 때만큼은 여자가 짱이고 무당한테 다 엎드려야 되고. 남자한테도 막 뭐라고 소리치죠. 평소에는 그런 에너지가 응축돼 있다가 자신의 이야기를 주체적으로 풀어낼 수 있는 힘을 무당을 통해 얻는 거죠. 남편이 아무리 뭐라고 해도 가부장에 딱 맞서서 싸울 수 있고. 그렇게 언어를 공유하던 마을 공동체 여성들이 있었던 거죠.

그런 관계망 자체가 큰 힘이었을 거예요. 그런 걸 생각하면 꼭 교회를 다니지 않아도 (굿판과 같은) 의식들이 많아지는 게 중요한 것 같아요. 이제 여자도 글을 쓸 수 있는 시대가 되었죠. (작가 님처럼) 여성들의 이야기를 모으는 작업하시는 분들도 많고요. 전통적인 무당의 일을 하지 않아도 새로운 방식으로 풀어내는 이런 현대판 무당들 덕분에 새로운, 좋은 에너지 장이 많아진다고 느껴요."

3장. 치료

1부에서는 우울증을 진단받고 이를 치료하는 과정에서 여성 우울증 당사자가 경험하는 다양한 균열을 살펴봤다. 1장에서는 여성의 고통이 축소되는 현실과 그 뿌리를, 2장에서는 진단이 가진 양가적인 면모들을, 3장에서는 오늘날 정신의학적 치료가 어떤 역사를 통해 탄생하고 변화해 왔는지를 살피며 그 치료 방법에서 적절한 설명을 얻을 수 없거나 그것이 불충분하다고 여긴 여자들의 이야기를 소개했다.

정신질환을 약물로 치료하는 접근만이 강조될 때 우리가 놓칠 수 있는 여러 지점을 소개했지만, 그러면서도 조심스럽다. 정신질환에 가해지는 낙인과 약에 대한 오해 때문에 적절한 치료를 받지 못하고 치료 시기가 늦어지는 사람들이 여전히 많기 때문이다. 사실 가장 좋은 것은, 많은 자본이 투입되고 철저히 훈련받은 전문가가 포진된 영역에서 나의 질병을 해석할 자원을 얻는 것이다.

큰 고통을 겪은 사람은 누구나 납득 가능한 설명을 얻기를 원한다. 서울 안에서도 가난한 지역일수록 동네 주변에 점집이 많다. 사회의 주변부에 있는 사람들이 병원에서 전문가에게 적절한 치료를 받는 대신 자꾸만 대안적인 선택을 하게 되는 것은, 전문적인 의료 서비스에 접근하기가 불가능하거나 그 안에서 자꾸만 억울한 일들을 경험했기 때문은 아닐까.

아픈 사람은 '낫는 것' 외에 모든 욕망을 좌절당한다고 했던 지현의 말을 기억한다. 병원에서는 매번 내가 이 책의 작업을 하는 것을 은근히 말려왔다. 사람들의 우울증 이야기를 계속해서 듣는 것이 날 위태롭게 만들 것이라 생각했던 것 같고, 그것은 어느 정도 사실이었다. 하지만 나에게 있어서 이 일은 선택의 문제가 아니었다. 치료를 위해 이 작업이 내게 필요했다. 만약 병원에서 충분히 존중받는다고 느꼈다면, 그 안의 지식을 통해 내가 아픈 상태로도 더 오롯이 존재할 수 있었다면, 이렇게 긴 시간과 에너지를 들여 나와 같은 사람들을 찾아다니며 글을 쓰지 않아도 됐을 것이다. 그랬으면 더 좋았으리라 생각한다.

우리의 고통을 해석할 자원이 부족하다면, 그것은 우리에 의해서 다시 쓰이고 말해지고 발견되어야 한다. 그 시작은 최초의 고통이 유발된 지점에 대한 이야기일 것이다. 이어지는 2부에서는 여성들이 자신의 우울증을 이해하기 위해 다양한 치료 자원을 이용해 직접 서사화한 이야기를 보인다. 무엇보다 이 이야기가 개인의 서사로 끝나지 않고, 고통을 둘러싼 사회적 맥락을 들여다볼 수 있는 계기가 되기를 바란다.

2부

죽거나 우울하지 않고 살 수 있겠니

처 방 전

교보 연월일 및 번호		년 월 일 - 제 호	의료기관	명 칭	
자	성명			전화번호	
				팩스번호	
	주민등록번호			e-mail 주소	
병류호		처 방 의료인의 성 명		(서명 또는 날인)	면허종별
					면허번호

※ 환자의 요구가 있는 때에는 질병분류기호를 기재하지 않습니다

처방 의약품의 명칭	1회 투약량	1일 투여 횟수	총 투약일수
산리튬정_(300mg/1정)	2.0000	1	7
프람정 10mg(에스시탈로프람옥살산염)_(12.77mg/1정)	1.0000	1	7
르탁스정 15mg(미르타자핀)_(15mg/1정)	1.0000	1	7
리티코(트라조돈염산염)_(50mg/1정)	1.0000		7
보트릴정(클로나제팜)_(0.5mg/1정)	1.0000	3	7

4장   가족

엄마를
지키는 게
내 일이라고
생각했어

주사제 처방내역(원내조제 □ 원내처방 □)

용기간	교부일로부터 ( )일간	사용기간 내에 약국에

의약품 조제내역

제역	조제기관의 명칭				처방대
	조제약사	성명	(서명 또는 날인)		
	조제량 (조제일수)				
	조제연월일				

책 읽기는 어린 시절 나의 도피처였다. 책은 언제나 그 자리에 있었다. 아무리 슬프고 공허하고 불행해도 책을 집어 들어 읽는 순간만큼은 당시의 상황에서 벗어나 낯선 시간, 낯선 장소에 있는 주인공들에게 고스란히 마음을 빼앗길 수 있었다. 더 이상 내 상황에 몰입하지 않을 수 있었다. 책은 언제나 변덕스럽지 않은 사랑을 주었고, 나를 두고 떠나지도 않았다.

글쓰기는 내가 감당하기 어려운 고통을 다루는 방식이었다. 글쓰기란 참으로 신비한 면이 있어서 그때그때 생각나는 것을 쓰는 것 같지만 지나고 보면 놀라울 정도로 내용이 일관적이다. 나의 최초의 글쓰기는 대체로 가정폭력에 관한 이야기였다. 다시 읽어보면 깜짝 놀랄 정도로 보수적이다. 글 속의 나는 덤덤해 보이기까지 한다. 스스로 무엇을 쓰는지 몰랐다. 7년 전 쓴 글은 이렇게 마무리된다.

꿈속의 나는 문득 이곳이 엄마가 도망친 길목이란 것을 알아차려. 그리고 가장 중요한 것을 깨달아. 갑자기 머릿속을 스쳐 지나가. 만약 내가 조금의 두려움을 감수하고 엄마를 도왔다면, 그런 일은 일어나지 않았을 거야. 사실 두려움에 뒷걸음치던, 강아지 같던 그 눈은 날 향해 있었어. 나에게 도움을 요청하는 눈빛이었어. 엄마는 내게 끊임없이 도와달라는 눈빛을 보냈고 난 그것을 애써 무시했었어. 고개를 돌리고 외면하고 내 방으로 들어가 쭈그리고 앉아 눈을 감고 귀를 막았어. 그 여자의 견딜 수 없이 큰 고통을 지우는 건 나의 작은 용기뿐이었으면 되었던 거라고, 나는 확신해. 나는 그 모든 것을 바라보기만 했어.

그리고 다음으로 깨달은 것은 사실 당혹스러운 것이었어. 내 삶을 숨 막히게 했던, 가정을 숨 막히게 만들었던 아버지의 권력을, 나는 증오하는 동시에 사랑했어. 그 권력에 완전히 복종하면서 나는 어떤 안정감과 편안함을 느꼈어. 상황을 바꾸고 싶지 않았어. 계속해서 복종하고 싶었어. 그리고 이것이 내가 엄마를 모른 척했던 이유 같아.

여기까지 생각이 들었을 때, 거부하고 싶었던 생각이 사실이었음을 깨닫고 나는 당혹스러움을 느껴. 그리고 꿈에서 깼어. 커다란

다시 읽기 괴롭지만 어쨌든 이 글은 당시 내가 겪은 폭력을 어떻게 생각했는지를 잘 보여준다. 지금의 내가 보면 이 글은 완전히 가정폭력을 겪고 트라우마를 갖게 된 피해자의 글이다. 탈출이 불가능한 상황 속에 간혀 폭력을 계속 당하다 보면, 피해자는 상황을 바꾸거나 행동을 변화시키는 대신 자신의 의식을 변화시키는 쪽을 택하게 된다. 내가 이 상황을 선택했다고 생각하거나, 이것은 꽤 좋은 것이라고 받아들이거나, 피해자인 나보다 가해자를 옹호하며 불쌍히 여기기도 한다. 오랫동안 고통에 전 사람이 새로운 삶의 태도와 사고방식을 갖기란 매우 어렵다. 사람들은 낯선 행복보다는 익숙한 고통을 택하는 경향이 있다.

131 　　고통의 한가운데에 있을 때 쓰는 글은 필연적으로 실패할 수밖에 없다. 독자가 울기 전에 작가가 먼저 울기 때문이다. 이 시기의 글쓰기는 남에게 읽히기 위한 글을 쓴다기보다는 울며불며 시도하는 자기 치유에 가깝다. '하마글방'이라는 글쓰기 모임을 오래 운영하면서 최초의 발화에 해당하는 글쓰기들을 곧잘 만났다. 이런 글에는 누구도 쉽게 피드백을 하지 못한다. 글과 작가가 너무도 딱 붙어 있어서 모두 한참을 침묵한 뒤에, 피드백이라기보다는 위로에 가까운 말을 건네게 된다. 그런 글을 만날 때마다 우리가 가정폭력과 성폭력 서사에 얼마나 익숙해져 있는지를 깨닫게 된다. 너무도 중요한 이야기인데, 너무 흔해서 지겹게

들린다. 제대로 전달되지 않는다. 글쓴이도 그것을 잘 알고 있다.

고통은 정보의 한 형태이기도 하다. 고통 그 자체만이 아니라 고통을 겪는 당사자가, 나아가 한 명의 인간이 어떤 존재인지를 보여주는 정보. 이 책을 쓰면서 나는 자신을 사랑한다고 말하던 사람들에게서 폭력을 겪은 이들을 많이 만났다. 아버지, 어머니, 애인, 친구들로부터 폭력을 당하고 상처를 입었다. 이들과 대화를 나누다 보면 따뜻하고 인간적일 것이라고 기대되는 관계에서 벌어지는 잔혹한 폭력들을 마주하게 된다. 이들에게는 일상이 재난이다. 그것도 오롯이 혼자 감내해야 하는 재난이며, 제대로 기록되지도 인정받지도 못하는 재난이다.

우울이 지속되다 보면 당사자는 계속해서 묻게 된다. 나는 왜 우울한 걸까? 무엇 때문일까? 어디서부터 시작되었을까? 끊임없이 스스로 묻고 스스로 답한다. 젊은 여성들을 만나 이야기를 들으며 매순간 느꼈다. '이들의 이야기는 여러 번 다시 쓰이고 또 다시 쓰였다.' 2부에서는 여자들이 해석해 낸, 우울의 원인에 해당할 만한 것들을 다룬다. 가족, 연애, 사회 등 각각의 요소들은 서로 유기적으로 연결되어 있다. 여자들은 어느 하나만을, 예컨대 가족만을 우울의 원인으로 추정하지는 않았고, 또 이것을 모두 서사화한 뒤에도, 곧 나름대로 우울을 설명할 수 있는 납득 가능한 언어를 얻은 뒤에도 증상은 쉽게 그들을 떠나지 않았다. 어쨌든 가족 안에서도 구체적으로 어떤 환경이 사람을 상하게 만드는지는 짚고 넘어갈 필요가 있다. 되풀이하지 않기 위해서 말이다.

"우울증이 언제부터 시작되었나요?" 이 질문을 들은 여자들은 두 가지 이유로 난처해했다. 첫째, 우울증의 시작을 어떻게 정의할 것인가? 정신과에서 우울증을 진단받은 순간? 깊은 슬픔을 느낀 순간? 죽고 싶다는 생각이 들 때? 누구나 살아가며 슬픔과 좌절을 느끼는데, 당최 어느 정도를 병리적인 것이라 말할 수 있을까? 우울은 대체 어느 순간부터 '우울증'이 되는 걸까?

우울증 증상을 묘사하는 말도 사람마다 달랐다. "죄책감", "혼란", "분노", "무기력", "자살 충동", "불안", "강박", "자해", "가슴에 큰 돌멩이가 얹어진 느낌", "죽을 것 같은 느낌", "참을 수 없는 무료함"….

둘째, 우울증이 너무 오래된 문제라 난처했다. 이들은 시작 지점을 특정하기 어려울 정도로 어린 나이부터 우울증과 더불어 살아왔다. 많은 인터뷰이들이 유년기 혹은 청소년기부터 우울감이 시작되었다고 말했다. 다만 이러한 기분 상태가 남들과는 다른 상태라는 것을 알지 못한 채 살아가다가, 성인이 된 이후 특정한 계기로 병원을 찾아갔다.

"그렇다면 왜 우울했나요?" 이 질문도 난처하긴 마찬가지였다. 단일한 사건 때문에 우울이 촉발된 것이 아니었으므로. 그러나 대화를 나누다 보면 우리는 자주 가족 이야기를 하게 됐다.

유진과는 한 와인 바에서 만났다. 가장 처음 우울하다고 느낀 순간이 언제였냐고 묻자, 유진은 생각보다 어린 시절 이야기를 꺼냈다.

"우울증을 겪는 사람이라고 하면 사람들은 흔히 성인의 이미지를 떠올리잖아. 다섯 살, 여섯 살짜리가 우울증을 겪는다? '아유, 참내' 이러잖아. 근데 그게 아닌 것 같아, 나는. 진짜 어려서도 우울증 겪을 수 있다고 생각해.

초등학교 5학년 때 너무 무기력해서 맨날 누워만 있었거든. 아직도 그때 썼던 일기가 생각나. 이렇게 썼어. '엄청 처지고 아무것도 하기 싫다. 강아지가 한 마리 있으면 좋을 텐데…' 그때는 우울이라는 단어조차 몰랐지.

그때 집안 상황이 정말 안 좋았어. 아빠의 내연녀가 누군지도 알았고 그 사람이 집에 와서 엄마 머리채 잡는 걸 다 봤으니까. 엄마가 항상 우리를 방 안에 가둬놨었거든. 하루하루가 진짜 심각했어."

유진은 오랫동안 누워서 시간을 보내며 생각하지 않기 위해, 피할 수 없는 가정환경에서 벗어나기 위해 몽상 안에 자신을 가두었다고 말했다.

"나한테는 행복이 허락되지 않은 것 같았어. 행복한 기분을 느낄라치면 바로 구둣발 소리가 들리니까. 탁탁탁, 그게 트리거(우울이나 불안 등 특정한 감정을 불러일으키는 계기)거든. 나한테 3대 트리거가 있어. 창문 깨지는 소리, 구둣발 소리, 집 안에서 나는 담배 냄새."

늦은 밤, 집에 들어오는 아빠의 구둣발 소리는 평화가 깨질 것을 예고하는 소리였다. 곧이어 집 안에 담배 냄새가 퍼졌고 가끔은 창문이 깨지는 소리도 났다. 반복되는 폭력은 유진이 온전히 행복할 수 없게 했다. 그래서 꾹꾹 눌렀다. 누워서 아무 감정도 느끼지 말자. 자신을 우울한 상태로 만들자. 그러면 낙차가 생기지 않을 테니까. 유진은 우울한 상태로 있으려는 것이 생존 본능이었다고 말했다.

"아빠가 문제가 아닌 데가 없어. 쌍놈 새끼."

유진은 아빠를 '가해자'라고 지칭했다.

"우리 가족들 그냥 무기력해. 가해자인 아빠는 제외하고. 나는 그게 우리의 특성이라고 생각했는데, 6개월 넘게 치료를 받으면서 내가 이렇게까지 의욕을 가질 수 있는 사람이라는 걸 알게 됐어. 가족들도 사실 그런 모습이 아닐 텐데, 마치 먼지 뒤집어쓴 옛날 가구처럼 가만히 무기력하게 지내고. 그게 거의 본성이라고 착각할 만큼. 너무 안타까워.

생각해 보면 모든 사건이 죄다 아빠랑 관련 있는 거거든. 근데 그걸 선명하게 자각하고 기억하는 사람은 나밖에 없어. 엄마는 과거의 일은 과거로 미뤄둬야 한다, 지금 탓해봤자 달라지는 건 없다, 이런 식이고. 다들 정신 승리를 하는 거야. (아빠한테) 맞고 이랬는데."

유진은 가정사 이야기하는 걸 좋아하지 않는다고 했다. 상담하러 가도 불편하다. 사실 유진뿐 아니라 다른 인터뷰이도 진료실이나 상담실에서 어린 시절 이야기를 털어놓을 때의 막막함을 토로했다. 이걸 다 어떻게 설명하나. 내 이야기가 저 사람에게 인간 대 인간으로서 가닿을 수 있을까. 이 이야기가 얼마나 날 취약하게 만드는데.

"아비가 외도하고 때리고… 박제해도 될 만큼 한국에서는 전형적인 서사잖아. 상담사는 그런 걸 얼마나 많이 듣겠어. 내 이야기가 하나의 스테레오타입으로 수렴되는 상황이 너무 혐오스러운 거야. 그래서 랩 하듯이 엄청 빠르게 말해. 아빠가 엄마를 때렸고요. 바람을 피웠고요."

유진은 치료 초반에 거부감이 있었다고 말했다.

"이건 가족력이고. 솔직히 말해서 우울증의 뿌리를 찾아가면 아빠가 엄마를 때리고 이런 장면들이 나타나는데, 그걸 약이 지울 수가 없잖아. 근데 치료가 도대체 무슨 소용이지. 유전자인데 어떻게 고쳐. 이런 식으로 삐딱하게 굴었던 것 같아."

유진은 첫 만남 이후에 이 글을 보내왔다.

우울증은 다양한 양상으로 나를 괴롭힌다. 자기혐오, 자살 충동, 자기파괴 충동, 끝없는 부정 사고와 좌절을 안겨준다. 우울이 심하면 감정은 뒤섞여 깊이를 알 수 없는 어둠이 되고 나를 집어삼킨다. 우울은 행복을 느끼지 못하는 상태가 아니라, 감정이 전혀 분화되지 못하고 한데 뭉쳐 나를 난도질하는 상태이다. 우울증을 겪는 상태의 나는 화도 나지 않고, 기쁨도 느낄 수 없다. 나의 우울증은 유전적인 것이기도 하다. 외가의 불행에는 오랜 우울증이 함께했다. 엄마가 가장 싫어하는 말은 '엄마의 불행은 딸에게 대물림된다'라는 말이다. 엄마는 외할머니의 불행을 대물림받아 주폭과 외도로 점철된 다 무너진 가정을 감내해야 했다. 엄마는 내가 정신장애를 가지고 있다는 사실을 부정하고 싶어 했고 여전히 부정하고 싶어 한다. 나의 애비는 엄마를 공격할 때 치졸하게도 자주 외가의 아픈 부분을 입에 올렸다. 나는 한동안 엄마로부터 '의지로 이겨내야지'와 같은 전형적인 정신장애 부정 멘트를 들어야 했다. 그러나 나는 차마 그 심정을 헤아리기조차 무서워 엄마에게 아무 말도 하지 못했다.

엄마를 지키는 게 내 일이라고 생각했어

유진은 엄마에게 자아 의탁을 많이 했다고 말했다. 자신이 잘못되는 것보다도 엄마가 실망하고 화가 나는 게 더 무서울 정도였다. 그는 엄마 또한 그랬을 것이라고 믿는다. 험한 가정사 속에서 엄마는 둥지 역할을 했지만, 한편으로는 그 역할을 조금만 내려놓을 수 있었더라면 엄마가 지금보다는 더 건강한 삶을 살고 있지 않을까, 의문도 든다. 유진이 보기에 가족 구성원 모두 치료가 필요하고, 그중에서도 엄마가 가장 필요하지만, 유진의 엄마는 정신장애라는 꼬리표를 극구 부인한다. 유진이 유치원에 다니던 때, 일기장에 "엄마 아빠가 싸웠다. 화가 났다"라고 쓴 적이 있다. 그러자 유치원 선생님이 걱정되어 전화를 한 모양이었다. 엄마는 어린 유진을 붙잡고 흔들며 말했다. "그런 거는 남들한테 얘기하는 거 아니다. 네가 힘들어도 그건 숨겨야 한다."

"열아홉 살 때까지 내 인생에서 엄마를 실망시키면 안 된다는 화두가 너무 중요했어."

유진의 가족들은 다들 우울했지만, 치료를 받기로 나선 사람은 유진이 유일하다. 적극적으로 자신을 우울하게 한 원인이 무엇인지 추적했고, 되풀이되지 말아야 할 폭력이 무엇인지를 구분해 냈다. 마지막으로 하고 싶은 말이 있느냐는 질문에 유진은 말했다.

"이 말을 꼭 하고 싶어. 믿을 만한 병원을 찾아서 6개월 이상 꼭 치료를 받아보세요. 저는 삶을 대하는 태도가 많이 나아졌어요. 용기를 내서 가보세요."

알아서 잘하는 착한 딸로 살다가

가족은 우울의 방파제가 되지 못했다. 그보다는 원인 제공자에 가까웠다. 소위 말하는 '정상 가족' 출신이건 그렇지 않건 관계가 없다. 오히려 겉보기에 행복하고 정상적으로 보여야 한다는 압박이 더 큰 문제를 낳는 경우가 많았다. 유진은 엄마가 자신에게 실망하고 삶의 의미를 잃게 되는 것이 죽을 만큼 무서워서 아등바등 모범생으로 살았다. 딸기는 아픈 오빠를 대신하기 위해 '가족의 빛과 희망'이 되어 부담스러울 정도로 많은 기대를 받으며 자랐다. 민지는 준비물을 살 용돈을 주기는커녕 빨래조차 제대로 해주지 않는 부모를 대신해 동생을 챙겼다. 지은은 초등학교 3학년 때부터 아빠의 외도를 눈치채고 엄마를 지키려 했다. 다른 가족 구성원을 대신해 아빠에게 아양을 떨어 돈을 타냈다. 이들은 모두 유년기와 청소년기를 '착한 딸'로 지내다 성인이 된 뒤 우울과 불안이 심화해 병원에 갔다.

경기남부해바라기센터(거점)에서 만난 장형윤 아주대학교병원 정신건강의학과 교수는 '착한 딸'을 우울증과 이렇게 연관시켰다.

"여자아이는 정서 인식 발달을 저해받으며 자란다고 생각해요. '친절하다', '사근사근하다'라는 말처럼 사회친화적인 모습을 보이도록 강요받죠. 그러니 분노 같은 부정적인 감정을 느껴도 이를 표현하지 못하는 진퇴양난의 상황이 일어납니다. "

장형윤 교수는 분노가 내면으로 향하는 것이 우울이라고 말했다. 또 그는 "양육 과정에서 내가 느끼는 감정이 내 것이 아니라고 생각하게 하는 상황이 반복될 때, 감정 시스템에 문제가 생긴다"라고도 했다. 감정이 생기는 것은 막을 수가 없다. 그러나 다음과 같은 상황일 때, 우리는 내 안에서 생겨난 감정 자체를 부인하게 된다. 어떤 것도 느끼지 않고 살아가야만 할 때, 무서움을 느끼는데 남들은 무서운 것이 아니라고 말할 때, 감정을 느끼는 것보다 당장 누군가에게 맞지 않는 게 더 중요할 때, 폭력이나 학대로 감정을 느낄 여유가 없을 때, 감정을 느끼는 게 생존하는 데에 있어서 너무 거추장스러운 일일 때, 온전히 감정을 느끼는 게 너무 괴로운 일일 때….

법무부에서 설립한 범죄피해 트라우마 통합지원기관인 스마일센터에서 내담자들을 만나온 임민경 임상심리 전문가와의 만남도 기억에 남는다. 그에게 우울증을 겪는 사람에게 주변인들이 해야 할 것과 하지 말아야 할 것을 묻자, 두 가지가 실은 같은 질문이라고 했다. 가장 중요한 것은 이 사람의 감정을 수용하고 인정하는 것이다. 반드시 하지 말아야 할 것은 감정을 수용하지 않고 인정하지 않는 것이다. 누군가 "나 너무 힘들어"라고 말했을 때 "그렇구나. 많이 힘들었구나" 하고 말해주면 된다. "그 정도가 뭐가 힘드냐", "나 때는 더 심했다", "그만해", "왜 그렇게 부정적으로 생각해?" 등등 다양한 말로 누군가의 기분이나 감정을 수용하지 않고 고통을 비교하거나 부정하는 것이 가장 해서는 안 될 일이다.

임민경 임상심리 전문가는 한국의 양육 환경에서는 기본적인 상호작용 자체가 원활히 이루어지지 않는 것 같다고 말했다. 스스로 감정 표현을 하기 어려워하고, 상담 과정에서도 감정이 얽히기 시작하면 불편해하면서 거리를 두거나 감추거나 혹은 아예 차단해 버리기도 한다. "너는 왜 그런 이야기를 아직도 하니?", "이제 그만 잊어라", "다 그렇게 산다". 이렇게 자신의 감정이 받아들여지지 않는 경험을 반복하다 보면 상처는 계속해서 깊어진다. 가족이니까 포기하기도 어렵다. 누구보다 인정받고 싶은, 내 인생에서 가장 중요한 사람들 아닌가. 오랜 시간 고통을 부정당하다 보면 중요한 순간에 더 이상 도움을 요청할 의지를 잃고 고립된다. 혼자 죽는 길을 택한다. 나의 감정이 인정받는가, 인정받지 못하는가. 이것은 사람을 죽고 살게 만드는 문제이다.

지현은 말했다.

"욕심껏 살았다고 생각했어요. (그런데) 정작 힘들 때는 스스로 해결했어요. 부모님한테도 얘기를 안 했는데 그게 당연하다고 생각했어요. 내 문제니까 내가 해결해야지. 누구한테 기대는 거 있잖아요. 그걸 못 했더라고요. 그러다 보니까 억울함 같은 게 생겨요.

가족한테 손을 내밀어도 (가족들은) 엉뚱한 리액션을 해요. 정말 기상천외한 반응들을 하죠. 내가 죽을 것 같아서 손을 내밀었는데 어처구니없는 반응이 오니까 얘기를 못 해요. 안 하는 거죠. 너무 슬프니까. 마지막이라고 생각하고 손을 내밀었는데 돌아오는 반응이 내가 감당할 수 없는, 뭐 이런 게 다 있지, 싶은 반응이 오니까."

혜림도 말했다.

"제가 보기엔 우울증의 원인에는 어머니도 있는 것 같아요. 어머니가 감정적으로 지지해 주고 공감해 준 적이 없는 거예요. 저는 그게 굉장히 필요한 사람이었고, 어머니는 그런 거를 한 번도 해 본 적이 없는 분인 거죠. 항상 아무리 어려운 조건에서도 성실함이나 의지로 버티는 분이었던 거예요. 저는 감정적으로 지지받길 원했는데 어머니는 오히려 수치심을 주는 말만 더 하셨던 거예요. 굉장히 성격이 안 맞았죠. 그래서 어머니에 대한 분노가 엄청 컸어요.

조개인이 우울증으로 6개월간 반지하 골방에서 피폐하게 시간을 보냈을 때, 엄마와 할머니, 작은 이모가 직접 찾아왔다.

"저는 아직도 그 장면이 기억나요. 엄마가 이렇게 저를 내려다보면서 '쟤 봐. 쟤 정신이 이상해졌어' 작은 이모한테 그렇게 말하더라고요.

하루는 바로 옆방에 제가 있는데 어머니가 거실에서 큰 이모와 통화를 하면서 '아 자식새끼 있는 게 너무 병신 같다'라고 하셨어요. 이게 어머니의 고질적인 방식이었어요. 당시 새 정신과에 막 다니기 시작한 참이었는데 이 일로 인해서 본래 있던 자살, 자해 충동이 극으로 치달아서 의사 선생님께서 어머니를 모셔 오라고 했던 때였어요. 그즈음에 제 방 창문을 열고 뛰어내리려고 했어요. 그런데 강아지가 뒤에서 보고 있더라고요. 다시 내려왔던 기억이 있어요.

저는 솔직히 말하면 제 가족이나 친척 중에 마음을 터놓고 얘기할 사람, 신뢰할 수 있는 사람이 한 명도 없다고 느껴요. 제 우울의 근본은 내가 뭘 해도 아무런 소용이 없을 거라는 감각 같아요. 가족에게 내 속 이야기를 해봤자 오히려 더 상처를 줄 것이다. 그러니까 아무런 말도 하지 않는다.

유학을 가면 가족 생각이 나고 향수병이 생긴다고 하잖아요. 저는 일본에 가 있을 때 혼자 떨어져 있으니까 가족에 대한 분노가 그렇게 끓어오르더라고요. 왜 나한테 그런 짓을 했지? 왜 그렇게

엄마를 지키는 게 내 일이라고 생각했어

까지 했지? 그런 것들이 되새김질되면서 분노가 너무 끓어올라
서 잠도 못 잘 정도였어요."

임민경 임상심리 전문가는 상담을 오는 사람들 중에 가족
내에서 한 명만 우울한 경우는 없는 것 같다고 말했다. 한 사람
이 우울을 겪을 때, 그 증상은 그가 처한 전체적인 상황이나 가족
관계와 관련된 경우가 많다. 또한 가족 구성원 중 한 사람이 우
울해지면, 그의 상태가 다른 구성원의 우울을 촉발하기도 한다.
가정폭력이나 생활고로 인한 엄마의 우울 때문에 딸이 이어서 우
울을 겪게 되는 식이다. 많은 여자들이 "치료가 필요한 건 내가
아니라 엄마"라고 말했다.

엄마를 미워하고 또 이해해

아빠는 그저 미워하기만 하면 된다. 엄마 또한 미워하기 쉬운 대
상이지만, 엄마의 경우는 이해가 가기 때문에 더 힘들다. 엄마를
향한 감정은 복잡하다. 가족 구성원 중에서도 엄마에게 가장 이
해받고 싶지만, 엄마와의 대화는 늘 평행선을 달린다. 계속 시도
하고 계속 좌절한다. 내 고통을 말하면 엄마는 자신의 고통을 말
한다. 엄마 역시 내게 이해받기를 원하고 내게 자신의 감정을 해
소하려 하기도 한다.

수정은 엄마를 향한 복잡한 감정을 들려주었다.

"엄마를 많이 원망했거든요. 왜냐하면 원망할 수 있는 사람이 (엄마밖에) 없었던 거예요. 아빠는 아픈 사람이었고, 사람들은 내게 이해하라고 말했고. 엄마는 나를 두고 나갔으니까 엄마를 타깃 삼아서 진짜 많이 원망했어요. 나중에 커서 제가 애를 낳아보니까, (저를 낳기 전에) 애는 둘 죽었고 남편은 아프고, 엄마도 엄마 나름대로 진짜 고통스러웠겠다는 생각이 들었죠.

엄마에 대한 감정이 진짜 복잡해요. 인간적으로는 이해는 하지만, 개인적으로는 엄마가… 다른 엄마들처럼 조금만 나한테 희생적이었다면 달라지지 않았을까, 이런 생각은 해요. 제가 직접 애를 낳아보니까 아이는 쉽게 포기가 안 되더라고요. 설사 포기를 했다고 해도 아이에 대한 감정은 굉장히 절실해요. 제 엄마는 그런 게 없었던 것 같아요. 다 크고 난 뒤에 왜 이렇게 내가 정신적으로 힘든가 많이 생각을 해보거든요. 아이 때… 애기들 말도 안 되는 떼쓰잖아요. 그런 것처럼 누군가에게 완전히 받아들여져 본 경험이 없었던 것 같아요."

예지는 엄마와의 관계가 유일했기 때문에 갈등이 커졌다고 말했다.

"내가 에이섹슈얼(성적 끌림을 경험하지 않는 사람)이고 에이로맨틱

(로맨틱 끌림을 경험하지 않는 사람)이라 누군가와 일대일의 깊은 관계를 맺을 일이 없단 말이야. 그러다 보니까 내가 가질 수 있는 애증의 감정이 너무 엄마에게로 치우친다는 생각이 많이 들었어. 태어나서 가질 수밖에 없는 깊은 관계이니, 다른 관계를 만들지 않으면 계속 그 관계에 모든 걸 의존하게 되는 거야. 잘못된 부분에 대해서는 엄마 탓을 많이 하게 되고, 엄마한테 이해받지 못했을 때 가장 슬프고. 관계가 어긋나기 시작했을 때 정말 큰 충격을 받았고 여태까지 엄마의 과오들을 되짚어가면서 애증의 감정을 크게 가졌던 것 같아.

딸들은 엄마를 연민할 수밖에 없단 말이야. 진짜 미워할 수 있으면 차라리 내 안에서 간단하게 해결이 되는 것 같아. 아빠는 그냥 존○ 미워하는 거야. 아유 상종 못 할 놈, 하고 손절을 이렇게 탁 하는데 엄마에게는 그걸 못 하니까."

가부장적인 가정 안에서 엄마는 피해자이지만 동시에 가해자가 되기도 한다. 서울이나 수도권을 벗어날수록 한 가정의 가부장성은 더욱 짙어지는 경향이 있었다. 부산에 사는 잔잔의 경우가 그랬다.

"돌봄을 스스로 찾아야만 했어요. 가족조차 내 편이 아니라는 느낌. 제 주치의 선생님이 엄마를 만난 적이 있는데 제가 자살 시도를 했는데도 엄마는 차분했대요. 아무렇지도 않아 보였대요.

그만큼 차가운 부모님이었어요. 어떻게 보면 엄마도 힘들 때 그런 돌봄을 받아보지 못했기 때문에 그런 것 같아요.

엄마가 칠 남매 중에 막내인데 할머니가 엄마를 낳으시고 엄마 코를 땅에다가 묻어서 죽이려고 했대요. 엄마가 이 얘기를 저한테 하는데 듣다가 제가 그만하라고 했어요. 듣기 힘들어서요. 엄마도 한국 여성으로서 큰 상처가 있었던 거죠. 경상도 쪽으로 내려오면 내려올수록 이런 경우가 엄청 많아요. 딸, 딸, 딸, 아들 이런 집도 많고요. 저도 자랄 때 남녀차별이 심했어요. 맨날 화가 나 있었어요. 동생은 고추 달렸다고 부엌에도 못 들어가게 하고. 부모님이 당근과 채찍을 적절하게 쓰시는 법을 몰랐어요. 뭐, 먹고살기 바쁘니까. 항상 채찍만 쓰셨죠. 아프다고 하면 '너 정도는 아무것도 아니야', '나도 아파' 이런 식의 레퍼토리가 늘 반복됐어요.

동생이 '누나야, 엄마한테 좀 잘해라. 엄마가 밥해주잖아' 이렇게 말을 하는 거예요. '엄마가 밥해주는 사람이야?' 싶었죠. 그게 너무 괴롭더라고요. 엄마랑 사이가 안 좋아서 엄마는 싫지만 그래도 안쓰러워요. 같이 일을 하면서도 집안일은 엄마가 다 하고. 엄마는 대학도 나온 사람인데 아빠랑 같이 일하면서 자존감이 많이 떨어진 것 같아요. 아빠랑 헤어지라고 하면 '그러면 엄마는 뭐 먹고 사노'라고 말씀하세요."

서진은 "아들은 절대 공감 못 할 무언가들"이라고 말했다.

"엄마는 피해자이면서 2차 가해자이죠. 여자들은 여성혐오를 안할 거라는 착각을 하는데, 엄마들이 그 집에서 왜 버티고 있겠어요. 여성혐오로 똘똘 뭉쳐 있고, 가부장적이기 때문에 버틸 수 있는 거라고요, 저 사람들은."

엄마와의 관계가 원만하게 해결된 경우는 드물었다. 세리의 경우는 예외였다. 엄마와 너무 가까웠던 것이 문제였기에 거리를 두는 방식으로 해결의 실마리를 풀었다.

"저의 문제점은 엄마랑 너무 가까운 관계여서 엄마가 제 자리를 전혀 내주지 않고 계속해서 침해하는 것이었어요. 엄마와의 관계가 그러니 다른 사람과도 자꾸 (상대에게) 침투당하는 관계를 맺게 되고요. 경제적인 문제 빼고는 전부 나아지고 있는 것 같아요. 한국적인 시선으로 보면 이런 불효자가 따로 없지만 제 입장에서는 너무나 편해졌어요. 가족, 엄마, 아빠 이런 이름을 떼고 관계를 들여다보니까 문제점들이 되게 선명하게 보이더라고요. 관계를 새로 맺는 게 힘들었지만 자기 자신으로 존재하게 된다는 점에서 엄청나게 도움이 됐어요.

어머니는 반찬가게를 하셨고 식당을 여는 게 꿈이셨어요. 엄마랑 얘기할 때 엄마가 자기의 바람과 소망에 대해 말하면 저는 항상 그걸 이루어 주려고 했던 것 같아요. 그러니까 돌봄을 어릴 때부터 계속해 온 거죠. 저를 지원해 주고 제가 하려는 일을 응원해 주는 것도 제가 진짜 하고 싶은 방향이 아니라 자기가 이해하고 해본 일 쪽으로.

아이들을 관찰하면서 주 양육자가 자기 아이에게 스스로 선택할 기회, 스스로의 생각을 이야기 할 장소를 주지 않으면 자기 안에서 차지하는 내 선택, 내 생각의 자리가 점점 줄어드는 것 같다고 느꼈어요. 주 양육자를 킥아웃하고 빈 공간을 만들어서 그곳을 스스로 채워나가는 과정이 사람들에게 꼭 필요하다고 느꼈고요.

저희 엄마는 항상 돈을 벌지 못하는 아버지에 대해 불평하시면서도 자기가 그 책임을 다 맡아서 가정을 지킨 경우였어요. 어릴 적부터 그런 엄마에게 아버지가 못 해준 걸 제가 해줘야 한다고 느꼈고요. 상담을 받으면서 오히려 돌봄을 받았어야 하는 건 저였다는 걸 깨달았고, 엄마에게 저 자신이 느꼈던 화를 서툴지만 표현하고, 거리를 두고, 부모를 나와 완전히 분리된 타인으로 보려고 노력한 기간이 2년 정도 있었어요. 과정은 고통스러웠지만 지금은 엄마가 진심으로 사과하고, 대화를 할 때도 예전과 다르게 저를 존중하려는 노력을 해주셔서 관계가 많이 개선되었어요. 부모 입장에서 생존에 필요한 것들을 자신이 더 많이 주었으니까 변화는 더 어려운 것이라고 생각하는데 저는 흔치 않은 경우이고, 대부분의 경우 화해는 어려운 것 같아요. 변화가 어려우니까요."

많은 여자들이 아빠보다도 엄마 이야기를 꺼내놓았다. 이를 전하면서도 사실 걱정스럽다. 정신의학에서 정신질환과 모성애를 연결 지으며 '나쁜 엄마'를 비난해 온 역사가 유구하기 때문이다. 여성의 고통을 증언하는 과정에서 또 다른 여성혐오에 기대는 것은 아닐까.

정신질환과 모성애의 관계를 다룬 대부분의 연구는 여성혐오적인 시각을 가진 남성 연구자가 아니라, 당시 영향력이 있었던 여성 정신분석학자들에 의해서 시작됐다. 이들은 유아기 때 맺는 엄마와의 관계가 정신병리와 깊은 연관성이 있다고 보았다. 엄마의 사랑은 대단히 많은 것들의 원인으로 지목됐다. 유아 사망, 청소년 범죄, 참전 군인의 신경쇠약, 동성애, 조현병까지. 문제는 엄마가 요구받는 모성애의 이상적인 형태가 역사적으로 계속해서 변해왔다는 것이다. 엄마의 사랑은 따뜻하고 친밀하고 지속적인 걸로는 부족했다. 반드시 '올바른' 방향으로 주어져야 했다. 과잉보호를 해도 문제였고, 너무 차가워도 문제였다.[1]

1940년대 정신과 의사들은 지배적인 엄마, 과도하게 걱정하는 엄마, 지나치게 꼼꼼한 엄마, 완벽주의 엄마, 집착하는 엄마가 조현병 환자를 만든다고 봤다. 이 같은 관점은 확대되어 엄마와 자식 간의 관계, 나아가 가족 안의 소통 방식이 조현병의 원인으로 지목됐다. 그럴 때마다 조현병 자식을 둔 부모들은 "우리 가족은 평범했다"라고 항변했지만, 의사들은 당신들이 그런 식으로 잘못을 인정하지 않기에 아이에게 병이 생긴 것이라 답했다. 1980년대 중반, 신경생물학에 기반해 조현병의 원인을 뇌과학적으로 설명하는 연구가 속속 발표되면서, 정신의학계는 가족들의 말을 믿어주기 시작했다. 아이러니한 점은 수십 년 동안 사랑이 없는 가족이라고 검열당했던 바로 그 사람들이 조현병 환자를 돌봐온 주체였으며 탈시설화 운동을 통해 조현병 환자를 시설에서 꺼내온 운동가이기도 했다는 점이다.[2]

엄마와 딸이 사랑과 증오가 뒤섞인 난장에서 함께 미쳐 뒹구는 동안, 아빠는 난장의 원인을 제공했으나 그곳에 개입하지 않는 방식으로 비난의 화살을 피해 간다. 다양한 맥락 속에서 발현되는 정신질환을 가족 내의 문제로 납작하게 환원하는 것 또한 사회가 책임을 회피하는 방식이다. 2차 세계대전에서 끔찍한 광경을 목격한 참전 군인이 일상에 제대로 적응하지 못하는 것이 어떻게 그를 너무 '여성스럽게' 키운 엄마의 탓이겠는가.

가족 탓은 네 탓만큼이나 문제를 개인화하며, 마치 수렁과 같아서 모두가 이 비난에서 헤어 나오기 어렵다. '완벽한 가족'이란 없기 때문이다. 가족의 어떤 측면에서건 문제의 소지를 발견할 수 있다. 만약 이삼십 대 여성이 아니라 사오십 대 여성을 만나 이야기를 수집했더라면 모성에 관해 완전히 다른 이야기를 하게 되었을지도 모른다. 최선을 다해 역할을 해내려 하지만 도저히 닿지 않는 좋은 엄마라는 이상향. 나는 잘못한 게 없는데 세상은 늘 내게 잘못했다고 말하는 상황. 그것 또한 이 책의 중요한 화두인 이해받지 못하는 고통, 믿어주지 않는 고통이다.

엄마가 미움의 대상이 되었던 것은 어쩌면 이들 곁에 남아버틴 사람들이 결국에는 엄마들이었기 때문일 수도 있다. 조개인의 경우도 엄마에게 잊지 못할 상처를 받았지만, 결국 조개인을 보러 자취방에 찾아온 사람들은 엄마와 작은 이모 그리고 할머니였다. 어려운 경제적 형편 속에서 홀로 아픈 자식을 돌보는 여성이 미치지 않고 지속적으로 다정하기가 가능한 일인가.

여자들은 누구보다 이 같은 모순을 잘 인지하고 있었다. 어느 누구도 자신의 우울을 설명하며 오로지 가족만을 원인으로 두지 않았다. 엄마를 향해 원망과 분노를 쏟아내면서도 그 또한 가부장제 안에서 고통받은 존재라는 것을 알고 있었고 이해하려 애썼다. 가족에게서 받은 상처를 극복해 가는 방식 역시 엄마에게 사과를 요청하거나 더 나은 사랑을 요구하는 것이 아니라, 엄마와 나를 분리하는 과정을 통해 이루어졌다.

세리는 자기 안에서 큰 자리를 차지하던 엄마의 자리를 비우고 그곳을 스스로 채우는 과정을 거쳤다. 혜림은 두 손으로 엄마의 목을 조를 정도로 엄마에 대한 증오가 강했지만, 자신의 인생을 오롯이 책임질 사람은 결국 본인임을 인정하고 나서 엄마에 대한 증오와 엄마가 준 수치심을 내려놓고 독립된 한 인간으로 살아갈 준비를 시작했다.

가족 안에서 나의 쓸모를 증명하기

"있는 그대로 받아들여진 경험이 없었다"라는 이야기를 많은 인터뷰이들이 했다. 있는 그대로 받아들여지지 않으니 어떻게든 존재를 인정받고 증명하려고 하던 시기도 있었다. 조개인은 자주 자신의 자격을 따졌다는 이야기를 했다. 공부는 자격을 증명하는 수단이었다.

> "강박적으로 공부를 했던 것 같아요. 1등을 해야지만 이 집에서 잠도 자고 밥도 얻어먹는 거에 대한 값을 치르는 거다. 뭘 하고 싶은지도 모르겠고 그냥 서울대에 가야 돼, 그거였어요.
>
> 합격했을 때 선생님이 전화 주셨는데 다른 가족들이 진짜 펄쩍펄쩍 뛰면서 환호성을 지르는 거예요. 그런데 저는 그 순간 추락하는 기분이 들었어요. 허무하고 앞이 깜깜해지더라고요. 친척들이 집에 다 모여서 잔치를 했거든요. 그것도 기쁘지 않은 거예요. 아무 자원도 없는 상태에서 교사용 문제집 얻어서 풀고 그랬거든요. 나는 혼자서 외롭게 공부했는데, 사람들은 그게 자기들의 기쁨인 것처럼 저러고 있네.
>
> 이십 대 초반에 대학교에서도 잘 적응하지 못했고 감정적으로도 힘든데 가족들이 모이면 저를 앉혀놓고 계속 얘기했어요. 하다 못해 주유소 아르바이트라도 하라고. 너는 네가 가진 자원을 마땅히 제공해야 하는데 왜 (우리 자원을) 소모하고 있느냐. 그런 식

153

엄마를 지키는 게 내 일이라고 생각했어

으로 저를 되게… 뭐라고 해야 하지? 쓰레기 취급했다고 해야 하나."

서진이 자신을 증명하는 수단 역시 공부였다. 그것이 또 부담으로 작용하기도 했다. 서진의 가족은 10년이 넘는 세월 동안 부모가 직접 벌어들인 소득 없이 지내왔다. 학교 갔다 돌아오면 아빠가 사라져 있고, 그다음 만남은 교도소에서 이뤄지기도 했다. 언젠가 학교 기숙사를 들어가겠다 말하니 엄마는 서진을 앉혀놓고 말했다. "내가 너한테 들어간 돈이 이만큼이야. 내가 너한테 왜 투자를 해야 돼?" 서진은 여러 번 자살 시도를 했는데 첫번째 시도는 시험을 앞두고 이뤄졌다.

"아빠가 수학을 좋아하니까 저를 이공계로 보내고 싶다는 욕심을 갖고 있었어요. 자기가 못 이룬 꿈을 대신 이루게 하려고. 제 수학 점수가 안 좋을 때마다 집안 분위기가 그렇게 싸늘했어요. 너무 싫은 거예요. 이번에 좋은 점수를 못 받아 오면 진짜 딱 왜… 사람이 직감적으로 알잖아요. 죽을 수도 있겠다는 감정을 딱 느꼈어요. 시험을 보면 망할 게 뻔하니까, 그러면 아프면 되겠다는 생각이 드는 거예요. 그래서 집에 있는 약을 다 섞어서 50알 정도를 먹었는데, 일어나니까 응급실이더라고요.
이런 일이 있었는데도 시험 점수 때문에 혼내면 좀 비정상이라고 생각했는데, 기말고사 때 또 혼났어요. 성적표 받아 오니까 옆에 있던 20센티미터는 될 만한 책으로 머리를 꽝 내려치더라고 요. 처음으로 저도 같이 화를 냈어요. 당신들이 성적을 낮게 받아도 괜찮다고 말하지 않았느냐고. 왜 성적표 받아 오니까 말이 달라지냐고. 그러니까 엄마가 뒤에서 팔짱을 낀 채로 '네가 약 먹었지, 내가 먹었냐'라고 말하시더라고요. 그런데 가족들은 이 일을 다 기억 못 하더라고요. 내가 가정폭력을 당했다는 거를 자기들 스스로 다 까먹어 버리던데요?"

서진은 처음으로 집에서 나와 고시원에서 살게 된 날 행복했다고 말했다. 창문도 없는 방이었지만 이곳에 부모가 없다는 생각이 든 순간 너무 편안했다. 마지막으로 하고 싶은 말이 있냐고 묻자 서진은 이렇게 답했다.

155

"할머니는 가족들이랑 계속 잘 지내보라고 하는데 알 바인가요? 제 인생 아니잖아요, 사실. 도망치는 것도 용기다. 피할 수 없으면 피할 수 있는 길을 만들어서라도 피해라. 도망치는 것도 반복과 요령이 필요한 거니까 많이 배워두라고. 사람은 고쳐 쓰는 거 아니니까 갖다 버려라. 이 말이 하고 싶어요."

인터뷰이들은 제각각 다른 이야기를 가졌지만, 공통점도 많았다. 첫째, 이들은 '괜찮은 척'의 달인이다. 우울증이 매우 심해져 몸을 움직이기 어려울 정도가 아니라면 이들은 대체로 사회적 자아를 매우 잘 유지한다. 마음만 먹으면 누구에게도 들키지 않고 병을 앓을 수 있다. 둘째, 자신의 우울증과 질병 서사에 대해 거리를 두고 말할 수 있다. 유진이 "전형적인 K-서사"라고 일축한 것처럼 이들은 자신의 경험이 어떻게 들릴지 인식하고 있으며 이를 염두에 두고 말한다. 가정폭력이나 성폭력 경험을 말하며 우는 여자는 드물었다. 덤덤해 보이기까지 했다. 그 경험들은 이들에게 여전히 상처이지만, 이미 많이 울었고, 수차례 반복해서 다시 말해왔으며, 이 사건을 개인의 일로만 받아들이거나 자신의 입장에서만 말하지 않았다. 그 서사 안에서 다른 인물들의 상황을 추정하고 이해하기도 하였으며, 또한 해당 사건을 역사적인 맥락에 위치시켜 사회적으로 이해하기도 했다. 혹은 그렇게 말할 수 있는 사람들이 인터뷰에 응했던 것 같다. 이들이 자신의 상처를 잘 말하면 잘 말할수록 이렇게 말할 수 있기까지 얼마나 오래 괴로운 시간을 보냈을지 생각했다.

156

셋째, 이들은 모두 자기 자신을 잘 믿지 못했다. 어디에 속하건 어떤 성취를 달성했건 그 결과가 자신과는 어울리지 않는다는 감각을 가졌고, 언젠가 "들통날지도 모른다"라고 생각했다.

있는 그대로 자신의 존재를 받아들이기보다 어떤 상황에서건 '난 밥값을 했나? 값어치가 있나?' 하며 자격을 따졌다. 아플 때도 마찬가지였다. 나 정도로 아프다고 해도 되는 걸까? 스스로 되묻기도 했다. 자신이 겪는 증상이 제대로 정의되지 않거나, 모호한 진단이 내려지거나, 전혀 다른 병명을 진단받기도 하면서 혼란이 가중되는 경험도 잦았다. 타인이 겪었다면 분명 학대나 폭력이라고 불렀을 일들을, 스스로가 겪었기 때문에 고민하고 질문했다. 자신의 경험은 끊임없이 의심의 대상이 됐다.

넷째, 마지막으로 이들은 착한 딸, 손 안 가는 딸로 오래 지내왔다. 가족을 지키려는 아이의 노력은 쉽게 평가절하된다. 아이들은 가족 안에서 벌어지는 친밀한 폭력을 예민하게 감지하고, 그에 영향을 받는다. 자기 몫의 역할을 하려 애쓴다. 딸들은 아무리 어릴 때라도 엄마의 슬픔을 알아차리고 위로하고 싶어 한다. 가족에게 또 다른 걱정거리가 더해지지 않도록 '알아서 잘하는' 착한 딸이, 가족의 근심을 덜어주는 자랑거리가 되기 위해 애쓴다. 그러다 어느 순간 한계치에 다다라 '펑' 터지는 것이다.

벨 훅스Bell Hooks는 그의 책『올 어바웃 러브』(2012, 책읽는수요일)를, 사랑을 새로 정의하는 것에서 시작한다. 사람들은 사랑이 하나의 특별한 감정이라고 믿으며 자란다. 누군가에게 감정적으로 깊이 빠져들고 몰두하는 것을 사랑이라고 생각한다. 훅스는 이런 정의가 잘못되었다고 말하며 이러한 잘못된 정의로 인해 사랑이라는 이름 아래에서 수많은 폭력이 행사되고 방관되었다고 말한다. 그는 스캇 펙Scott Peck의 사랑의 개념을 빌려 와 사랑을 "자기 자신과 다른 사람의 영적인 성장을 위해 자아를 확장하려는 의지"로 다시 정의한다. 그리고 이렇게 정의될 때, 다른 사람에게 상처를 주고 학대하는 것은 결코 사랑이라고 불릴 수 없다. 그는 다음과 같이 썼다.

> 사람들은 스캇 펙이 정의한 사랑의 개념을 받아들이기를 두려워 한다. 그 정의를 받아들이게 되면 우리 사회 대부분의 가정에 사 랑이란 존재하지 않는 셈이기 때문에 그런 현실을 받아들이기가 무서운 것이다. 따라서 학대나 모욕을 좀 당하더라도 그것이 그 다지 나쁜 것은 아니라고 믿게 만드는, 잘못된 사랑의 개념을 고 수하는 쪽을 택하는 것이다.[3]

대부분의 가정에 사랑이 존재하지 않는다고 말하는 이 대목 에서 나는 통쾌함을 느낀다. 얼마나 많은 폭력이 "사랑이 가득한 가족" 안에서 벌어지는가. 또 이렇게 가족 안에서 형성된, 제대로 돌보아지지 않은 상처는 대물림되기 쉽다. 우울증의 가족력이란 비단 유전자만의 이야기가 아니다.

4장. 가족

처 방 전

의료보험 ②의료보호 ③산재보호 ④자동차보험 ⑤기타( ) 요양기관번호:

교보 연월일 및 번호		년 월 일 - 제 호	의 료 기 관	명 칭	
				전화번호	
자	성명			팩스번호	
	주민등록번호			e-mail 주소	

병 류 호			처 방 의료인의 성 명	(서명 또는 날인)	면허종별
					면허번호

* 환자의 요구가 있는 때에는 질병분류기호를 기재하지 않습니

처방 의약품의 명칭	1회 투약량	1일 투여 횟수	총 투약일수
산리튬정_(300mg/1정)	2.0000	1	7
프람정 10mg(에스시탈로프람옥살산염)_(12.77mg/1정)	1.0000	1	7
르탁스정 15mg(미르타자핀)_(15mg/1정)	1.0000	1	7
리티코정 ○(트라조돈염산염)_(50mg/1정)	1.0000	1	7
보트릴정(클로나제팜)_(0.5mg/1정)	1.0000	3	7

5장   연애

제 눈에는 다
동아줄이에요

조

주사제 처방내역(원내조제 □ 원내처방 □)

용기간	교부일로부터 ( )일간	사용기간 내에 약국에

의약품 조제내역

	조제기관의 명칭			처방 대
제 역	조제약사	성명	(서명 또는 날인)	
	조제량 (조제일수)			

폭력을 증언하다 보면 여러모로 외로워진다. 나 또한 기회가 있을 때마다 여성으로서 내가 겪은 폭력을 증언해 왔으나 종종 아득해졌다. '피해자'로 호명되는 순간, 내가 가진 다른 정체성들은 빠르게 사라진다. 피해를 인정받기 위해 사건만큼이나 나 자신 또한 납작해지는 일을 감수해야 한다. 가해자와 피해자가 명료하게 나뉘고 선과 악의 구도가 명확해질수록 또다시 외로워진다. 내가, 아니 우리가 겪은 일은 그렇게 단순하지 않기 때문이다.

나는 모순적인 두 가지 상태를 동시에 얻으려 애쓰고 있다. 피해를 인정받되, 피해자인 것만은 아니라는 사실을 인정받기. 이것이 내게 고통이었음을 말하되, 나를 무너뜨릴 정도의 고통은 아니었음을 말하기. 별일이 있었으되, 별일이 아니었음을 드러내기. 일이 벌어진 것은 나의 책임도 나의 잘못도 아니지만, 동시에 나의 인생 경로 어디쯤에서 분명 나를 취약하게 만든 원인이 있었으며, 그 원인 역시 스스로 가장 열심히 탐구하고 있다는 것을 보이기. 폭력의 증언자가 되는 것이 어떤 일인지 나는 잘 알고 있다. 나와 만나 내게 폭력의 역사를 증언해 준 여자들이 같은 경험을 하지 않았으면 좋겠다. 이들이 외로워지지 않기를 바란다.

독자들이 이 글에서 여성을 우울하게 만든 정확한 원인과 이를 폭로하는 증언을 듣기를 바란다면 실망할지도 모르겠다. 내가 발견한 것은 그보다는 어떤 모순, 혼란, 복잡성, 양가성 등이다. 나는 사람들이 명료해지기보다 함께 흔들리길 바란다. 연루되길 바란다. 선 긋고 피해자와 자신을 분리하는 대신 자신이 이미 선 안에 있던 존재임을 깨닫기를 바란다. 이것은 더 어려운 일이겠지만, 세상에 많은 좋은 것들이 그렇듯 더 보람찰 것이다.

제 눈에는 다 동아줄이에요

서울에 사는 지은과는 그의 집에서 자주 만났다. 갈 때마다 지은은 내게 차와 과일을 살뜰히 챙겨줬다. 지은의 공간에 들어설 때마다 그가 얼마나 성실하게 주변을 아름다운 것으로 채우는 사람인지 알 수 있었다. 그는 고양이 여러 마리와 남성 애인과 사는 중이었다. 인터뷰를 하다 보면 테이블 아래에 있는 고양이가 내 다리에 자기 몸을 비벼댔다. 우리는 우울증이 언제 시작됐는지를 묻는 질문에서부터 이야기를 시작했다.

> "엄청 오래되어서 애매한데. 과정이 천천히 (진행됐고) 길었어요. 요즘 제가 어려워하는 게 어디서부터 시작되었는지 따져보는 거거든요. 상담하러 가면 꼭 유년기부터 물어보잖아요. 저는 그게 되게 싫거든요. 물론 제 성격 형성하는 데에 영향을 줬겠죠. 우선 첫 남자친구를 사귀었는데, 전형적으로 우울증을 겪을 수밖에 없는 상황이었어요. 왜 그랬을까, 거슬러 올라가면 아빠가 있단 말이죠. 아니면 저라는 사람의 기질일 수도 있고. 그래서 뭐가 원인인지 잘 모르겠지만 요즘은 첫 남자친구를 원인으로 꼽아요. 우울 증상이 너무 크게 왔고 이후로도 영향을 끼쳤으니까."

지은이 이십 대 초반이었을 때 만난 그는 일곱 살 연상의 군인이었다. 그는 지은을 "키워서" 빨리 결혼하겠다고 했다. 지은에게는 그가 어른처럼 보였고 자신을 보살펴 주는 것 같아 좋았다.

사귄 지 100일쯤 됐을 때, 남자친구에게 4년간 만난 여자친구가 있음을 알게 됐다. 이렇게 문자가 왔기 때문이다. '나 지금 ○○모텔에 있다. 전 여자친구랑 잘 거고 다시 사귈 거니까 너랑 끝이다.' 누군가랑 처음 사귀었는데 100일도 안 돼 헤어지는 건 말이 안 된다고 생각했다. 그를 붙잡았다.

언젠가부터 그는 지은을 끊임없이 혼내고 비난했다. 전 여자친구와 잠자리를 비교했다. 그때부터 지은은 잠자리에 대한 강박이 생겼다. 연애가 처음이던 지은에게 나이 많고 경험 많은 남자친구의 말은 그대로 기준이 되었다.

"오빠는 왜 내 생일도 안 챙기고 나랑은 파스타 집에도 안 가고 김치찌개만 먹으려 그래?"

그는 지은의 눈이 너무 높고 습관이 잘못 들었기에 버릇을 고치는 것이라고 했다. 지은은 요리를 연습하고 빨래를 해다 주고 남자친구 몰래 밥값을 계산하면서 그가 원하는 '여자친구로서의 센스'를 익히려 노력했다. 그와의 관계에 몰두하면서 자연스럽게 학교도 나가지 않게 됐다. 그것이 사랑이라고 생각했다.

164

"욕을 하기 시작했어요. 미친년, 무슨 년. 술 마시면 폭력성을 띠었고요. 한 달에 네 번 정도 헤어졌는데, 그러면서 점점 (제가) 이상해졌던 것 같아요. 화가 나면 잠자리로 달래고. 계속 잠자리 위주였어요. 그 과정이 아무렇지 않다고 생각했는데, (저에게) 스트레스랑 상처를 좀 준 거겠죠?"

지은은 오히려 나에게 되물었다. 당시에는 이게 심한 일이라는 걸 몰랐다는 게 더 무서웠다고 했다.

"싸울 때는 같이 울다가 어느 순간부터는 저를 망가뜨리는 쪽으로 가더라고요."

지은은 폭력적인 상황에서도 자기 잘못을 찾았고 남자친구를 동정했다. 자신이 아니라 남자친구를 불쌍해했다.

"언젠가 한번은 제 목을 잡고 내팽개치더라고요. (처음에는) 깜짝 놀랐는데, 그게 또 익숙해져 가는 거예요. '오빠가 나 그렇게 대하면 나는 날 정말 그렇게 막 대하는 사람한테 가버리겠다'라고 말하고 확 노래방 도우미 일하러 나가버리고 그랬어요. 그러니까 (오빠가) 바에서 여자들 부르고 그 자리에 저를 부르더라고요. 저도 화가 나서 다른 여자가 왔다 간 자리냐고 물어보니까 '너 바 다녔던 거 티 내냐?'라고 그러더라고요. 택시를 잡아서 절 내보내려고 했어요. 저는 그게 제일 무서웠거든요. 저를 그냥 보내는 거요. '안 타? 안 타, 미친년아?' 하는데 너무 무섭잖아요. 그래서 도망갔어요. 뒤에서 쫓아오는데 미칠 것 같은 거예요. 갑자기 목 조르면서 욕하고 그러니까 사람들이 막 몰려와서 오빠를 붙잡고 저한테 도망가라고 하는 거죠. 저는 그때 '어 저 오빠가 저렇게 나쁜 사람 취급받으면 안 되는데 어떡하지? 내가 잘못했다'라고 생각했어요. 도망 안 가려고 했는데 내가 가지 않으면 사람들이 오빠를 풀어줄 것 같지 않아서 일단 가는 척하고 다시 연락했어요. 오빠가 '너 때문에 이런 취급당하지 않냐' 이래서 미안하다고 하고 또 욕먹었어요.

그다음에 또 모텔에 데리고 갔죠, 어떻게든. 제가 우니까 저한테 시끄럽다고 욕하면서 저기 가서 울라고 했어요. 침대 밑에서 조용히 울다가 (저 사람을) 죽이고 싶은 거예요. 아 진짜 죽여버릴까 싶었어요. 다음 날 오빠가 정신 차리면 괜찮아지겠지 했는데, 아무 말 없이 출근하더라고요. 전화해서 사과 안 하냐고 하니까 '너는 지금 내가 출근하는 아침에 빠치게 그런 얘기 해야겠냐?' 이런 일들의 반복이었어요."

지은은 첫 남자친구와 헤어진 뒤, 그를 잊기 위해 다른 사람을 계속 만났다. 그럴 때마다 부정적인 경험이 반복됐다. 그만해야겠다 싶어서 물에 빠져 죽으려고 한 날, 경찰들이 지은을 붙잡아 갔다. 그중 지은에게 다정하게 대해준 경찰에게서 다음 날 연락이 왔다. 그와 만나 술을 마시고 잠자리를 했다. 이 사실을 알게 된 친언니가 화가 나 그에게 문자를 보냈고, 깜짝 놀란 그는 폭우가 내리던 날 새벽 3시 주차장에 지은을 두고 갔다. 지은이 가장 두려워하는 상황이었다. 또 버려졌다고 생각했다.

"제 눈에는 다 동아줄이에요. 이 남자가 아무리 ○신 같아도 조금이라도 좋은 점이 있으면 그 부분만 보려고 해요. 살아야 하니까. 이게 내 희망일 수도 있으니까."

지은은 "미칠 것 같았는데 헤어질 수가 없었다"라고 말했다. 그를 엄청 사랑하고 이 사람도 나를 사랑한다고 생각했다. 지은의 친언니가 더 화가 났던 건 지은이 "내가 그렇게 했어. 그렇게 만들었어"라고 말해서였다. 첫 남자친구를 회상하던 지은은 말했다.

"근데 약 먹고 시간 지나고 나이를 먹고 보니까 (걔가) 시○놈이었던 거죠."

우리가 만난 2019년 12월, 지은은 정식으로 소송을 제기하기 위해 법적 증거를 모으는 중이었다.

이게 아빠가?

가족에 관한 기억은 혼란스럽다. 가장 가까이에서 지켜본 사람이기에 그의 나쁜 점뿐만 아니라 좋은 면까지 모두 알고 있다. 여자들은 자신의 우울을 설명해 내는 과정에서 유년기의 기억을 뒤졌다. 지은은 연인들과 좋지 않은 관계를 지속할 수밖에 없었던 이유를 알아내기 위해 거슬러 올라가면, 그 중심에 아빠가 있다고 말했다.

"아빠라는 존재를 잘 몰라요. 저한테는 그냥 중년 남자였어요. 나와도 잘 수 있는 남자. 내 눈에는 맨날 섹스하는 사람이니까."

아빠는 일주일에 한 번 정도 집에 왔다. 술 마시고 슬쩍 들어왔다 다시 나갔다. 올 때마다 엄마와 섹스하는 소리가 들렸다. 아빠라기에는 너무 낯선 존재였다.

아빠는 지은의 방문을 함부로 열었다. 문이 열리기 전 형광등이 켜지는 소리가 났는데, 그게 미칠 것처럼 싫었다. 방에 들어온 아빠는 억지로 지은을 껴안으며 뽀뽀를 하곤 했다. "5분만 껴안고 있게 해주면 뭐 사줄게." 언젠가 한번은 술에 취해 혀를 집어넣기까지 했다.

"자고 있는 저를 가만히 보더니 '지은아 네가 몸매가 좋다' 이러는 거예요. 이게 뭐지? 이게 아빤가?"

지은은 아빠가 가장 '예뻐하는' 자식이었다. 지은은 정확하게 알 수는 없지만 이복형제가 더 많을 것으로 추정한다. 아빠는 농담조로 말하기도 했다. "내가 챙겨야 할 가정이 너희뿐이니?" 술집에 지은을 불러 옆에 앉은 여자를 소개하기도 했다. "얘 진짜 열심히 사는 애야."

필요한 돈이 있을 때면 엄마와 남동생을 대신해 지은이 열심히 돈을 타냈다. 혼자 아빠한테 대들기도 했다.

"아빠가 엄마한테 말을 심하게 하면 엄마가 울면서 저희 방에 들어오는 거예요. 저는 뛰쳐나가서 욕을 하는 거죠. 옛날에는 정말 엄마를 지키는 게 제 일이라고 생각했어요. 근데 엄마는 그걸 좀 이용하더라고요. 일기에 아빠가 자기한테 걸레라고 했다고 써두고, 그걸 일부러 제가 보도록 두는 식으로."

그는 때때로 가족들에게 돈뭉치를 가져다줬다. 한참 돈을 주지 않다가 얼마 전에는 마지막 남은 재산을 나눠주고 자신은 이제 늙고 지쳤다면서 불교에 귀의하겠다 했다. 아빠 이야기를 하며 지은은 아리송한 표정을 지었다. 그에게 아빠는 성격이 무척 독특한 사람, 되게 재밌는 사람, 어떤 부분은 존경스럽고 자랑스럽기도 한 사람, 하지만 무엇보다도 낯선 사람이다.

169

"모르겠어요. 기억이 되게 이상하게 남아요. 모순이 많아요."

지은은 아빠를 생각하면 그렇다고 했다. 이제는 가족들과 아빠 이야기로 농담을 나눌 수 있을 정도가 됐다.

"지금은 어딨을까? 박 상무 씨(아빠) 불러보자, 하고 초본을 떼어봐요. 영월에 있네. 땅이 크네. 굴을 파서 도를 닦는다는 소문이 있던데? 진짜 이상하다, 이 사람. 하하하."

7개월 뒤 다시 만난 지은은 이전보다 훨씬 건강해 보였다. 처음으로 할머니가 된 자기 모습을 상상하고, 자신의 우울을 지켜보는 주변 사람의 마음을 헤아리게 됐다고 한다. 첫 남자친구를 기억하는 방식도 조금 달라졌다.

　"사랑이 아니라 저에 대한 집착으로 그 사람을 만났던 것 같아요. 관계에서 성과를 내고 싶었던 게 아닐까요. 어떻게 보면 헤어지는 게 실패잖아요."

　지은과 대화할 때마다 우울에 관한 가장 빛나는 통찰을 들었다. 어린 시절 아버지로부터 겪었던 가정폭력과 성인이 된 이후 겪은 데이트폭력까지. 마치 별일 아니라는 듯 이야기를 쭉 들려주던 지은은 내게 말했다.

　"우울증이라는 걸 처음 알게 되면 그 이름에 매몰되는 것 같아요. 우울증 증상에 저를 맞춰보게 되고요. 이제는 그런 거 다 없애버렸어요. 제 기분에 어떤 이름을 붙이지 않기로 했어요. 우울증도 길어지니까 끝이 없네요. 매번 새롭게 알아가요. 사랑인 줄 알았는데 아니었고, 인생 전반을 다시 해석하고 또 다른 실마리를 찾게 돼요. 결국 제일 잘 알게 되는 건 나 자신이에요. 나란 사람을 다양한 각도에서 보니까. 앞으로 남은 인생이 모두 그런 시간일 것 같아요."

연인은 여자들을 행복하게도 우울하게도 했다. 데이트폭력, 성폭력을 반복적으로 겪는 이들도 많았다. 이런 악순환을 벗어나기 힘든 이유 중 하나는 지금 당장 곁을 지켜줄 누군가가 필요하기 때문이다. 당장의 돌봄이 필요한 여자들은 돌봄을 제공해 주리라고 기대되는 연인을 찾거나, 이러한 연인이 접근하면 쉽게 마음을 연다.

우울증 환자에게는 정서적, 신체적으로 꾸준히 곁을 지켜주는 사람이 필요하다. 중증 우울증 환자는 치료는커녕 먹기나 씻기 등 일상을 유지하는 기본적인 활동 자체를 힘겨워한다. 원가족은 우울의 방파제 역할을 하기는커녕 우울을 촉발시키거나 고통을 심화시켰고, 친구는 아플 때 부르기엔 아직 어렵다. 새벽 3시 당장 내 곁에 와달라는 연락을 친구에게는 하기 어렵지만, 지난주에 만난 데이트 상대에게는 비교적 쉽게 할 수 있다.

지은은 첫 남자친구가 "어른스럽고 든든해 보여서" 좋았다고 했다. 많은 여자들이 비슷한 얘기를 했다. "한 번도 온전히 받아들여진 적이 없었는데 그는 나에게 너무나 잘해줬어요", "거의 아기처럼 받아줬어요", "의지할 수 있을 것 같았어요", "버림받는 게 두려웠어요", "사랑이 너무나 필요했기 때문에 놓기 어려웠어요", "이거 없으면 난 아무것도 아닌데, 이걸 포기하면 나 진짜 죽는 거 아니야?", "너무도 공허했어요", "외로웠어요".

그러나 연인 역시 우울의 돌파구가 되는 경우는 드물었다. 오히려 새로운 폭력이 재생산되기도 했고 트라우마를 남기기도 했다. (물론 모든 연인이 그런 것은 아니다. 연인 간의 돌봄에 대해서는 〈8장 돌봄〉에서 다룬다.) 어른스럽고 든든해 보였던 남성 애인은 실상 본인의 엄마에게서도 독립하지 못한 경우가 많았다. 여자들은 돌봄이 필요해 연인 관계를 택했는데, 지나고 보니 도리어 자신이 돌봄을 제공해 주지 않으면 안 됐다.

주디스 허먼Judith Herman은 그의 책 『트라우마』(2012, 열린책들)에서 성인기에 외상을 경험하면 이미 형성된 성격이 파괴되지만, 아동기에 외상을 반복적으로 경험하면 성격이 파괴되는 것만이 아니라 만들어진다고 설명했다.¹ 어린 시절 겪은 부정적인 경험은 성격 형성에 영향을 미친다. 성인이 되어 원가족에서 탈출한 뒤에도, 지난 기억이 새겨진 몸과 마음을 안고 살아가야 한다.

여자들은 혼자 남겨지는 것이 너무 두려운 나머지 스스로를 지키거나 관계를 유지하는 것 중 하나를 택해야 할 때 종종 관계를 선택하곤 했다. 나를 바꿔야만 그가 내게 머문다면, 기꺼이 나를 바꾼다. 욕망을 숨기고 분노를 누르고 고통을 견딘다. 그렇게 점차 관계 속에서 나는 지워진다. 내가 선택하지 않은 이야기를 내가 수행하면서 살게 된다. 그러다 어느 날, 어떤 여자들은 이 모든 것을 뒤엎는다.

2021년 1월, 수정을 만났을 때 그는 7년간의 결혼 생활을 마치고 이혼 소송 중이었다. 우리는 일주일에 한 번 아이가 아빠를 만나러 가는 시간을 틈타 만났다. 이전에도 이혼을 신청한 적이 있었다. 아이가 있는 경우, 협의이혼을 진행할 때 이혼을 재고해 볼 수 있도록 3개월의 숙려 기간을 준다. 그 기간 동안 남편은 수정에게 아이를 보여주지 않았다. 3개월 동안 15킬로그램이 빠졌다. 도저히 아이를 보지 않고 살 자신이 없었다. 아이가 엄마 없이 자라게 두는 것은 수정의 상처를 건드리는 일이기도 했다. 내가 정말 원하는 게 뭘까. 자문자답을 하다가 아이를 두고 나갈 수 없다는 결론을 내리고 무릎을 꿇고 집에 다시 들어갔다.

173

"항상 아이가 볼모가 돼요. 집으로 돌아오고 나서는 그 전보다 더 폭력이 심해졌어요. 확실히 안 거죠. 저란 사람이 아이 때문에 무릎을 꿇을 수도 있는 사람이라는 걸요. 싸우고 나면 애를 시댁에 데려다 놔요. 애 데리고 가려면 시부모를 보고 가라는 거죠. 재산 문제도 더 교묘해졌고요. 남편은 그 이후로 카드를 안 썼더라고요. 그때부터 재산을 빼돌리는 작업을 했던 것 같아요."

수정은 결혼을 결정할 때, 신중하지 않았던 것 같다고 말했다. 가정을 편안한 공간이라 느끼지 못하니 계속 바깥으로 나돌

왔다. 열일곱 살 때 만난 남자친구와 7년을 만나고, 두 번째 남자친구와도 5년을 만났다. 남편과는 9개월을 만나고 결혼했다. 어른 같다고 생각했다. 사업하는 사람이라고 했고 체계적으로 돈을 버는 모습을 보면서 수정은 기대고 싶었다. 그에게서 보호자 역할을 기대했고 의존하고 싶었다. 막상 결혼해 보니 보호자 역할은 오히려 수정이 했다.

"되게 속상한 게 집에서 자기 부모를 보면서 간접적으로 알게 되든 옆에서 부모가 직접 얘기를 해주든, 남편 될 사람은 어떤 사람이어야 하는지 알게 모르게 기준이 생기잖아요. 나는 아예 몰랐어요. 걔가 나 좋다고 하고 잘해주니까. 정말 아기처럼 대해줬거든요. 짜장면 비벼주고, 고기 다 발라주고, 출퇴근 다 시켜주고. 웃기죠. 그러니까 그냥… 이 사람이랑 결혼해야겠다고 생각했어요.

계속 가난했으니까, 엄마한테 따뜻하게 뭘 받아보지도 못했고, 돈을 계속 벌어야 하는 행위가 너무 힘든 거예요. 사회생활을 하면서도 표면적으로 드러나는 갈등은 없어도 항상 뭔가 죄책감이 있고, 수치심도 있고, 내가 부적절하다는 느낌을 많이 받았어요. 회사 생활 자체가 힘든 거예요. 그 사람이 자기 얼마 번다, 이런 얘기만 하면 혹해가지고… 그런 식으로 자기를 떠벌리는 남자들, 지나고 보면 결국 그들이 해주는 건 없더라고요."

결혼할 때 막상 까놓고 보니 아무것도 없었다. 부모로부터 독립조차 하지 못한 남자였다. 남편은 생활비로 수정에게 매달 50만 원을 줬다. 아이가 있는 가정이 어떻게 그 돈으로 먹고 사나. 충당할 수 없어 수정은 계속 일을 해왔다. 그때는 힘들었지만 결국 홀로서기에 도움이 됐다. 남편이 어른처럼 보여 의존하고 싶었다고 말했지만, 사실 어린 시절부터 일찌감치 부모로부터 독립한 사람은 수정이었다.

"저 야간고등학교를 다녔거든요. 정말 할렘가 같은 동네에 있는 곳이요. 낮에 일해서 학비를 충당했어요. 고등학생 때부터 그렇게 지내다 보니 돈을 벌어야 한다는 중압감이 되게 컸던 것 같아요. 아이가 있는 지금은 더 크죠. 그래도 나아졌어요. 고통스러운 과정이긴 했는데 스스로 깨고 나와본 경험이 밑거름이 된 것 같아요. 이제는 두려움보다는 (앞으로) 어떻게 할까를 더 많이 생각해요."

결혼 후 경력이 단절된 뒤부터는 일자리를 구하기 쉽지 않았다. 지금은 카드 회사에서 채권추심원으로 일한다. 콜센터 업무 중에서도 급여가 많은 편이기 때문이다. 결혼 전에는 콜센터 일이 너무 힘들었다. 사람들의 이유 없는 비난을 견디기 어려웠다. 지금은 달라졌다. 자신감이 생겼다.

"내가 그런 남자랑도 살았는데. (뭘 못 하겠어요?) 돈 내라 그러면 사람들이 쌍욕 하고 그러거든요. 적반하장으로 욕해요. 지금은 마음이 태평양 같아요. 하하하. 누가 나한테 뭐라 그래도, 응, 그랬어?" (웃음)

혼전 임신을 했다. 결혼하려고 보니 사업하는 데에 돈을 다 써서 따로 나가 살 수 없다며 시부모와 함께 살자고 했다. 수정이 자신이 모아둔 돈으로 독립해서 월세를 살자고 했더니 거절했다. 그러면 헤어지자고 하자 무릎을 꿇고 울었다. "내가 죽으면 되겠어? 죽어버리겠어." 그때도 자살 위협이 있었지만, 이것이 심각한 문제인 줄 몰랐다.

"임신 8개월 때 단란주점 갔다 온 걸 들켰어요. 당연히 싸울 일이죠. 그랬더니 시부모가 개입하더라고요. 남자가 그런 데 갈 수 있지 않냐. 그러면서 저한테 너는 가정교육이 안 됐다, 가족을 경험해 보지 못해서 보고 자란 게 없어서 그렇다, 이런 식의 비난을 받았죠. 너무 상처였어요."

간신히 분가한 뒤에도 시부모가 애를 보고 싶어 한다는 이유로 일주일에 서너 번은 시댁에 가야 했다. 그 집에서는 시아버지가 왕이었다. 시아버지는 남편을 향해 비난을 쏟아냈고, 남편은 형과 비교당하며 주눅 들어 살았다. 처음에는 남편에게 일말

5장. 연애

의 동정심이 들었다. 그런데 갈수록 남편 역시 시댁과 합세해 수정을 비난했다.

"처음에는 자기도 잘 지내보고 싶었겠죠. 어쨌든 남녀 사랑이 얼마나 가겠어요. 걔는 항상 시댁으로 가출했어요. 가서 거짓말도 하더라고요. 자기 입장을 변호해야 돼서 그랬나 봐요. 내가 밥이랑 빨래를 안 해준다고 했다던가. 진짜 웃기죠. 걔… 싸우면 나밥 안 먹어, 이랬어요. 하하하하. 나 진짜 창피하다, 이런 얘기 하려니까…. 자기가 밥 먹어주는 게 되게 특별한 거죠."

수정이 빨래를 안 하면 그 빨래를 싸서 자기 엄마에게 갔다. 엄마가 반찬을 해주면 그걸 가져와 자기 혼자 먹었다. 이혼소송 중에 오간 진술서에는 이렇게 쓰여 있었다. '가사 노동을 하지 않았기 때문에 50만 원씩만 준다.' 수정은 가정폭력쉼터에서 만난 생존 여성들의 증언을 전하면서 가해자들에겐 공통점이 있다고 했다. 남 탓하는 것, 비난하는 것, 거짓말하는 것, 그리고 모든 것을 돈으로 환산하는 것. 세월호가 침몰한 날 남편은 뉴스를 보며 말했다. "쟤네 돈 좀 받겠다."

"아이를 데리고 어린이대공원에 놀러갔어요. 다 놀고 집에 가려는데 거기 문이 정문, 후문 두 개거든요. 나는 이쪽으로 가자 그러는데, 계속 먼 쪽으로 가자고 하는 거예요. 짐도 있고 애도 있는데. 왜 먼데 그리로 가냐, 이쪽으로 가자고 했어요. 그렇게 집에 돌아와서 애가 잠들었으니까 나도 좀 자려고 누워 있는데, 갑자기 술을 먹더니 나한테 나와보래요. 그래서 나왔죠. 앉아서 얘기를 하는데 칼을 이렇게 돌리면서… '너는 나를 되게 무시하는 것 같아' 이러는 거예요. 자기 쪽으로 복부에 칼을 들이밀면서 '내가 죽어야 되겠니?'라고 했어요. 그 짧은 순간에 '애를 데리고 나와서 어느 쪽으로 도망쳐야 하지?' 혼자 막 머리를 굴리는데, 방법이 없는 거예요. 내가 그때 울면서 싹싹 빌었거든요, 미안하다고. 근데 걔가 잘못한 거잖아요. 집을 나오기 전까지 2~3년은 계속 그런 식으로 협박했어요. 가스레인지 불 켜면서 다 죽여버리겠다고 하고."

이런 이야기는 법정에서 진술해도 그때의 두려움과 공포를 전달하기 어렵다. 증거도 없고 물리적으로 맞은 것도 아니니까. 경찰에 신고도 해봤지만 오히려 수정에게 "너무 예민하게 살지 말라"며 돌아갔다.

"가스라이팅에 나오는 예시 언어 있잖아요. 너 이기적이다. 너 때문이다. 네가 나를 화나게 했다. 다 제 탓으로 돌리는 말들. 그거 확실해? 정말이야? 무슨 얘기 하면 비웃고."

수정은 이런 일을 오래 당하다 보면 사람이 "이상해진다"라고 이야기했다. 첫 남자친구에게 오랫동안 데이트폭력을 겪은 지은도 같은 말을 했다. 수정은 계속해서 스스로를 탓했다. 자꾸만 우울해지는 이유는 자신이 갈등을 제대로 해결하지 못하기 때문이라고. 자신에게 문제가 있기 때문이라고. 예전에는 명확했던 사고가 지금은 흩뿌려진 것 같다고 했다. 비난을 오래 받다 보니 계속 검열하게 된다. 이 생각 저 생각에도 확신이 서지 않아 생각이 뭉쳐지지 않고 흩어진다. 가스라이팅을 당한 사람은 피해자로 인정받기 어렵지만, 이는 한 사람의 인생에 심각한 피해를 남긴다.

"나는 젊잖아요. 지금까지 내 몫의 생계를 해왔고 생활비 50만 원으로 애도 키웠거든요. 그런데도 내가 혼자서는 못 해낼 것 같은 거예요. 이 소송에서도 질 것 같고. 소송 과정에서 (상대방이) 뭐 하나 보내올 때마다 왠지 나한테 치명적일 것 같고. 내가 인간이기 때문에 어쩔 수 없이 부족한 면이 있잖아요. 그런데 내가 완벽하게 갖춰져 있지 않으면 저 사람을 이길 수 없겠다는 생각이 너무 많이 들었어요. 그러니까 그 사람이 하는 가스라이팅에 내가 착취당하는 거예요."

수정은 오랫동안 남편에게서 벗어날 수 없을 거라고 생각했다. 경찰의 도움을 받지 못했고 주변에 지지를 받을 사람도 없었다. 스스로의 힘으로는 벗어날 수 없겠다고 생각했을 때, 1366(여성긴급전화)에 전화를 걸었다. 처음에는 동네 가정폭력상담소를 연계해 주어서 방문 상담을 받았고, 이후 그곳을 통해 한국여성의전화에서 운영하는 가정폭력쉼터를 알게 됐다. 쉼터에 들어갈 수 있다는 이야기를 처음 들었을 때 "하늘에서 빛이 내려오는 것 같았다".

"나오기 전까지가 두렵죠. 처음에 애 데리고 대림의 어느 숙소에서 하룻밤 있었어요. 그날 진짜 많이 울었어요. 애 잘 때, 창문으로 네온 빛이 들어오는데 쭈그리고 앉아가지고 계속 울었어요. 처음 경험해 보니까요. 여러 가지 감정들을 흘려보냈어요. 나를 위한 최선의 선택이라고 하더라도 가정을 직접 해체한다는 건 많이 슬픈 일이잖아요. 사랑했던 기억도 사랑받고 싶었던 기억도 고스란히 존재하는 사실이니까….

가정폭력쉼터에 가면 집단 상담도 하고 개인 상담도 많이 해요. 그런데 취침 시간이 정해져 있거든요. 그때 몰래 나와 거실에 모여서 언니들이랑 계속 수다를 떨어요. 그때 자기 아픈 얘기를 한단 말이에요. 그러면서 이제 유머로 승화되는 거예요. 자기들끼리 '야, 알고 보면 우리 남편들 다 같은 사람인 거 아니야?' 하면서요. 공통점이 너무 많으니까. 그렇게 정말 밑바닥에 있던 얘기를 하면서 치유가 많이 돼요. 공감도 많이 받고요. 같은 경험이 있는 분들이 모이는 게 참 좋았어요."

5장. 연애

수정은 정신과 치료보다 비폭력 대화를 배우게 된 것이 더 도움이 되었다고 말했다. 비폭력 대화는 미국의 마셜 로젠버그 Marshall B. Rosenburg 박사에 의해 만들어진 것으로 '관찰-느낌-욕구/필요-부탁'의 네 절차를 거치는 대화법이다. 곧 상대의 말이나 행동을 관찰하고, 이것이 나 자신에게 어떤 영향을 주었는지 그 느낌을 확인한 다음, 그 느낌 뒤에 있는 욕구를 기반으로 상대방에게 자신의 욕구/필요를 부탁하는 방식이다. 비폭력 대화는 수정이 자신의 욕구와 감정을 들여다볼 수 있게 도와줬고 비로소 스스로를 연민하고 애도할 수 있게 해주었다. 내 편이 되어줄 수 있는 것도, 고통의 수렁에서 나를 구해내는 것도 오로지 나 자신뿐이었다. 지금은 사이버대학교에서 심리학을 공부하는 중이다. 가정폭력에서 탈출하여 쉼터를 거쳐 자립하기까지의 과정을 블로그에 연재하고 있다. 더 많은 여성들이 자신의 이야기를 접하고, 쉼터라는 공간을 알게 되고, 가정폭력에서 탈출할 수 있다는 것을 알았으면 하는 마음으로 쓴다. 여기, 한 명의 생존자가 잘 살아가고 있다는 것을 수정은 스스로 세상에 알리고 있었다.

"공부하면서 아홉 살 때의 기억이 떠올랐는데, 부뚜막에 혼자 앉아서 죽고 싶다는 생각을 했던 적이 있어요. 근데 결국 그 마음… 이면에는 사랑받고 싶다는 마음이 있었다는 걸 알았어요. 괜찮은 어른이 옆에 있었으면 좋았겠다는 아쉬움이 있죠. 이제 제가 그런 어른이 되고 싶고 결국은 그게 나에 대한 치유인 것 같아요.

블로그에 댓글 남기시는 분들은 그걸 되게 많이 걱정하세요. 너무 오래 경력이 단절되었다 보니까, 아이랑 나가서 사는 게 너무 두려운 거예요. 남편에게 피해를 받으면서도 그 돈으로 생활해 왔기 때문에 굴레를 벗어나지 못하는 거죠.

고객 상담을 하는 게 대단한 일은 아니에요. 비정규직이기도 하고, 약간 창피하기도 했거든요. 그래도 블로그에 솔직하게 썼어요. 집이 있는 것도 아니고 전문직 여성도 아니지만, 이렇게 계속 글을 쓰는 이유는 어떻게든 자신을 책임지고 살아갈 방법이 있다는 걸 알리고 싶었어요. 꼭 나왔으면 좋겠어요."

사랑은 구원이 될 수 있을까

여자들을 만나 이야기를 들으며 일대일 로맨틱 연애 서사의 해로움을 절감했다. 우리는 한 사람과의 로맨틱한 사랑에 너무나 많은 것을 기대한다. 애인은 성적으로 매력적이면서도, 부모처럼 헌신적으로 날 돌보아 주어야 하고, 친구처럼 흥미로운 대화를 나눌 수도 있어야 한다. 그리고 그 마음이 일관적으로 지속되길 바란다. 사랑의 열정은 무척 달콤하고 짜릿한 것이지만 금세 사라지고 흘러가 버리며, 사실 바로 그 속성 때문에 달콤하고 짜릿하다.

돌봄은 삶을 지속하는 데에 있어서 대단히 중요한 문제이다. 그런 문제를 일대일 로맨틱 관계에 맡겨둘 수 없다. 일대일 관계에서의 독박 돌봄은 돌보는 사람에게도, 돌봄을 받는 사람에게도 위험하다. 우리는 원가족을 비판하면서도 그와 똑같이 가족의 형태로서의 파트너만을 상상해 왔던 것은 아닐까? 그것만을 해피엔딩으로 여겨왔던 것은 아닐까? 우리는 서로를 돌볼 새로운 형태의 관계를 발명해 내야 한다.

칼리는 자신이 느끼는 우울감이 사실 세상에 대한 분노였던 것 같다고 말했다. 부당한 세상에 대한 분노, 나에게 공감하지 않는 세상에 대한 분노. 내가 무엇 때문에 분노하는지 명확히 언어화하지 못할 때, '우울증'이라고 이름 붙인 증상이 찾아왔다고 했다.

"여성들이 너무 뿔뿔이 흩어져 있어요. 다른 연결망이 없으니까 남성과의 일대일 연애로 그걸 풀려고 하는 것 같거든요. 긴밀한 관계를 찾는 데에는 영적인 갈망도 있다고 느껴요. 그 갈망을 섹스라는 의식으로 나름대로 푸는데, 굉장히 불평등하고 합의 없는 의식이죠. 그 의식을 통해 강화되는 것은 내가 주체가 되는 게 아니라 대상화되는 경험인 거죠.

침대에서 수행하는 역할극 있잖아요. 포르노 감수성의… 여자로서의 역할극. 남성이 누르고 여성은 눌리는. 그렇게 침대에서 하고 나면 일상에서도 무의식적으로 역할극을 수행하게 돼요. 여성은 그런 의식을 반복하면서 당하는 욕망을 학습하고, 그걸 자각하지 못한 채 계속 자기 삶을 망치는 방식으로 살아가게 되고, 임신을 하고 아이를 낳고 순종적인 어머니가 되고… 내가 선택하지 않은 이야기를 내가 수행하게 되면서 살게 되는 것 같아요."

분노의 정체를 명확히 밝히고 이를 말로 표현하는 과정, 이것은 혼자서 하기는 너무 어려운 일이다. 세상에 차고 넘치는 다른 이야기들과 내 이야기가 일치하지 않을 때는 특히 그렇다. 홀로 분노 혹은 우울을 느낄 때 우리는 나의 감정을 믿기보다 세상의 판단을 믿게 된다. 내가 미친 걸까? 괴상한 걸까? 예민한 걸까? 우리에게는 자신의 이야기를 재해석할 자원은 물론, 고통 속으로 함께 들어가 공감하며 이야기를 나눌 관계가 절실하다. 수정에게 비폭력 대화와 가정폭력쉼터에서의 대화가 있었듯 말이다.

연애 관계가 절실한 사람들은 대체로 어떤 이유로든 내몰린 사람들이었다. 애정과 관심이 절실하기도 했고, 아픈 몸 때문에 돌봄이 절실하기도 했고, 누구에게도 고통을 호소할 수 없어 애인에게라도 투정을 부리는 일이 절실하기도 했다. 절박한 사람이 까다로워지긴 어렵다. "당장 죽을 것 같기 때문에" 하는 선택은 여러 위험을 감수하게 된다. 집착과 통제를 관심과 사랑이라고 착각하고, 위험 신호를 애써 무시하며, 폭력이 내재된 관계에 뛰어들기도 한다. 그만큼 이들은 고립되어 있다.

칼리가 "영적인 갈망"이라고 표현한 것을 나는 인정, 애정, 사랑 등으로 번역하고 싶다. 연애 관계는 여성이 대접받을 수 있는, 소중한 사람으로 여겨지는 몇 안 되는 경험이다. 가족 안에서도 회사 안에서도 받기 힘들었던 인정의 감각을, 연애는 준다. 섹스는 '누군가 나를 간절히 원한다'라는 감각을 준다. 그 순간만큼은 나는 이 세상에 반드시 필요한 존재이다. 죽으면 아쉬운 존재이다. 매력과 관능은 권력처럼 휘둘러져, 마치 내가 이 관계를 통제하고 있다는 인상을 준다. 그러나 이것은 대단히 일시적이며 허구적인 힘이다. 세상은 젊은 여성을 팜 파탈femme fatale처럼 그리지만, 팜 파탈은 절대 일상의 영역에 침투할 수 없다. 팜 파탈은 승진하거나, 책을 내거나, 법을 제정하는 존재가 아니라, 랑데부를 위해 어두운 침실에서 대기하는 존재이다. 우리는 스스로 되물을 필요가 있다. 내가 바라는 인정의 감각은 정확히 정체가 무엇인가?

마지막 질문은 이것이다. 사랑이 구원이 될 수 있을까. 나는 그렇다고 말하고 싶다. 여전히 사랑을 믿는다. 그러나 우리는 사랑을 받을 때가 아니라 줄 때, 우리 스스로를 구원할 수 있다. 구원의 대상이 아닌, 구원의 주체가 될 때만이 사랑은 구원이 된다. 나를 구원하는 것은 나뿐이다. 사랑하는 대상이 꼭 인간일 필요는 없다. 동물일 수도 있고, 글쓰기와 같은 행위일 수도 있다.

지현은 자신의 우울이 애정의 문제였다고 말했다. 좀 더 사랑받고 싶었다고 말했다. 그리고 덧붙였다. 사랑을 받는 것으로는 해결되지 않는다는 걸 알았다고. 지현은 봉사 활동을 했던 유기동물보호센터에서 만난 사람들과 동물들을 사랑한다고 했다.

수정은 자기와 같은 사람들을 위해 블로그에 글을 쓰고, 예빈은
자살로 사랑하는 이를 잃은 사람들을 위해 연구를 하고, 민지는
디지털 성폭력 생존자를 돕는 활동을 한다.

사랑을 받는 일은, 사랑을 주는 이가 더 이상 나를 사랑하지
않거나 곁에서 사라지면 멈춰진다. 사랑을 주는 일은, 우리 마음
안에 타인을 향한 사랑이 남아 있는 한, 멈추지 않는다. 우리는
영원히 외로워지지 않는다. 『정확한 사랑의 실험』(2014, 마음산책)에
서 신형철이 썼던 글을 인용하며 이번 장을 마무리하고 싶다.

이제 여기서는 욕망과 사랑의 구조적 차이를 이렇게 요약해 보
려고 한다. 우리가 무엇을 갖고 있는지가 중요한 것은 욕망의 세
계이다. 거기에서 우리는 너의 '있음'으로 나의 '없음'을 채울 수
있을 거라 믿고 격렬해지지만, 너의 '있음'이 마침내 없어지면 나
는 이제는 다른 곳을 향해 떠나야 한다고 느낄 것이다. 반면, 우
리가 무엇을 갖고 있지 않은지가 중요한 것이 사랑의 세계이다.
나의 '없음'과 너의 '없음'이 서로를 알아볼 때, 우리 사이에는 격
렬하지 않지만 무언가 고요하고 단호한 일이 일어난다. 함께 있
을 때만 견뎌지는 결여가 있는데, 없음은 더 이상 없어질 수 없으
므로, 나는 너를 떠날 필요가 없을 것이다.[2]

6장   사회

**가난하고 취약한
여자들에게
상어 떼처럼
달려들잖아**

지현과는 2019년 10월, 서울의 한 카페에서 만났다. 회사에서 지
현은 늘 아픈 사람이었다. 잠을 못 자고 체중이 줄고 얼굴에 마
비가 오기도 했다. 남자친구와 좋지 않은 관계를 이어가던 날들
이었다. 어느 날 점심시간을 앞두고 손이 움직이지 않았다. 사람
들 앞에서 또다시 괜찮은 척을 해야 한다고 생각하니 속이 울렁
거렸다. 팀장에게 '속이 안 좋아 밥을 따로 먹겠다'라고 말하려는
순간, 숨이 쉬어지지 않았다. 열이 나고 심장이 두근거렸다. 너무
놀라 회사를 뛰쳐나왔고, 그길로 울며 병원으로 달려갔다.

그날이 2014년 12월 30일이었다. 처방받은 약을 먹고 잠들
었다가 일어나니 1월 2일이었다. 무슨 독한 약을 먹었길래 이러

나. 약이 무서웠다. 누구한테도 전화할 수가 없어 생명의전화에 전화를 걸고 울었다. 다음 날 병원에 다시 찾아가 걱정을 털어놓으니 담당 의사는 "약을 먹어서 죽는 사람보다 안 먹어서 죽는 사람이 훨씬 많다"라며 지현을 달랬다.

지현은 스물다섯 살에서 스물여섯 살, 그러니까 사회초년생 때가 "좌절의 시작이자 불행의 시작"이라고 말했다. 지현은 다섯 살, 여섯 살 때부터 아프고 잠을 잘 자지 못하는 예민한 아이였다. 학생 때까진 나름대로 괜찮았지만, 사회생활을 시작하고서부터 본격적인 어려움이 시작됐다.

"사회가 정해놓은 규범 안에서 가장 좋은 모습을 보여줘야 하잖아요. 월요일부터 금요일, 아침 9시부터 오후 6시까지. 최선의 상태를 유지해야 하는데 그게 안 돼서 몸이 아파요. 회사에서 몸 아픈 애로 보이기 시작하니 망했어요."

회사에서 '항상 아픈 애'로 보인 뒤 혼자만 연봉 협상에 실패했다. 조직에 도움이 안 된다는 뒷얘기도 돌았다. 내가 이렇게 쓸모없는 존재로 사회에 있어야 하나. 상처를 받았다.

"한국 사회가 이삼십 대 사회초년생 여성을 애정 어린 시선으로 보지 않는다고 생각해요. '너를 딸처럼 생각해서', '네가 예뻐서' 이건 성희롱이고요. 원가족에선 빨리 결혼해서 나가라고 하죠.

회사는 결혼, 임신, 출산이 위험 요소라고 생각하니 여자 직원들을 남자 직원보다 안 키우죠. 이삼십 대 여성을 제대로 인정해 주는 어른을 못 봤어요. 그건 여자 선배들도 마찬가지예요."

중고등학생 때는 성적이 좋으면 그에 따른 보상을 받을 수 있었다. 그런데 사회생활을 시작하니 월급부터가 차별이다. 지현은 '손해 보는 장사'를 너무 오래 했다고 말했다.

"가족들에게도, 회사 사람들에게도, 애인에게도 감정 노동을 하고 많은 에너지를 쏟잖아요. 그런데 거기에 대한 아무런 보상이 없어요. 할 계획도 없단 게 너무 잘 보이고요. 너무 많은 걸 알아 버렸어. 제가 특별히 더 예민하고 나약해서가 아니라, 살아야 했기 때문에 몸이 아프고 반응을 했다고 생각해요."

스스로 바라는 삶과 사회가 강요하는 삶 사이

이삼십 대 여성은 도대체 왜 우울할까. 시민건강연구소 젠더와건강연구센터 김새롬 연구활동가(예방의학 전문의)는 "이삼십 대 여성은 사회가 요구하는 규범과 스스로 추구하는 가치 사이의 균열이 가장 큰 세대, 그래서 추락하기도 쉬운 세대"라고 봤다. 그는 미국과 영국 등에서도 여권이 신장되는 가운데, 젠더폭력이 심해지며 여성들이 아노미anomie(공통 가치나 도덕 기준이 없는 혼돈 상태)에 빠지는 경험을 공유한다고 말했다.

"한국은 사회 변화가 워낙 급격했잖아요. 여성의 권리에 대한 인식 변화도 무척 빨리 이루어졌습니다. 예전에는 결혼할 상대를 본인이 직접 결정하지 못하거나 (상대가) 마음에 안 들어도 (그 사람과) 결혼을 했고, 그게 삶의 대부분의 것을 결정하는 경우가 많았죠. 여성의 생애주기에 주류 모델이 있었지만, 이젠 그렇지 않습니다. 전통적인 가족 모델이 내 행복을 보장할 리 없다는 각성들이 이어지고, 좀 더 가벼울 수 있는 연애 관계도 디지털 성범죄가 만연해지며 우르르 무너지고…. 그런 것들이 여성 인구 전체에 미치는 영향이 있을 거라고 생각해요."

이삼십 대 여성은 더 교육받은 세대이고, 더 깨친 세대이지만, 과도기 단계에 놓인 세대이기에 막상 현실에서 스스로 기대하는 수준의 삶을 꾸리기는 어렵다.

남자친구만이 그나마 지현의 상황을 알고 있었다. 지현은 경제력이 없던 그를 1년간 보조했다. 그와의 관계는 악화되었고, 법정 다툼까지 갔다. 어느 날 유서를 써서 그에게 보냈다. '내가 빌려준 돈은 내 가족에게 돌려줘. 남은 나의 유산 일부는 동물보호단체에 기부해 줘. 안녕.'

죽으려는 순간, 지현의 집 문을 박차고 들어온 건 남자친구

도 경찰도 아닌 남자친구의 엄마였다. 지현의 말을 빌리자면 그
는 "빛의 속도"로 달려와 무단침입하고 지현을 폭행했다. "네가
우리 아들 인생 망치려고 작정을 했구나."

　　"걔는 힘드니까 엄마한테 가서 말한 거예요. 나는 우리 엄마 아
　　빠한테 말도 못 했는데. 걔네 엄마가 경찰보다 빨리 온 거죠. 그
　　때 제 안에 잠들어 있던 가부장제를 향한 분노가 폭발하면서 갑
　　자기 정신이 들었어요. 하하하.
　　저 역시 가족이나 남자친구가 우울의 원인이라고 말하지만, 얼
　　기설기 조합해 보면 어떤 한 명이 가해자가 아니에요. 가해자-피
　　해자 구도가 아니거든요. 나를 우울하게끔 했던 이놈의 대한민
　　국, 이놈의 사회."

193

　　여성에게도 남성과 같은 고등교육의 혜택이 주어진 지 꽤
오랜 시간이 지났지만, 실제 노동 시장에서 여성이 갈 곳, 나아가
오래 버틸 곳이 많지 않다. 능력 있는 여성은 갈수록 많아지지만
이들의 성취를 반영하여 충분한 보상을 제공하고, 이들이 자신의
꿈을 펼치도록 돕는 일자리는 드물다.
　　여성은 빠르게 변화하고 있는데 세상은 그 변화를 따라잡지
못하고 있다. 이를 현장에서 직접 맞닥뜨리고 있는 사람이 지금
의 이삼십 대 여성이다. 여학생은 중고등학교 때부터 이미 국어,
영어, 수학 교과에서 남학생보다 높은 성취도를 보인다.[1] 대학 진

학률도 이미 10년 전부터 여성이 남성을 앞지르기 시작했다.[2]

취업 시장에 들어오면서부터 얘기가 달라진다. 대학도 여성이 많이 가고, 성적도 여성이 높지만 고용률은 남성이 월등히 높다. 2019년 여성 고용률은 51.6퍼센트로, 남성 고용률 70.7퍼센트와 크게 차이 난다. 간신히 취업을 한 뒤에도 임금에서 차별받는다. 2019년 남성임금 대비 여성임금 수준은 69.6퍼센트이다.[3] 같은 전공, 같은 학교 출신이어도 대학 졸업 후 2년 이내 초기 노동시장에서 여성의 소득은 남성보다 19.8퍼센트 더 적다. 이때 상위권 대학 출신의 여성은 더 큰 소득 불이익을 경험한다.[4]

여성의 취업률은 연령에 따라 M자 곡선을 이룬다. 이삼십대에 고용되었다가, 임신·출산·육아로 경력이 단절되었다가, 다시 나이 먹은 뒤 고용되는 형편이다. 간신히 경력단절에서 탈출했다고 하더라도 여성은 저임금 불안정 노동에 시달려야 하며, 남성보다 하루 평균 2시간의 가사 노동을 추가로 해야 한다.[5] 여성은 집에서도, 일터에서도 자신이 제공하는 노동에 제대로 된 가치를 평가받지 못한다. 이 과정에서 지현이 맞닥뜨렸던 것처럼 "젊은 여성에게 기대되는 역할"을 수행해야 함은 물론이다.

9시부터 6시까지, 아플 수 없는 사람들

이삼십 대 여성의 우울은 여성이기 때문에 겪는 노동 문제에서 비롯되기도 하지만 자본주의, 신자유주의 사회 속 노동자이기 때문에 겪는 고단함에서도 비롯된다. 이들에게는 아플 시간도 없다. 학창 시절부터 끊임없이 스펙을 쌓아야 하고, 간신히 들어간 회사 내에서도 과중한 노동에 시달리며, 끊임없이 경신을 요구받는다. 이제는 '능력'뿐 아니라 '몸'도 경신해야 한다. 우리는 일을 잘해내면서 주식 투자와 부동산 공부도 해야 하며, 매일 헬스클럽에서 바벨을 들고 닭가슴살을 먹어야 한다. 이 얼마나 피로한 삶인가. 성장 중심 사회에서 정해진 루트를 따르지 않는 사람, 망설이는 사람, 아파서 속도가 더딘 사람은 곧잘 쓸모없는 사람 취급을 받는다. 해야 할 일이 너무 많기 때문에 다 해내지 못하는 것인데, 이 상태를 병리적으로 본다. 때때로 나는 사람들에게 우울증 약이나 ADHD 약 대신, 이들을 해변으로 보낸 후 트로피컬 칵테일 한 잔을 쥐여주면 나아지지 않을까 생각한다.

번아웃 증후군, 공황장애, 우울증, ADHD…. 사람들이 병명을 간절히 원하는 이유 중 하나는, 그렇게라도 지금의 고단함을 인정받고 쉬고 싶기 때문이 아닐까. 안주연 정신건강의학과 전문의의 책 『내가 뭘 했다고 번아웃일까요』(2021, 창비)의 제목처럼, 모두가 바쁘고 힘들지만 과중한 업무와 자기 관리를 해내는 상황에서, 이를 버거워하는 나는 끊임없이 의심의 대상이 된다. 나의 고통은 제대로 생활을 관리하지 못한 나의 탓이다. 이때 그나마 속 시원히 나의 고통을 인정해 주고 '잠시 멈춤'을 허용하는 것은 진단밖에 없는 것이다. 이는 반대로 과한 노동을 당연하게 요구하는 사회에서 이를 수행하지 못하는 사람을 환자로 본다는 뜻도 된다.

엄마 아빠한테 돈 달라고 하기가 무서웠어

친구이자 동지인 이민지는 디지털 성폭력 근절 운동을 하는 활동가이다. 그에게 우울은 오래된 일이지만, 병원에 다니기 시작한 건 활동을 시작하면서부터이다. 인터뷰는 민지의 기숙사 방에서 진행됐다. 오랫동안 자신만의 공간을 갖지 못한 채 지내온 민지에게 기숙사는 너무도 소중한 곳이었다. 실제로 민지는 기숙사에 입사한 뒤로 건강이 많이 나아졌다고 말했다. 그 전에는 동아리방 등을 떠돌았다. 2020년 3월, 오랜만에 만난 그는 깜짝 놀랄 정도로 야위어 있었다. 민지는 구하라 이야기로 인터뷰를 시작했다.

> "구하라 죽었을 때 아침에 일어나면 2시간씩 울었어. 죄책감이 많이 들었어. 솔직히 머리로는 알잖아. 이게 과하다는 거. 내가 잘못한 것도 아니고 가해자도 분명히 따로 있고. 그런데도 죄책감이 너무 많이 들었어. 연락 한번 해볼걸. 씩씩했잖아. 공론화를 자기 힘으로 했잖아."

가수 구하라는 버닝썬 성폭력 사건 피해자를 돕고 싶어서

기자한테 연락처를 물어보기도 했다고 한다.

"무력한 피해자가 아니라 정말 강인하고 자기와 다른 사람의 삶
을 개선하려는 사람이었어. 그런 사람을 구하지 못했다는 생각
이 자꾸 드는 거야."

민지는 우울과 함께 불안장애를 겪는다. 완벽주의, 결벽, 뭔
가를 깜빡한 것 같은 느낌, 사람들이 나를 해칠 것 같다는 불안.
증상은 청소년기에 가장 심했다. 눈을 감고 있어도 잠이 들지 못
했다. 눈을 감은 채 밤을 새웠다. 늘 긴장해 있으니 살도 붙지 않
았다.

"당시에 우리 집이 가난했어. 차상위계층인 상태로 청소년기와
성인 초기까지를 다 보냈으니까."

민지는 삼 남매 중 첫째이다. 아래로 동생 둘이 있다. 집은
오랫동안 가난했고, 돈이 없으니 가족 간의 불화가 잦았다. 감당
해야 할 수치심도 많았다. 이런 환경이 불안과 우울을 더 심화시
켰다.

보호자는 민지를 돌보지 않았다(혹은 못했다). 어린 민지는 자
신을 어떻게 돌봐야 하는지 몰랐다. 항상 낡고 더러운 옷을 입고
다녔다. 누가 빨래를 해주지도, 빨래는 어떻게 하는지 가르쳐 주

지도 않았다. 교육방송을 보거나 외가에서 책을 빌려 읽으며 스스로를 교육해야만 했다. 집에서 교재비를 감당할 수 없으니 교무실을 뻔질나게 드나들며 교사용 문제집을 얻어냈다. 전형적인 모범생이었다.

"'교사용 교재로 공부를 하면 모범 답안을 볼 수 있다' 이런 식으로 생각하면서 늘 내가 처한 상황에서 최선을 찾으려고 했던 것 같아. 그렇지만 그 상황을 감당할 때마다 어딘가 무너지는 것 같은 기분(이 들었어). 나 자신을 지키기 위해서 세상과의 벽이 필요한데 한쪽에서는 열심히 쌓고 있지만, 다른 쪽에서 계속 무너지고 있는 거야. 그래서 나는 언제나 쌓아야 해. 이 모든 게 무너지지 않게 하기 위해서."

198

집에서는 용돈은커녕 당장 생활에 필요한 돈도 주지 않았다. 민지는 명절 때 친척들이 주는 돈, 가끔 엄마 아빠의 친구들을 만나면 받는 돈을 모아 생활했다. 그 돈으로 교재를 사고 버스카드를 충전했다. 언제나 돈이 부족해서 친구들과 놀러 다니기도 어려웠다. 엄마 아빠한테 돈을 달라고 하기 무서우니, 동생들은 민지에게 손을 벌렸다. 엄마한테 말하면 아빠한테 달라고 하고 아빠한테 말하면 엄마한테 달라고 하다, 둘은 서로 싸웠다. 민지는 자신의 것을 동생들과 나눴다.

"내 생각에 이 문제의 근원은 둘이 결혼을 너무 일찍 한 거야. 둘 다 대학도 가기 전에, 스물한 살 때 결혼했어. 그때 내가 배 속에서 7개월이었어. 돌아보면 엄마 아빠가 지금 내 나이 때 내가 열 살, 남동생이 여덟 살, 막냇동생이 세 살. 환장할 상황이었던 거야. 생존만으로도 벅찼던 거지. 아무리 엄마 아빠가 유능하고 똑똑해도, 언제나 버거웠을 거라는 건 짐작이 가."

부모는 민지의 사생활을 존중하지 않았고 통제하려 들었다. 민지 몰래 일기를 훔쳐 읽었고, 혼자 자지 못하게 했다. 민지 방에는 문도 없었다. 대학에 진학하고서는 독립 투쟁이 시작됐다. 외박은 꿈도 못 꿨고, 심지어 아빠는 아르바이트도 못 하게 했다. 돈을 주지도 않으면서 벌지도 못하게 하니 미칠 노릇이었다. 이해가 가지 않아 아빠가 왜 그런 행동을 한 것이냐 물으니 민지는 이렇게 답했다.

"가장 역할은 집에 돈을 벌어다 주는 거잖아. 근데 돈이 없으니까 이 상황을 외면하고만 싶고, 가족들이 돈을 벌어 와서 자기가 가장 역할을 못 하고 있다는 걸 상기시키는 게 싫은 거야. 자기가 아빠 역할을 제대로 못 하는 게 드러나는 거니까."

대학교 1, 2학년 때 민지의 우울은 더 심해졌다. 학교 수업에 제대로 참석하지 못했고 과제도 제출하지 못했다. 그제야 처음으로 자신이 "심하게 이상하다는 것"을 인지하기 시작했다. 학부에서 심리학을 전공하며 교과서에서 배운 증상들과 자신의 증상을 비교해 봤다. 청소년기에도 우울증은 있었지만, 그때는 다른 사람들 모두 자신처럼 산다고 생각했다. 티를 내지 않을 뿐 자살하고 싶어 하고, 자살에 실패해서 살아가고 있을 뿐이라고.

가난한 내가 자격이 있을까

민지는 인간의 가장 기본적인, 생존을 위한 욕구에 있어서까지 스스로를 제약하며 지냈다. 기저에는 죄책감이 있었다. 우울증이 심해져 생활을 제대로 꾸리지 못할 때면 죄책감은 더 커졌고, 그럴 때는 스스로를 더더욱 제약했다. 이로 인해 우울은 심화됐다. 악순환이었다.

"남들은 밥때가 되면 아무 생각 없이 밥을 먹는다는 걸 처음 알게 된 거야. 나는 자격을 따졌거든. 자격이 안 되면 못 먹었어. 윤리적인 반감 때문에. 나는 돈이 한정되어 있고, 먹을 수 있는 끼니가 한정돼 있어. 그러니까 밥값을 못 한다고 생각하면 못 먹겠는 거야. 그런 도덕적 규율이 내재됐던 거지. 밥 먹을 자격. 밥값을 해야 한다는 압박."

6장. 사회

민지는 스스로의 힘으로 재활 훈련을 했다. 밥 먹을 때, 잠을 잘 때 따지지 않는 것부터 연습했다. 씩씩하게 말하던 민지는 잠시 말을 멈추었다가, 한숨을 쉰 후 다시 이어갔다.

"가장 인정하기 힘들었던 게 내가 이런 식으로 생각하고 행동하게 된 원인이 아무래도 가정폭력인 것 같다는 거야. 내가 아동학대 피해자라는 거. 방임이란 방임은 전부 다 하는 동시에, 컨트롤 프릭control freak(모든 상황을 자신이 만든 기준에 맞게 움직여야 하고 만약 그 기준을 벗어나게 될 경우 상대를 맹렬하게 비난하는 통제자)처럼 나의 프라이버시를 침해하는 방식으로 학대가 이루어진 것도 너무 이상해. 진짜 안 좋은 방식으로 나의 자율성을 인정해야 할 부분은 다 침해하고, 보호해야 할 부분은 외면했던 거야. 내가 가진 불안과 우울, 세상에 대해서 가졌던 공포의 기저에는 돈이 있었어. 가난이 진짜 코어야, 코어."

많은 인터뷰이가 우울을 이야기하며 동시에 '쓸모'와 '자격'을 이야기했다. 나는 자격이 있는 사람인가? 쓸모가 있는 사람인가? 이러한 생각은 뜻밖에 상황이 풀려 삶이 나아질 때에도 이를 받아들이기 어렵게 만들었다. 자신은 행복한 삶을 누릴 자격이 없다고 생각하기 때문이었다.

이들이 날 때부터 '쓸모 있는 사람이어야 한다'라고 생각하진 않았을 것이다. 쓸모에 대한 강박은 가족과 사회 안에서 살아

201

가며 천천히 형성된다. 또 이것은 앞서 지적한 "한 번도 온전히 받아들여져 본 적 없는 경험"과도 연결되어 있다. 존재만으로 받아들여지지 않으니 무언가 쓸모가 있어야 하는 것이다. 반드시 어떤 역할을 해야만 타인에게 받아들여질 수 있다고 생각하게 되는 것이다.

쓸모없는 사람이라는 꼬리표는 너무 고통스러워서, 타인에게 폐를 끼치고 쓸모없이 지낼 바에야 죽는 게 낫다고 생각하게 될 정도이다. 이것은 젊은 여성에게만 해당하는 내용도 아니다. 쓸모에 대한 강박을 심어주는 사람들은 주로 가족이었다. 여기에 가난이 더해지면 상황은 심각해진다. 매일의 삶이 고단하니 생계의 책임을 떠맡은 사람은 갈수록 악에 받친다. 한 사람의 삶을 계산기로 두드리며 수지 타산을 따진다.

누군가 아프거나 우울해서 1인분 혹은 그 이상의 돈벌이를 하지 못할 때, 생애주기 내에서 요구되는 어떤 역할을 해낼 수 없을 때, 가족의 생계에 보탬이 되지 못할 때, 이들은 주변으로부터, 특히 가족으로부터 쓸모없는 사람 취급을 받는다. 그리고 이것을 내면화한다. '나는 쓸모없는 사람이다' 하며 스스로 낙인을 찍는다. 특히 가장 생산성이 높은 시기라고 취급되는 이삼십 대가 아플 때는 더욱 그렇다. 문제는 이들이 자신의 쓸모를 증명하기 위해 일자리를 구하고 싶어도, 그것이 쉽지 않은 시대가 되었다는 거다. 생계를 이어갈 수 있는 안정적인 직장을 구하는 일은 건강한 남성에게도 쉽지 않다. 젊고 아픈 여성의 경우에는 당연히 더더욱 그렇다. 가난은 미래를 위해 준비할 시간을 앗아 간다. 가난한 여자들은 당장 할 수 있는 값싸고 불안정한 노동을 택하게 되고, 이것은 다시 시간과 체력을 빼앗아 더 나은 일자리를 위해 자기에게 투자할 여력을 남기지 않는 악순환을 만든다.

가난 때문에 성적으로 취약해지는 여자가 너무 많아

민지가 대학교 2학년이 됐을 때 집안 사정은 더욱 나빠졌다. 학기 중간에 등록을 취소해야 했고, 온 가족이 집에서 쫓겨날 처지였다. 갈 데가 없었다. 민지는 빠르게 체념했다. 학교 동아리방에서 살 수 있을지, 숙식과 빨래는 어디서 해결할지 궁리했다. 그는 말했다.

"어느 겨울, 길거리를 걷고 있는데 세상이 너무 비현실적으로 보였어. 당장 지갑에 있는 3,000원이 내 전 재산이야. 춥고 배도 고프고 화장실도 가고 싶은데. 사람들이 카페에 앉아 있는 게 보여. 저 사람들은 3,000원보다 비싼 커피를 마시고 있어. 일종의 자격인 거야. 공간을 누릴 수 있는 자격. 따뜻한 곳에 앉아서 휴대폰 충전을 하면서 화장실도 갈 수 있는 자격. 나는 그런 자격이 없어. 돈이 없으니까. 세상으로부터 고립된 느낌이었어. 내가 서울 안에 있는 4년제에 나름대로 이름도 알려진 학교를 다니고 여성학 동아리 활동을 하면서 공부도 그렇게 많이 하고 사람들과도 잘 지내는데도, 당장 내가 할 수 있는 게 없는 거야. 나는 내 손으로 돈을 벌어본 경험이 너무 적고 계속해서 가족으로부터 '넌 돈 벌지 마'라는 말을 들으며 자립하고자 하는 욕구를 좌절당했고. 자신이 너무 없었어.

학교 컴퓨터실에서 아르바이트를 알아보는데, 검색 결과에 다 성매매 아르바이트만 나오는 거야. 토킹바, 룸, 조건 만남 이런 것들. 이십 대 초반 여자 계정으로 포털에 로그인해 놓은 상태였으니까 그런 것만 뜨는 거야. 이때 진짜 압도적인 충격과 함께 이 세상이 어떤 방식으로 굴러가는지, 가난한 여자들을 어디로 내모는지 느껴지더라고.

너무 분노가 치미는 동시에 충격과 좌절감이 컸어. 여자인 이상 어떤 스펙이 있든, 어떤 신념을 가졌든 '가난하면 성매매를 해야 한다' 이게 세상이 어린 여자에게 전달하는 메시지 같았어."

시민 활동가로 일하는 민지는 자연스럽게 어리고 가난한 여자애들한테 마음이 간다고 했다.

"가난 때문에 성적으로 취약해지는 여자가 너무 많아. 가난해서 자기를 지키지 못했던 경험이 누적되니 자존감도 낮고, 성매매 형태가 아니더라도 그루밍 성범죄(상대방과 유대 관계를 형성해 호감을 쌓은 뒤 저지르는 성범죄)에 더 취약하고, 착취적 관계를 맺는데 연애라고 생각해. 데이트폭력을 당하면서도 폭력인지 모르거나. 이 사회가 피 냄새를 맡은 상어처럼 여자들을 물어뜯으려고 달려들잖아. 어리고 취약하고 가난해서 생존에 관한 판단 능력이 떨어지는 여자들한테 특히. 이런 일을 겪는 여자가 너무 많아. 그런데 세상에는 팜 파탈이 이 남자 저 남자 만나서 돈 빨아먹는 서사만 널려 있어. 가난한 여자가 온전히 자기를 지키면서 결국 어떻게 생존했는지 보여주는 자료가 없어."

참고할 만한 모델이 너무 없다. 그러니까 우리가 이야기를 많이 하자. 민지와 나는 인터뷰 중 동시에 이렇게 말했다. 민지는 가난을 말하려고 할 때마다, 가족이 준 상처를 말하려고 할 때마다 벅차다고 했다.

"어디서부터 말해야 할지 모르겠어. 나라는 인간의 깊은 곳까지 상흔이 남아 있기 때문에. 그런 거 있잖아. 정말 가난이 뭔지 상상도 못 하는 사람들이 말해보라고 할 때, (내가) 내 경험에 압도당하는 거야. 말해도 저 사람이 이해할 수 있으리라고 전혀 기대되지 않으니까. '아르바이트 구하면 되잖아' 이런 말을 하는 사람들 앞에서, 아르바이트를 구하려면 면접을 봐야 하고 그러려면 연락처를 적어 내야 하는데 매달 휴대폰 요금을 낼 자신이 없어서 휴대폰을 만들지 못한다는 걸 어떻게 설명을 해야 해. 검색하면 성매매밖에 안 뜨는데, 거기서 이미 충격을 받고 기가 꺾인다는 걸 어떻게 설명해."

가난은 인간의 모든 측면을 좀먹는다. 단순히 돈이 없어서 밥을 못 먹는 문제가 아니다. 가난은 건강을 해치고 스스로 밥을 먹을 자격이 있냐고 묻게 만든다. 숨 쉬듯 절망을 느끼게 되고, 아무리 시도를 해도 안 될 것 같다고 생각하게 된다. 무기력에 시달린다. 살아남으려면 누구든 자기에게 투자를 해야 한다. 기술을 익히든, 학위를 만들든, 하다못해 밥을 먹어서 자신의 몸을 돌보든 말이다. 가난은 자기 투자를 막음으로써 미래를 상상하지 못하게 막는다. 아무것도 달라지지 않을 것이란 생각은 당연히도 인간을 무기력하게 만든다.

어린 시절 겪은 가정폭력의 경험은 이후 오랜 시간이 지나 폭력의 위협이 사라진 뒤에도, 생존자의 성격에 영향을 미치며 흔적을 남긴다. 가난의 경험도 마찬가지이다. 민지는 학부를 무사히 졸업하고 석사 과정도 수료한 데다가 실명, 익명으로 번갈아 활동하며 여러 정체성으로 자신의 능력을 계속해서 증명하고 있었다. 과외와 아르바이트를 통해 학비와 생활비도 스스로 충당하며 이미 자립한 상태였다. 그럼에도 불구하고 자신을 믿기 어려워했다.

"내 능력이 내 능력이 아닌 것 같았어. 내가 이루어 낸 것이나 친구 관계들…. 도움을 청하라고 하는 말들이 너무 이상하게 느껴졌어. 내 것같이 느껴지지 않았어, 항상. 선물을 받아도 내 것이 아닌 것 같은 거야. 착오가 있는 것 같은 거야. 나는 내가 언제나 가난해야만 하고, 그것만이 내게 주어진 선택지처럼 느껴졌거든. 나는 내가 폐지 주우면서 살 것 같았거든. 이런 두려움이 드러나지 않게 하려고 정말 애썼어."

자신의 능력을 믿지 못하는 현상, 그래서 삶을 개선하려는 의지가 꺾이고 한 발짝 나아가지 못하는 현상, 이런 것들을 인터뷰를 지속하며 계속해서 목격했다. 여자들은 자주 내게 말했다.

"저를 못 믿겠어요. 언젠가 들통날 것만 같아요."

성희롱은 숨 쉬듯이 겪었어요

부산에 사는 잔잔과는 2020년 11월 줌zoom을 통해 처음 만났다. 수도권 외의 지역에 사는 여성들을 만나려던 참이었고, 와중 잔잔이 먼저 연락을 줬다. 잔잔을 만나며 확실히 알게 됐다. 지방에 사는 여성들일수록 더욱 가부장적이고, 성차별적인 사회에 부딪힌다. 또한 고립된다. 함께 싸울 동료를 찾기 어렵다. "이런 이야기 태어나서 처음 해봐요." 여자들은 말했다.

"제가 겪은 일이 많이 알려지면 사람들에게 '안 그래야지' 하는 인식이 생길 수도 있잖아요. 그런 희망이 있나 봐요."

잔잔은 무망감에 시달린다면서도 이렇게 말했다. 잔잔이라는 이름은 '잔잔하게 살고 싶다'라는 의미에서 스스로 붙였다.

그는 2017년부터 불면과 불안 증세를 겪었고, 자살 사고 또한 오래 지속되었다. 퇴근하고 돌아온 어느 날, 수면제를 먹어도 잠이 오지 않았다. 새벽 2시, 그날따라 죽지 않으면 고통이 끝나지 않겠다는 생각이 들었다. 벌떡 일어나 바닷가에 갔다. 신고를 받고 찾아온 경찰이 잔잔을 인계했다.

지현이 그랬던 것처럼 잔잔도 부모에게 내색하는 딸이 아니었다. 잔잔은 자신이 "되게 키우기 쉬운 맏딸"이었다고 했다. 잔잔이 자살 시도를 한 뒤에야 가족들은 잔잔이 우울을 겪는다는 사실을 알았다. 반응은 떨떠름했다. 엄마는 아무렇지도 않아 보였고 동생은 말했다. "누나 지금 너무 오버하는 거 아이가?"

자살 시도 후 도망치듯 퇴사했고 폐쇄 병동에 입원했다. 여행도 다녀오고 이력서도 넣어보고 퇴원 이후 다시 일어서 보려 애썼지만, 2020년 1월부터는 완전히 가라앉기 시작했다.

중증 우울증을 겪는 사람은 정말 식물인간과 같다. 울거나 죽을 힘조차 없다. 아무 감흥도 반응도 없다. 빛이 들지 않는 어두운 바닷속으로 계속해서 빨려 들어가듯 침잠한다. 잔잔은 그 깊은 바다에서 이제 조금 고개를 든 참이었다. 새로 바꾼 약이 효과가 있었다고 했다.

잔잔은 부산을 "노인과 바다"라는 말로 설명했다. 나이 든 사람만 많고 젊은 사람, 특히 젊은 여성이 취직할 곳이 너무 부족하다고 했다. 잔잔은 원하던 직장에 취직했으나, 남성이 대부분인 그곳에서 성희롱, 성추행을 숨 쉬듯이 겪었다.

"회사 직원이 200명 가까이 됐거든요. 급식실 출입구에 제가 들어오면 한 80명 정도 되는 남자가 저를 쳐다봐요. 제가 혼자 식판을 들고 어디 앉지 둘러보고 있으면 힐끗힐끗 봐요. 그거를 매일매일 겪어요. 아무리 남 신경 안 쓰는 사람이어도 돌아버릴 수밖에 없을 것 같거든요. 밥을 다 먹고 나가면, 남자들이 우글우글 모여 담배 피우고 있어요. 저한테 인사하면서 '오늘 뭐 입었네. 에스라인이네. 어디 좋은 데 가나. 살이 쪘네 빠졌네' 대놓고 성희롱을 해요. 그게 잘못된 거라는 인식도 없어요. 내 속은 곪고 있는데 회사 생활을 계속하려면 아무렇지 않은 척을 해야 하고. 이런 희롱을 재치 있게 받아쳐야만 하는 거예요."

차라리 이런 말을 하는 사람이 못된 사람이면 좋겠다. 숨 쉬듯 성희롱을 하고 외모 품평을 하는 사람들은 소위 말하는 '좋은 사람들'이다. 잔잔을 챙겨주던 사람들이다. 그들은 회식 자리에서 잔잔을 '높은 사람들' 옆에 앉힌다. 억지로 술을 먹이고 술을 따르게 하고 꺼안고 노래를 부른다. 괴로움을 호소하는 잔잔에게, 여성혐오적인 기업 문화를 버티지 못하고 다들 퇴사하는 와중에 그나마 남은 여자 선배는 이렇게 말했다. "너는 이 회사에서 기쁨조가 되어야 한다. 술 잘 타고, 라인 잘 타고. 이게 업무 잘하는 것보다 훨씬 중요하다."

회식이 끝나면 남자 직원끼리 성매매 업소로 향했다. 이런 모습을 몇 년간 봤다. 잔잔은 "남자는 아무도 못 믿겠어요"라는 말을 반복해서 했다. 많은 여자들이 똑같은 말을 했다.

"인간에 대한 불신이 너무 많이 생겼어요. 특히 남자는 일단 인간으로 안 보여요. 성매매 안 한 남자가 없더라고요. 진짜 없어요. 얘는 진짜 안 했을 것 같다고 생각한 애도 (그런 곳) 다 가요."

일터에서도 잔잔은 한 명의 동등한 사람, 청년, 노동자가 아니라 그들의 기분을 맞춰줘야 하는 기쁨조여야 했다. 사회가 이십 대 여자에게 바라는 모습은 딱 그 정도였다. 예쁘다. 못생겼다. 몸매 좋다. 몸매가 별로다. 아래위로 훑는 시선들. 빼빼로 데이 같은 기념일에 부장에게 선물을 하지 않으면 회사에서 크게 혼났다. 한 달 전 결혼한 상사는 잔잔을 차에 태우고 말했다. "내가 결혼만 안 했으면 널 어떻게 꼬셔봤을 낀데."

'메갈리아'가 한참 이슈가 되던 때, 언젠가 부서의 높은 분이 잔잔을 불러 사람들이 많은 곳에서 이렇게 물어보기도 했다. "니 메갈 아이가?"

"거기다가 '내가 메갈입니다'라고 말할 수도 없고, '메갈 아닙니다'라고 말할 수도 없고. 뭐라고 반응해야 되지. 완전 대놓고 낙인찍는 것처럼 물어보더라고요."

이런 일을 셀 수 없이 겪었다. 잔잔은 다시는 그 끔찍한 곳으로 돌아가고 싶지 않다고 말했다.

"자아가 다 무너지는 것 같았어요."

내가 예민한 걸까

211   잔잔은 몇 년간 독립해서 지내다 본가로 다시 돌아왔다. 혼자 살면서 몇 번의 위협을 경험했기 때문이었다. 여자라면 누구나 한 번쯤 겪었을 만한, 밤중에 집으로 돌아오는 길에 누군가 따라오거나 쫓아오는 일을 겪었다. 하지만 이조차 가족에게 이해받지 못했다.

"남자들은 절대 이해 못 하죠. 알 수가 없죠. 회사에서 성희롱을 당했다고 말해도 똑같았어요. 사회생활 하려면 그 정도는 감수해야 하는 것 아니냐면서. '예쁘다'라는 말이 성희롱이라는 걸 모르는 사람들이에요. 심지어 매년 회사에서 성희롱 교육을 한 번

가난하고 취약한 여자들에게 상어 떼처럼 달려들잖아

씩 받고, 교육하시는 선생님이 '예쁘다'라는 말도 성희롱이라는
걸 알려줘도 남자 직원들은 고개를 절레절레 흔들며 '그게 왜 잘
못된 건지 도저히 이해가 안 된다'라고 해요. '오늘 몸매 좋네요'
이 말이 잘못됐다는 걸, 거기 있는 여자들도 인지를 못 하는 거
예요. 심지어 친구들도요. 너무 숨 막혀요."

잔잔의 경우 이런 이야기를 나눌 사람이 주변에 아무도 없
었다. 회사 내에서도 마찬가지였고, 가족도 마찬가지였고, 심지
어는 주변 친구도 그에게 공감하지 못했다.

"약을 바꾸고 두 달 동안 부작용으로 10~15킬로그램이 쪘어요.
살찐 뒤로 부모님이 일하시는 가게 쪽으로 못 나오게 하더라고
요. 날씬할 때는 우리 딸 예쁘니 보여주고 싶다고 나오라더니 뚱
뚱할 때는 부끄러우니까 나오지 말라고."

더운 여름 집에서 브래지어를 차지 않고 있자 엄마는 지나
가다 말했다. 더러운 년.

"그런 부모님한테 제가 뭘 바라겠어요."

우울증이 심해지고 친구들은 오히려 떠나갔다. 그나마 몸을
움직일 수 있을 정도의 우울을 겪었던 시절, 친구들과 '호캉스'를

갔다. 재미있게 놀았다고 생각했는데 이후로 친구들과 멀어졌다. 물어보니 이런 답이 돌아왔다. '호텔 놀러 갔을 때 네가 너무 안 좋아 보여서, 우리가 관여할 수 있는 선을 넘어버린 것 같았어. 어떻게 해야 할지 모르겠더라.'

> "맛있게 먹고, 즐겁게 수영하고, 재밌게 놀았어요. 그런데 제가 되게 슬픈 잠꼬대를 했대요. 잠꼬대로 '진짜 부질없다, 사바세계', '저 언제까지 이 일 해야 돼요?' 하면서 슬픈 선포를 많이 했다고 하더라고요. 자면서 울거나, 엉엉 울면서 일어나거나, 침을 뱉거나, 벽에 머리를 박거나… 그때 스트레스가 엄청 심했나 봐요."

온라인으로 잔잔과 인터뷰를 진행하고 5개월 뒤인 2021년 4월, 부산에 내려가 그를 직접 만났다. 그는 전보다 훨씬 활기찬 모습으로 부산역에서 나를 기다리고 있었다. 삭발해 보는 게 꿈이라는 그를 보며 나는 생각했다. 이 여자도 표범이구나. 심장이 터지도록 달려야 할 표범 같은 사람이구나. 어울리지 않는 곳에 갇혀 지내서 자기가 표범인지도 모르게 된 표범이구나.

> **잔잔** '내가 이상한가?'와 같은 생각을 많이 했어요. 내가 유별난 가? 성격이 이상한가? 자책을 좀 많이 하게 되죠. 엄마도 "네가 예민한 스타일이라 그렇다" 이렇게 자주 말씀하세요.
> **하미나** 그건 가스라이팅이에요.

잔잔 이게 가스라이팅이에요?

하미나 나는 지금 아프다고 말하는데 "아니야, 너는 아프지 않고 유별난 거야" 이렇게 말한 거니까요. 저는 정말 해서는 안 되는 말은 상대방이 느끼는 걸 부정하는 말이라고 생각해요.

잔잔 맞죠. 내가 그렇다는데, 왜 내가 느끼는 거에 대해서 상대방이 판단을 해요. 근데 누군가 이렇게 말해주지 않으면 결국 '나는 예민하고 유별난 애다'라고 생각하게 돼요.

인터뷰를 마치고 다음 날 약속을 다시 잡았다. 서울로 돌아가기 전 잔잔과 밥을 먹고, 커피를 마시고, 바다를 보며 수다를 떨었다. 잔잔은 이런 이야기를 나눌 친구가 한 명도 없었다고 반복해서 이야기했다. 나는 기차 시간을 두 번 미뤘다. 기차역으로 가는 택시 안에서 잔잔은 말했다.

214

"이제 작가님이 가시면 이렇게 들떴던 기분도 다시 가라앉게 되겠죠."

서울에 올라와서도 그를 두고 왔다는 생각이 들어 한동안 마음이 무거웠다.

가난은 호혜를 두렵게 만든다

인터뷰를 다니며 여성들이 가장 취약해지는 때는 돈이 없거나, 집이 없을 때라는 것을 반복해서 확인한다. 돈이 있다고 해서 우울증을 경험하지 않는 것은 아니지만 확실히 가난은 우울증을 심화시킨다. 또 우울증은 사람을 무기력하게 만들고 고립시켜 또다시 가난을 불러들인다. 지금 당장 자살 위기에 빠진 이들의 통장에 300만 원만 입금돼도 자살률은 크게 낮아질 것이다. 나 역시 자살 사고가 가장 극심했던 때는 집과 돈이 없을 때였다(〈7장 자살〉 참고).

이럴 때일수록 주변인의 도움이 절실하다. 그러나 반복되는 가난은 공동체가 베푸는 호혜마저 두렵게 만든다. 호혜를 되돌려 줄 수 없다고 생각하기 때문이다. 나의 경우에도 정말 돈이 없을 때는 타인의 도움을 받기가 어려웠다. 그것을 갚을 수 없을 것 같았다. 또한 도움이 절실했기 때문에 그 상황이 너무나 수치스러웠다. 한 달 뒤, 두 달 뒤를 바라볼 수 있는 비상금이 쌓인 후에야 조금씩 여유를 가질 수 있었다. 가난은 일상의 모든 부분에 침투한다. 필요한 소비에도 죄의식을 느끼게 하고, 인간관계를 불편하게 만들고, 삶을 개선해 보려는 모든 시도를 주저앉는다.

리타라는 이름으로도 활동하는 동료 작가 이연숙은 이렇게 말했다.

"친구들끼리 선물을 사주거나 같이 밥을 먹으러 간다거나, 이런 걸 못 하게 되는 건 단순히 돈이 없는 문제를 떠나서 사람들의 호혜 속으로 못 들어가는 거예요. 사람들이 나누는 상호 교환의 네트워크에. 나도 베풀지 않으면 무리 안에서 영원히 편해지지 않는 것 같은 느낌이 들죠. 그 모든 것들이 총체적으로 결국에는 살지 않아도 되겠다는 생각을 하게 해요.

언젠가 한 번에 100만 원이 들어온 적이 있었는데, 너무 삶이 달라지는 거예요. 최근 월세가 비교적 싼 집으로 이사를 왔거든요. (덕분에) 당장 일을 구하지 않아도 될 만큼의 돈이 통장에 있고요. 인생 처음으로 그런 상태에 있으니까, 지난 6년 동안 살았던 게 뭐였는지 더 잘 알겠더라고요. 5,000원이 없어서 지금 당장 죽어도 될 것 같은 그 절박함이 단지 내 마음의 문제만이 아니었다는 걸 잘 알겠어요. 이건 오히려 돈이 생길 때만 알 수 있는 상태인 것 같아요. 누가 옆에서 당장 내일이 있고 희망이 있다고 말해주는 것보다 통장에 얼마가 생기니까 알겠는 거예요. '나는 이제 끝이다'라고 생각한 순간들이 사실은 매우 단순한 지원으로 추슬러질 수 있었던 거죠.

돈이 어느 기간까지 나의 전망을 내다보게 해줘요. 일주일이 됐건 한 달이 됐건, 내가 그걸 운용할 수 있다는 사실이 어느 지점까지는 (돈에 대해) 아무 생각하지 않아도 된다는 걸 확인해 주죠. 그게 삶의 의지로까지는 이어지지 않을 수 있지만, 당장 죽음에 대한 생각은 멈추게 해줘요.

제일 무서운 건 이런 거예요. 지금까지 겪었던 것보다 더 최악의 가난을 만날 수 있잖아요. 그때, 가난 앞에서 내가 배운 것들, 이렇게 가난에 대해 해석하고 이야기 나눈 것들이 아무 쓸모도 없어지면 어떡하지? 나는 가난하지만 어떤 식으로든 바꿀 수 있어, 하고 느꼈던 것들이 사실은 아무 효력이 없다면? 정신승리일 뿐이라면? 자기 경험에 대해서 말할 수 있었던 능력들이 끝장나는 가난 앞에서 아무것도 아닌 것으로 드러나면 어떡하지? 그게 엄청 두렵습니다."

나, 연애, 가족 그리고 사회로 나아가기

217   2부에서는 여성들이 스스로 정리해 낸 우울증 질병 서사를 전했다. 여자들이 내게 전해준 우울의 맥락들이 정신과 진료실에서 상세히 다뤄지진 않을 거라고 생각한다. 여자들도 이해를 바라고 병원에 다니지 않는다. 다만, 증상을 완화하기 위해 상담을 받고 항우울제를 처방받아 먹는다. 이들의 이야기를 듣다 보면 "여성 우울증의 원인은 에스트로겐 때문"이라는 단순한 말이 얼마나 우스운 것인지 알게 된다.

    100명의 우울증 환자가 있다면, 이야기 또한 100개가 있다. 제각각 모두 다를 것이다. 가족, 연애, 사회라는 큰 덩어리로 나누어 소개했지만, 각 장에서 소개한 내용을 모두에게 일괄적으로 적용할 수 없다. 당연한 이야기이지만 따뜻하고 지지적인 가족을 가진 인터뷰이도 있었고, 연인과의 관계를 통해 어린 시절 받은 상처를 회복하는 과정 중에 있는 인터뷰이도 있었다. 다만, 그럼에도 꾸준하고 일관적으로 발견되는 어떤 공통점들을 꼽아 글로 썼다. 한 사람 한 사람의 개인화된 우울증 이야기가 아니라, 우리 '사이'의 이야기를 담기 위해서였다.

지금의 이삼십 대 여성들은 어린 시절 IMF 외환위기를 겪은 세대이다. 그 시기 언론에서 남성 가장이 부딪힌 경제적 위기를 중점적으로 보도하며 온 사회가 '남성 기 살리기'에 매달린 동안, 경제적 어려움에 처한 가정 안에 폭력이 얼마나 만연했는지, 그 안에서 여성들이 얼마나 취약해졌는지는 비교적 다뤄지지 않았다. 1998년 936건 수준이던 가정폭력 발생 건수는 IMF 외환위기가 전 사회적으로 확산된 이듬해 3,996건으로 크게 늘었다.[6] 가정폭력이 연간 4,000건밖에 되지 않을 리가. 신고된 건수만 이 정도 수치이니, 미처 말하지 못한 어마어마한 폭력이 이 시기에 집중됐으리라 추정한다. 이 시기 가정에 팽배했던 폭력의 공기를 먹고 자란 사람들이 시간이 지나 지금의 이삼십 대가 되었다.

한국의 경우 IMF 이후 비정규직이 급등하고 소득분배가 악화되었으며, 본격적으로 신자유주의 체제로 전환하기 시작했다. 제니퍼 실바Jennifer M. Silva는 그의 책 『커밍 업 쇼트』(2020, 리시올)에서 미국 노동계급 청년들이 성인기로 이행하는 과정에 신자유주의로의 전환이 어떤 영향을 미쳤는지를 분석한다. 그는 가난으로 인해 주택 구입, 결혼 등과 같은 전통적인 방식으로 자립이 불가능해진 청년들이 '개인적인 자아의 성장'에 집중하게 됐다고 말한다. 우울, 불안과 같은 감정을 관리하고 어린 시절의 상처를 서사화하는 등 치료 문화에 몰두하는 것은 이전과 같은 방식으로 성인이 될 수 없는 청년들이 새롭게 '자기다움'을 발견하는 방식이라는 것이다. 실바는 청년들이 시장과 국가 같은 강력한 제도를 변화시키는 대신, 자기 자신을 변화시키는 데에 치중한다고 지적한다.[7]

실바의 연구는 내게 여러 통찰을 줬지만, 나는 실바가 미국 청년들에게서 발견한 것보다 더 높고 넓은 것을 한국의 젊은 여성들에게서 본다. 그들은 더 멀리 나아가고 있다. 내가 만난 여성들 중 누구도 우울을 온전히 개인의 문제로 보지 않았다. 오히려 "그냥 내 탓이라고 생각하면 차라리 좋겠어요. 그러면 편하니까"라고 말할 정도였다. 나를 우울하게 만든 사회를 고치는 것보다는 나를 고치는 게 더 편하고 쉽기 때문이다.

여성들은 우울을 둘러싼 다양한 원인과 맥락들을 인지하고 있었다. "내가 제일 아픈 사람", "나만 아픈 사람"이라고 생각하지도 않았다. 이들은 고통의 당사자로서 자신이 겪은 고통이 얼마나 복잡한 그물망 속에 존재하는지를 알고 있었고, 이를 털어놓았다. 이들은 아팠기에, 남들은 보지 못한 것을 보고 경험했다.

'누가 제일 아픈 사람인가?'로 논의가 흘러가선 안 된다. 고통을 비교하는 일은 불가능할뿐더러 해롭다. 끊임없이 피해의 연대기를 나열하게 된다. 모두가 피해자라고 목소리를 높이는 곳에선 어디로도 나아갈 수 없다.

나는 이삼십 대 여성의 고통에 주목하지만 그것은 이들이 가장 아픈 사람들이어서가 아니라, 이들이 고통의 목격자라고 생각하기 때문이다. 솔직하게 자신의 상처를 드러내고 그것이 어디서 기인한 것인지를 치열하게 고민하는 사람들이어서다. 바라는 것은 이것이다. '이삼십 대 여성의 고통을 보아달라'라기보다는 (물론 그것도 있다) '이삼십 대 여성의 눈으로 세상을 보아달라.' 이들이 털어놓는 이야기를 통해 한 번쯤 당신 자신을 들여다보았으면 한다.

여성들의 우울증 서사는 개인 또는 가족에만 머물지 않고 시민적 움직임으로 확장된다. 분노한 여자들은 거리로 나와 시위를 하고, 직접 활동가 단체를 만들어 피해자를 지원하며, 국회의원이 되고, 창당을 한다. 이렇게 여성들이 연결되는 과정에서 중요한 역할을 하는 것이 SNS이다. 온라인 공간은 고립되어 있는 여성들을 서로 연결하는 동시에, 일상에서는 쉽게 꺼낼 수 없던 말들을 눈치 보지 않고 마음껏 이야기할 수 있는 공간이 되어주었다.

SNS가 우울증을 심화시킨다는 지적을 자주 접한다. 과학기술학을 공부하는 미량은 "이런 주장은 우울증 당사자이자 동시에 기술 사용자인 젊은 여성들이 SNS를 어떻게 인지하고 사용하는가에 대한 질문을 놓친다"라고 지적했다. 2016년 소위 '페미니즘 리부트' 이후 등장한 많은 여성 단체들은 SNS를 기반으로 활동하며, 한국의 여성 문제와 관련한 이슈에 기민하게 대처해 왔다. 또한 대표적으로 트위터는 젊은 여성들이 피 터지게 논의하며 페미니즘 담론을 발전시켜 나간 곳이며, 한국 사회에서 젊은 여성으로서 살아남기 위한 고민과 실질적인 조언을 나누는 공론장 역할을 하고 있다. SNS를 통해 같은 우울증 환자를 만나고 돌봄 공동체를 형성한 인터뷰도 있었다.

지현 역시 SNS를 통해 나를 발견하고 먼저 연락해 인터뷰를 요청했던 사람이다. 그와의 인터뷰를 인용하며 2부를 마친다.

"지하철 1호선에서 화가 난 할아버지들 보면 이런 생각이 들어요. '세상에 참 나 말고도 아픈 사람이 많다. 나만 되게 힘든 줄 알았는데, 아프고 힘든데도 어찌해야 할 줄을 모르는 사람이 너무 많구나.' 특히 앞 세대를 보면 더더욱 느껴요. 아빠들이 그렇게 술 마시고 뭐 부수고 그러잖아요. 저 사람들이 참 외롭고 아프고 어찌할 바를 몰라서 분노하는구나….

불안이나 결핍이 오래 쌓이면 망상이나 피해의식이 심해지죠. 분노도 강해지고. 어떤 사람은 분노로, 어떤 사람은 무기력으로, 양극단으로 나타나는 것 같아요. 여자들 나와서 행동하잖아요. 혜화역 시위에서 목소리 내잖아요. 폭발할 수밖에 없을 정도로 많이 쌓였구나 싶어요.

항상 생각하지만 여자들이 똑똑해요. 지금 이삼십 대가 병원에 찾아가고 심리 상담하고 책 찾아보고 하는 것이 '내게 문제가 생겼다'라는 사실을 금방 알아차릴 만큼 예민한 촉이 있기 때문이에요. 부정적으로 기사화되는 게 많지만 장기적으로 봤을 때 치료는 빨리 시작할수록 좋은 건 맞으니까요. 자기 가정사나 사생활도 거리낌 없이 쓰잖아요. 그런 용기로 앞으로 나아갈 수 있는 거죠. 어떻게 내가 나의 보호자가 될 것인지, 스스로를 컨트롤하면서 자립할 수 있을지 고민해요. 그럴 때 부모에게도 의지해 보고, 남자친구나 회사에도 의지해 보지만 '결국에 다 소용없구나, 내 주관대로 살아가야지' 하고 가장 먼저 깨우치는 사람은 이삼십 대 여성인 것 같아요."

3부

이야기의 결말을 바꿀 수 있다면

처 방 전

1의료보험 2의료보호 3산재보호 4자동차보험 5기타( ) 요양기관번호:

교보 연월일 및 번호	년 월 일 - 제 호	의료기관	명 칭	
성명			전화번호	
			팩스번호	
주민등록번호			e-mail 주소	
병류호		처 방 의료인의 성 명	(서명 또는 날인)	면허종별
				면허번호

* 환자의 요구가 있는 때에는 질병분류기호를 기재하지 않습

처방 의약품의 명칭	1회 투약량	1일 투여 횟수	총 투약일수
산리튬정_(300mg/1정)	2.0000	1	7
프람정 10mg(에스시탈로프람옥살산염)_(12.77mg/1정)	1.0000	1	7
르탁스정 15mg(미르타자핀)_(15mg/1정)	1.0000	1	7
리타코정 (트라조돈염산염)_(50mg/1정)	1.0000	1	7
보트릴정(클로나제팜)_(0.5mg/1정)	1.0000	3	7

7장   자살

정말로 사람들은
죽고 싶다는 생각을
하지 않는단
말이에요?

주사제 처방내역(원내조제 □ 원내처방 □)

용기간 교부일로부터 ( )일간 사용기간 내에 약국에

의약품 조제내역

	조제기관의 명칭			처방대
제역	조제약사	성명	(서명 또는 날인)	
	조제량 (조제일수)			
	조제연월일			

227 죽음이 대화의 소재가 될 때마다 생각한다. '어디까지 솔직해도 될까?' 혹은 '어디까지 솔직해져 볼까?' 나는 죽음보다 섹스 이야기를 더 자유롭고 편안하게 할 수 있다.

죽음을 이야기하면 난처해질 수 있다는 것을 어린 시절부터 학습했다. 초등학교 4학년, 자살을 생각해 본 적 있냐는 친구의 물음에 그렇다고 대답했다가 경악하는 얼굴을 마주했다. 순간적으로 수치심을 느꼈다. 무엇에 관한 수치심? 정상적이지 않은 것 같다는 수치심, 다른 사람들보다 불행한 상태일지도 모른다는 수치심. 사실 어느 쪽이건 수치스러운 일은 아니었다.

어쩌면 나는 우울증보다 자살 사고를 먼저 겪었던 것 같다.

어린 시절 매일 밤 울며 잠이 들던 시기, 죽음이 구체적으로 무엇을 의미하는지 모른 채로 죽고 싶다고 생각했다. 슬픔을 끝내고 싶었기 때문이다. 이후에는 삶을 지속하는 일이 너무도 피로하게 느껴질 때마다 죽고 싶다는 생각을 했다. 정확히 말하면 애써서 살아야 할 의미가 무엇인지를 찾지 못해서였다. 마음속 공허감을 참기 너무도 어려웠다.

자살 사고가 가장 강렬했던 시기는 집을 잃었을 때였다. 당시 대학교 기숙사에 살고 있었는데, 내가 자리를 비운 동안 사감이 방을 검사했고 전기 포트를 소지하고 있다는 이유로 벌점 8점을 부과했다. 벌점 8점이면 2주 안에 기숙사에서 퇴거해야 했다. 당시는 한겨울이었고 석사 논문 초고를 쓸 때였으며, 무엇보다 당장 보증금으로 쓸 수 있는 돈이 없을 때였다. 사정을 말하며 거의 엎드려 빌다시피 했다. 사실 내가 2년간 사감으로 일했었기에 이 일이 어디까지나 사감의 재량에 달려 있다는 사실을 알고 있었다. 며칠 후 그는 사감 지시 불이행이라는 명목으로 벌점을 2점 추가하여 나를 영구 퇴거시켰다.

나는 기숙사 책임자를 찾아가 사정을 설명하고 학생들의 지지 서명을 받는 등 가능한 모든 방법으로 항의했으나 소용없었다. 친구들이 자신의 집에 오라고도 했고 고시원도 생각해 보았으나 더 이상 그렇게 살고 싶지는 않았다. 보증금 몇백만 원을 얻기 위해 주변에 도움을 청하고 거절당하는 경험을 하며 모멸감과 억울함에 몸과 마음이 모두 소진됐다. 내게 돈을 주겠다고 했던, 집을 해주겠다고 했던 늙은 남자 교수들의 연락처를 바라보며 고민했다. 이건 성매매랑 다를 바 없겠지. 근데 그러면 또 어때? 눈 딱 감고 한 번 대주면 되잖아. 그게 뭐 대수라고. 그런 생각이 들 때마다 나의 존엄이 닳아갔다. 매일 누워 울면서 자살을 생각했다. 기숙사 입구에서 불타 죽을까. 기숙사 방에서 목매달아 죽을까. 꼭 그 사감이 내 시체를 발견해야 한다. 그러면 알겠지. 내가 얼마나 힘들었는지. 당신들이 얼마나 잘못했는지. 철저히 복수와 응징으로서의 자살이었다.

절대로 잊지 않겠다고 결심했으나 이제는 그 사감의 얼굴은커녕 이름조차 기억나지 않는다. 우여곡절 끝에 방 한 칸을 얻어 나오면서 자살 사고는 잦아들었다. 그러나 삶의 자원과 안전망을 확보하지 못한 젊은 여성의 삶은 이토록 작은 계기(전기 포트) 하나로도 통째로 흔들릴 수 있다는 것을 온몸으로 깨달았다.

자살을 말할 때의 난처함

복수와 응징으로서의 자살만을 떠올렸던 것은 아니다. 삶이 우울하지 않고 무척 평화로울 때에도 자살 사고는 있었다. 자살을 구체적으로 떠올릴 때도 이를 입 밖에 내본 일은 드물었다. 말하는 순간 귀찮아질 테니 진정 마음먹었다면 조용히 실행하는 게 좋을 것이었다. 자살을 말하면 갑작스레 너무 많은 위로와 걱정을 받는다. 이것이 이상하게 느껴질 때가 있다. 어째서 모두가 자살을 천연덕스럽게 막아야 하는 일로 생각하는 것인지 알 수 없다. 정작 삶이 그 자체로 좋은 것이라고 긍정하며 살아가는 사람은 아무도 없는 것 같은데, 막상 누가 죽으려 하면 달려들어 막는다. 그것은 정말 자살 시도자를 위한 일인가? 아니면 자신의 죄책감과 슬픔을 막기 위한 일인가? 정말로 죽음 그 자체만 막으면 된다고 생각하는가? 나는 여기에서부터 이야기를 시작하고 싶다.

자살자는 어느 사회에서건 성가신 존재였던 것 같다. 역사적으로 통계학은 인구수, 특히 정신이상자와 자살자 등 규범을 벗어난 이들의 수를 세면서 발달했다.[1] 자살을 논할 때 특히 난처한 점은 자살을 막거나 안타까워할 근거가 딱히 없다는 것이다. 누군가 자살했을 때 그의 마지막 결론을 안타까워하는 것이 그의 결정을 존중하지 않는 태도는 아닐까? 자살은 정말 나쁜 결론인가? 이 같은 질문은 공동체가 도저히 답하기 어려운 또 다른 질문을 남긴다. 삶을 지속해야 하는 이유는 무엇인가?

이 질문은 질문 자체로 문제적이다. 생명의 정의는 살아 있음이며, 생명은 살아 있음 그 자체를 목적으로 둔다. 그러므로 삶의 이유를 묻는 질문에 답하는 말은 동어 반복일 수밖에 없다. 왜 살아야 해? 살아 있으니까. 태어났으니까. 살아감에는 아무런 정당한 이유가 없다.

자살에 관해 길게 이야기했지만, 삶에 목적이 없다는 사실

230

은 이제 내게 슬픔이나 좌절보다는 오히려 자유로움을 주는 쪽에 가깝다. 생사를 좌지우지할 만큼 절대적으로 중요한 것이 존재하지 않는다면 무엇을 위해서 살 필요도 없고, 무엇을 위해 죽을 필요도 없기 때문이다. 삶이 어딘가로 향하지 않고 그저 살아가는 것이라면, 그리하여 모든 순간과 선택과 행동과 만남에 우열이 없고 동등하다면, 매 순간이 똑같이 가장 중요한 순간이며 그저 순간을 살아가는 것 자체로 제 몫을 다하는 것이다. 그러므로 내게 성가신 것은 '왜 살아야 하는가?'라는 질문이 아니라 그런 질문을 떠올린 내 자의식이다.

영국의 철학자 사이먼 크리츨리Simon Critchley는 자살 사고에 휩싸이자, 고향 근처 바닷가에 있는 한 호텔에서 머물며 글쓰기를 통해 자살에 대해 탐구한다. 자살을 하지 말아야 이유가 없는 것만큼이나 자살을 해야만 하는 정당한 이유가 없음을 깨닫고 다음과 같이 썼다.

우리가 자신의 목숨을 끊음으로써 구원하는 것은 아무것도 없을 것이다. 그리고 유일한 탈출구로서의 자살에 대한 믿음은 자멸을 통한 구원 능력에 대한 오만한 과대평가에서 비롯된다. 그러니 왜 삶에 한동안 머무르면서 우리의 주의와 무한하게 실망을 수용할 수 있을 듯한 능력을 요구하는 세계의 부드러운 무심함을 즐기지 않겠는가? (…) 삶의 의미에 대한 질문은 잘못된 것으로서, 그 질문을 제기하는 것은 그만두어야 할 것 같다. 우리

정말로 사람들은 죽고 싶다는 생각을 하지 않는단 말이에요?

의 정신은 잊어버린 더러운 도덕적 세탁물을 찾아내기 위해 자기
회의, 자기혐오, 자기연민의 서랍을 뒤지는 일을 결코 멈추지 않
을 것이다.[2]

'우울증 끝에 자살'이라는 말의 함정

살아갈 이유가 없다고 해서 모두가 죽음을 선택하는 것은 아니
다. 죽음을 스스로 선택하는 것은 대단히 적극적인 행위이다. 우
울증은 삶에서 에너지를 빼앗아 가지만, 자살은 삶을 끝내기 위
해 에너지를 필요로 한다. 자살을 하겠다는 것은 의지의 표현이
기도 하다. 그러니 '왜 살아야 하는가'를 묻는 대신에 '왜 죽으려
고 하는가'를 묻는 게 낫다. 자살만큼 대단한 결심과 에너지가 필
요한 일을 실행하려 하는 강한 동기가 어디서 나왔는지 물어야
한다.

어떻게, 왜 죽느냐에 관한 질문은 실제로 삶에 관한 질문이
기도 하다. 누군가가 죽으려고 결심했다는 것은 그에게는 현재
살아가기 위해 간절히 필요로 하는 것이 없다는 의미이기 때문이
다. 즉, 죽음에 관한 질문은 한 개인이 살아감에 있어서 가장 필
수적인 것이 무엇인지를 묻는 질문이다.

한국은 매년 1만 3,018명, 하루에 약 36명씩 자살하는 국가
이지만[3] 정작 자살에 관한 논의 자체는 텅 비어 있다. 자살이 도

처에 만연한데, 모두가 눈에 보이지 않는다는 듯이 지낸다. 가족은 자살을 수치로 여긴다. 남겨진 사람들은 이를 어떻게 애도해야 하는지 배우지 못한다.

OECD 자살률 1위 국가라는 오명을 벗기 위해 한국은 오랫동안 자살예방정책을 실시해 왔으나 줄곧 실패했다. 나는 2004년 발표된 보건복지부의 「제1차 자살예방대책 5개년계획」 보고서를 읽으면서부터 실패의 기운을 감지했다. 보고서는 "생물심리학적 요인과 사회경제적 요인 중 80퍼센트는 우울증을 거쳐서 자살에 이르게 되며, 나머지 20퍼센트는 충동적인 상태에서 자살하는 것으로 알려져 있음"을 지적하면서 "현대 의학이나 경제적 여건상 변화시키기 힘든 생물심리학적 요인이나 사회경제적 요인보다 자살에 이르는 길목에 있으면서 조기 발견을 통한 치료가 가능한 우울증을 주요 사업대상으로 하는 것이 자살예방에 효율적임"을 강조한다. 그런데 앞의 통계에서, 80퍼센트와 20퍼센트를 구분한 근거는 도대체 무엇이란 말인가?

우울증은 자살의 원인인가? 물론 둘 사이에는 관련성이 있다. 하지만 우울증을 자살의 원인이라고 단정하는 것은 굉장히 단편적인 관점이다. 우울증과 자살의 관계는 좀 더 복잡하고 미묘하다. 한국의 경우 높은 자살률에 비해 우울증 유병률은 타 국가보다 상대적으로 낮으며, 실제 자살률은 남성에게서 더 높지만 우울증 유병률은 여성에게서 더 높다.

자살 예방을 위한 정신질환 역학조사에서 우울증은 자살 위

233

험에 처한 사람들이 보이는 전조 증상으로 여겨지며, 이들을 식별해 내기 위한 자료로 활용된다. 이때 우울증은 자살의 분명한 원인이라기보다는 자살과 자주 공존하는 문제로 다루어진다. 곧 우울증은 자살이라는 최종 결과의 원인이 아니라 연결고리 역할을 하는 매개 변인으로 여겨지는 것이다.

일례로 자살 관련 행동을 보이는 사람들이 모두 우울증을 경험하는 것은 아니다. 보건복지부가 5년 단위로 펴내는 「정신질환실태 역학조사」에 따르면 자살을 계획한 여성의 절반가량이 기분장애를 경험하는 반면, 자살을 계획한 남성의 절반가량은 알코올 사용장애를 경험한다. 그러나 알코올 사용장애는 우울증과 달리 자살의 원인이라기보다는 동시에 일어나는 현상, 혹은 자살 위험을 높이는 문제로 취급된다.

우울증은 알코올 사용장애, 약물남용, 수면장애와 마찬가지로 자살과 관련이 있지만 독립적인 문제일 수 있다. 우울증 치료가 자살 방지에 도움이 되지만 반드시 그런 것은 아니고, 또 우울증 증세가 좋아졌다고 해서 자살 관련 행동을 보이는 환자의 치료를 중단해서도 안 된다. 실제로 우울증으로 인한 무기력함으로 에너지가 없어서 자살 시도를 못 하던 사람이 치료를 받으며 활력을 되찾은 이후 스스로 목숨을 끊는 경우가 있다. 그래서 때로는 우울증이 가장 극심할 때보다 회복 직후가 더 위험할 수 있다.

『단명소녀 투쟁기』(2021, 사계절)를 쓴 동료이자 친구인 현호

234

정 작가는 다음과 같이 말했다.

"어떤 상황에서는 우울이 자살을 끌어당기는 게 아니라 자살이 우울을 끌어당기는 것 같기도 해. 언젠가 자살을 해야겠다고 생각하면서 걷고 있는데, (그 생각이) 내 안에서 우울을 불러일으키고 있다는 걸 느꼈어. 내가 아는 자살이란 우울하고 불안정하고 충동적인 상태에서 일어나는데, 지금 나는 (자살을) 생각하고 있는데 오히려 평소보다 침착하니까 이상해서 우울해야 할 것 같은 거지. 심지어 그 감정이 끌어내지고. 한편으로는 우울한 사람이 자신이 원하는 시간만큼, 원하는 깊이만큼 충분히 우울할 수 있다면 자살하지 않을 수 있다는 생각도 들어. 통장에 50만 원씩 들어오고, 누가 나를 돌봐주고, 내 위생이 망가지지 않고 일상이 돌아간다면, 그렇게 충분히 깊게 우울할 수 있다면 다른 걸 시작할 여유가 생길 것 같은데. 내가 충분히 우울할 여유가 없을 때 회사에서 퇴직하듯이 어쩔 수 없이 자살을 선택하는 경우도 많지 않을까."

'우울증 끝에 자살'이라는 말로는 아무것도 배울 수 없다. 자살의 원인이 우울증이라면, 우울증의 원인은 도대체 무엇이란 말인가? 치료를 받기 위해 병원에 가도 우울증의 원인은 정신과 안에서 충분히 다뤄지지 않는다. 치료의 주된 목표는 약을 통해 증상을 완화하고 하루빨리 일상으로 복귀시키는 것이다. 자살의 원인을 우울증으로 보게 되면, 여러 맥락 속에 있는 고통을 단순히 개인의 치료 문제로 환원하게 되고, 이는 자살을 둘러싼 사회 경제적 설명과 의미를 끌어내는 것을 막는다.

자살의 다양한 형태

삶의 모양새가 가지각색인 만큼 죽음의 모양새도 가지각색이다. 사람들이 궁지에 몰리는 방식은 다양하다. 생각해 보라, 가난과 폭력에 시달리다 고시원에서 약을 먹고 자살을 하는 여자와, 성폭력을 저지른 후 수치심에서 벗어나고자 죽음으로 도망간 권력자와, 여성들이 자신과 자주지 않음에 분노하여 여러 명을 총기로 살해하고 자기 자신 또한 죽인 인셀involuntary celibate(비자발적 독신 **236** 주의자의 약자로 여성과 성관계를 맺고 싶지만 그러지 못하는 남성을 가리킨다)과, 성전환 수술을 받은 뒤에도 군인으로 받아들여지고 싶다고 울며 고백하던 트랜스젠더 군인과, 디지털 성폭력 피해를 입고 온갖 악성 댓글과 악의적 기사에 시달리다 죽은 여성 연예인의 자살을. 각각의 자살을 도저히 똑같이 받아들일 수가 없다.

3장에서는 우울의 가장 미국적인 형태가 일본과 한국으로 수입되어 들어온 과정을 이야기했다. 와터스는 『미국처럼 미쳐가는 세계』에서 글로벌 제약회사 글락소스미스클라인의 질병 '마케팅'이 슬픔과 우울에 대한 일본인들의 이해를 가장 근본적인 수준에서 바꾸어 놓았다고 지적한다. 일본에서 우울의 의미가 변화한 것과 마찬가지로 자살의 의미도 변화했다. 1990년대 후반까지 일본인들은 자살을 정신질환의 결과라고 생각하지 않았다. 일본인들은 자살을 저항, 수치심, 명예 회복, 집단을 위한 행위와 관련지었다. 1990년대 일본 시장을 주시하던 서양의 항우울제 제약회사들은 일본에 우울증이 유행한다는 증거로 당시 일본의 높은 자살률을 제시하며 우울과 자살의 관계를 결부시켰다.[4]

그러나 일본의 자살이 반드시 우울과 관련되었던 것은 아니다. 가령 자살은 사회에 강력한 메시지를 전하는 수단으로 이용되기도 했다. 일본의 소설가이자 우익 민족주의자 미시마 유키오 三島 由紀夫는 1970년 발코니 위에서 군사 쿠데타를 일으키자는 연설을 하고는 "천왕 폐하 만세"를 외치고 할복자살했다. 또한 일본의 사무라이에게 할복자살은 명예를 지키기 위한 하나의 방식이기도 했다.

한국에서도 마찬가지이다. 논개가 왜장을 끌어안고 순절했을 때, 윤봉길이 폭탄을 투척했을 때, 전태일이 평화시장 입구에서 분신자살했을 때 우리는 그들이 우울했으리라고 추측하지 않는다. 오히려 그들의 죽음이 어떤 의미였는지를 곱씹으며 그 죽음이 무의미해지지 않도록 노력한다. 사회학자 정승화는 한국 사회에서 자살은 오랫동안 죽음을 통해 항의하는 방식 혹은 공동체에 사회적·민족적 의무를 다하는 수단으로 행해졌다고 지적한다. 항의로서의 자살은 죽음이라는 최후의 수단을 통해 자살자가 전한 강력한 메시지를 공동체로 하여금 사회적 사명으로 삼고, 그 책무를 다하도록 무거운 의미를 지운다. 죽은 자의 유언을 받들어 그가 남긴 사회적 의무를 숭고하게 이어가는 것이 남은 사람들의 의무이다.

정승화는 자살이 의료화되고 우울증과 연결되면서, 결국 개인적인 치유 문화의 논리 안에서만 설명되기 시작했다고 지적한다. 한 사람의 죽음과 관련된 공적·정치적 내용이 텅 비게 되었다는 것이다. 정승화는 말한다.

> 전통적으로 수많은 사람들이 절망하고 고통받는다는 사실은 사회의 정당성에 관한 정체적 의제이자 사회적 연대성을 성찰하게 하는 윤리적 질문으로 다루어졌다. 하지만 치유적 통치는 자살과 우울증의 만연을 낳고 있는 사회 구조적 요인을 비가시화시키고 개인들의 절망과 불행을 심리의 문제로 환원함으로써 자살을 개인화하고 사사화privatization한다. 취약한 자아감을 부양하고 자아의 개선에만 몰두하게 만드는 치유적 통치는 우리의 삶과 정치를 단절시키는 담론적 효과를 산출하고 있다.[5]

한국 사회에서 한 사람의 자살을 우울증의 결과로만 치부하는 것은, 어쩌면 그것이 가장 간편한 해결책이기 때문일 것이다. 자살의 원인이 공동체의 문제라면 함께 풀어가야 하지만, 개인의 우울증이라면 그것은 자살자 본인만의 문제이기 때문이다.

한국 사회에서 '힐링'은 이제 개인의 몫이 됐다. 그것도 돈을 주고 소비해야 하는 상품과 서비스로서의 '힐링'이다. 이러한 관점이 무서운 이유는 무엇보다 이 일련의 과정이 자발적으로 추동된다는 점에 있다. 스스로의 자유와 행복을 증진하기 위해서 우리는 정치에 참여하거나 공동체를 꾸리거나 관계 내에서 돌봄을 주고받기보다는 PT를 끊고, 1회에 10만 원이 넘는 임상심리 상담을 받고, 항우울제를 먹고, 원데이 클래스 힐링 글쓰기 수업을 듣는 쪽을 기꺼이 선택한다.

개똥밭에 굴러도 이승이 좋다는 말

239 우울증이 수수께끼인 만큼이나, 아니 어쩌면 그 이상으로 자살은 수수께끼이다. 사람들은 생각보다 다양한 이유로 자살한다. 흔히 자살을 앞둔 사람은 비이성적이고 충동적일 것이라고 혹은 깊은 우울증을 앓았으리라고 예상하지만, 꼭 그렇지만은 않다. 자살은 논리적 추론의 결론일 때도 있고 슬픔을 동반하지 않기도 한다. 우울증에서 회복한 뒤 자살을 시도하는 사람도 있고, 우울증을 겪기 전부터 죽음을 선택지로 두며 사는 사람도 있다.

내가 만난 여자들은 자살에 대해 무척 다양한 태도를 갖고 있었다. 어떤 인터뷰이는 죽음에 관한 공포 때문에 공황 증세를 앓는가 하면, 어떤 인터뷰이는 가장 행복하고 편안한 때에도 '개똥밭에 굴러도 이승이 좋다'라는 말을 이해하기 어려워했다. '자살 성향'이라고 부를 만한 것이 있다면 그것은 어린 시절부터 드러나는 것 같다. 다만 일찌감치 자살에 관해 침묵하는 법을 배울 뿐이다.

앤드루 솔로몬은 『한낮의 우울』에서 자살자를 네 부류로 나눈다. 첫째, 자신이 무엇을 하는지 생각조차 하지 않고 자살을 하려는 사람들. 이들에게 자살은 너무도 긴급한 문제이며, 충동적이고 갑작스럽게 이뤄진다. 둘째, 죽음과 반쯤 사랑에 빠진 사람들. 이들은 자살을 되돌릴 수 있는 문제인 것처럼 여기며 어떤 것에게 복수하기 위해 자살을 기도한다. 이들이 원하는 것은 "존재의 종말이 아니라 소멸의 존재"이다. 이들은 자살 과정에 수반되는 구체적이며 실체적인 고통과 그 결과에 대해 잘 알지 못한 채로 자신이 없어진 상태를 얻길 원한다. 셋째, 자살이 견딜 수 없는 문제의 유일한 탈출구라는 그릇된 논리를 기반으로 자살을 하는 사람들. 이들은 자신의 죽음이 상황을 개선해 줄 것이며 주변 사람에게도 도움이 될 것이라고 생각한다. 대개는 그 반대 결과를 가져온다. 넷째, 합리적 논리에 따라 자살을 하는 사람들. 이들은 더는 인생에서 불안정이나 괴로움을 겪기를 원하지 않으며 앞으로 얻게 될 삶의 기쁨이 현재의 고통에 비하면 불충분하다고, 혹은 그보다 훨씬 모자라다고 생각한다. 솔로몬은 이러한 예측은 틀릴 수도 있지만 망상이라고 할 수는 없으며 아무리 많은 항우울제와 치료도 그들의 마음을 바꾸지 못한다고 말한다.[6]

240

2장에서 소개한 예지의 경우가 네 번째에 해당했다. 예지가 한강 다리 위에서 떨어지기로 결심했을 때 엄마와의 다툼이라는 주요한 트리거가 있기는 했다. 예지는 자신의 고통을 외면하고 인정하지 않는 엄마에게 "마지막 강펀치"로서 자살을 택했다고 말했다(그러나 이 강펀치마저 통하지 않았다). 동시에 당시 예지의 선택은 논리적인 결과이기도 했다. 자살을 주제로 나누었던 예지와의 대화를 옮긴다.

예지 당시 자살은 내게 확고한 답 같았어. 페미니스트로 정체화한다는 게 세상이 한 번 뒤집어지는 경험이잖아. 난 사회가 잘 돌아가고 있는 줄 알았단 말이야. 교과서에는 민주화운동도 예전에 다 끝난 것으로 되어 있고, 모든 문제가 해결된 것처럼 느껴지니까. 그런데 페미니스트로 정체화하면서 시야가 아예 바뀌어 버리니까… 마지막 남은 희망으로 제1세계로 떠날 생각을 하고 있었거든. 헬조선 탈출하고 저기 가면 좀 낫겠지 하고. 그러던 시기에 트럼프가 당선됐어. 그러면서 미래에 기대할 것도, 사회에 기대되는 것도 없어졌어.

대학 생활을 하면서 아마 (이후로는) 지금보다 행복한 순간은 없겠다고 생각한 적이 있었어. 내 앞에 있는 선택지가 대학원생 아니면 직장인인데, 둘 다 전혀 기대되지 않았어. 양쪽 다 내가 누리는 행복보다 고통이 클 것 같았거든. 그렇다면 여기서 삶을 끝내는 거는 되게 좋은 선택지처럼 보이는 거야. 앞으로 고통만 남았다면 여기서 인생을 끝내는 게 논리적인 선택지이다.

하미나 그랬구나. 논리적인 결과였던 건지 전혀 몰랐어.

예지 논리의 결과니까 사람들이 나를 병원에 데려가는 것도 좀 의아했어. 자살 사고가 나한테는 너무 흔한 일이었고 익숙했으니까. 아무도 나를 붙잡아주길 바라지 않았기 때문에 친구들한테도 연락을 안 했던 거였거든.

하미나 그렇구나. 나도 너랑 비슷했어. 자살을 마음먹은 적이 있거든. 누구도 나를 말리지 않았으면 했기 때문에 아무한테도 말하지 않고 내가 정해둔 시점까지 기다리는 거지. 전혀 티 내지 않고. 사실 숨기려고 하면 얼마든지 숨길 수 있잖아.

예지 맞아. 그래서 진짜 무서운 것 같아.

하미나 겉보기와도 다르고. 예지도 어렸을 때부터 자살 사고가 있었구나.

예지 나는 남들이 없는지 몰랐어. 누구나 다 이러고 사는 줄 알았지.

하미나 그게 뭐 때문일까. 나는 어렸을 때 분명히 힘들어서 그랬던 것 같긴 해.

예지 나는 죽으면 모든 게 끝나서 좋은 것도 좋은 건데, 누군가 후회할 거라는 사실이 좋았던 것 같아. 엄마가 후회할 거다. 내 자살이 엄마한테 형벌이 되기를 바랐거든. 지금 생각하면 기억하는 갈등 상황 중에서 엄마와의 갈등이 가장 뚜렷해서 그렇지, 학교에서 친구들이랑 잘 못 지낼 때도 (내가 죽으면) 친구들이 후회할 거라는 생각에 의한 자살 사고가 꾸준히 있었어. 아마도 내가 분출할 수 있는 공격성이란 게 나를 향해서만 있어온 것 같아.

하미나 어렸을 때는 우울이 있었어?

예지 어렸을 때 진짜 행복한 어린이였어.

하미나 우울증도 없고 행복했지만, 자살 사고는 있었던 거구나. 그것도 신기하다. 예지야 너는 목숨이 안 아깝니?

예지 그런가 봐. 난 개똥밭에 굴러도 이승이 낫다는 말을 전혀 이해하지 못해. 목숨이 안 아까워 가지고. 여한이 딱히 없어. 그런데 그때랑 지금이랑 다른 건 최고의 한 방을 위해 인생을 사는 게 아니라 작은 즐거움이 있기 때문에 산다는 거. 한 방이 끝나도 작은 즐거움의 의미가 없어지는 건 아닌데, 너무 인생 한 방인 것처럼 생각했어. 허점 없는 논리라고 생각했던 것에서 내가 발견한 허점이었어.

하미나 네가 가진 자살에 대한 태도가 복합적인 거네. 엄마에게 가하는 최후의 일격이기도 하지만 논리적인 결론이기도 한. 사실 논리적으로 따지기 시작하면 자살을 하지 않아야 하는 이유는…

예지 딱히 없어. 그 와중에 누가 설득을 해봤자 다 개소리야. 다 자기 논리인 거지. 아무리 선의에 의해서 하는 말이어도 내가 납득이 안 되면 다 개소리로 들렸어. 자기를 위해서 살라는 말도 위로랍시고 받았는데.

하미나 말이 안 되지.

예지 응. 사실 내가 이렇게 힘든데 너를 위해 살아야 한다는 건 수지가 안 맞는단 말이야. 자살을 앞두고서는 이제 다 끝났다고 생각하고 너무 평안했는데, 다시 모든 짐이 눈앞에 닥쳐왔고 뭘 어떻게 해야 되는지도 모르겠고. 그래도 치료를 받아야겠다고 생각한 건 일단 내가 자살에 실패했고, 다시 죽을 자신이 없었어. 자살 시도를 하고 나서 실패했을 때 허망함이 너무 컸고 괴로워서 두 번 겪을 자신이 없는 거야. 그러면 (이제) 사람답게 살려면 내가 치료를 받아야 된다는 건데 적어도 이렇게는 못 살 것 같으니까 치료를 받게 됐어. 그래서 나한테는 치료의 과정이 논리적으로 나를 설득하는 과정이기도 했어. 그 논리가 받아들여지는 순간 괜찮아지는 것들이 있었어.

하미나 인터뷰이 중에서도 자살 시도를 하고 나서 눈 떴을 때의 좌절감, 실패했을 때의 얘기를 하시던 분들이 많았어.

예지 죽음은 내가 통제할 수 있는 유일한 일이라고 생각하고 시도를 한 거잖아. 내 손으로 할 수 있는 유일한 것. 이건 진짜 내 거. 내가 (나를) 버릴 수 있지. 그게 내 마음대로 안 된 거니까 좌절감이 진짜 큰 것 같아. 스스로 한심하기도 하고. 다 끝났다고 생각한 게 끝이 아니고.

하미나 죽는 것도 쉽지 않네.

예지 그래서 자살에 성공하는 사람들이 한동안은 되게 부러웠어. 저걸 성공하다니. 죽으려면 진짜 죽을 만큼 아파야 한단 말이야. 그만큼의 고통을 느껴야 죽을 수 있는데, 진짜 그 순간 자체가 얼마나 힘들었을까 싶어. 아무리 그 뒤에 끝이라는 평안과 행복이 기다리고 있다고 하더라도 그 순간은 얼마나 고통스러운데. 사람으로서 본능적으로 그 상황에서 벗어나려고 발버둥을 치게 돼 있는데 그걸 이길 만큼의 장치를 마련해 둔 거고. 얼마나 힘들었을까 싶어. 그러면 미나는 그때 자살을 시도했었어?

하미나 안 했어. 어떻게 빠져나왔는지 잘 기억이 안 나. 한동안 (자살 사고에) 사로잡혀 있었고 (시행) 시기를 대충 정해놨거든. 그 시기를 기다리다가 딴 생각이 들었나 봐. 우울증이 괜찮아지며 그랬겠지.

예지 되게 허망하게 자살에 대한 의지가 사라지기도 하는 것 같아. 별거 아닌 이유와 계기로 자살 의지가 생기기도 하고.

요즘 예지는 자기 자신을 열심히 돌보는 편이다. 우울증이 다시 찾아오면 어딘가로 훌쩍 떠난다. 제주도일 때도 있고 벨기에일 때도 있다. 가끔 연락하면 차밭 수확 시기라 바쁘다는 대답이 돌아온다. 예지는 자기 상태에 변화가 있을 때 기민하게 알아차린다. 우울증을 겪었기 때문에 그렇지 않았을 때보다 자신의 상태를 더 잘 확인하고 스스로를 수렁에 빠뜨리지 않기 위해 온 힘을 다해 노력한다고 했다.

정말로 사람들은 죽고 싶다는 생각을 하지 않는단 말이에요?

사회적 타살로서의 자살

모든 자살을 똑같은 것으로 보기 어렵다. 앞서 자발적 선택으로서의 자살을 길게 이야기했지만, 어떤 자살은 도저히 자발적이라고 생각할 수 없다. 그렇다고 보기에는 이들은 너무 궁지에 몰려 있다. 이들은 죽고 싶어서라기보다는 살고 싶지만 살 방법을 찾지 못해 죽음을 택한다. 민지는 "피해자가 자살한 게 아니라, 사실은 그 여자의 손을 빌려 행해진 타살인 거야"라고 말했다.

작업의 초기에는 여자들을 만나면 자살에 관한 이야기를 꺼내지 못했다. 무서웠다. 어쩐지 그러면 안 될 것도 같았고 우리가 나눈 자살에 관한 대화가 인터뷰이에게 좋지 않은 영향을 줄까 걱정스러웠다. 인터뷰이 중 자살할 리 없다고 생각했던 사람을 자살로 잃고 난 뒤부터는 물어보기 시작했다. "자살 시도를 해본 적 있나요?", "이유는 무엇인가요?", "당시 어떤 상황이었나요?", "누군가 곁에 있었나요?" 생각보다 많은 여성이 자살을 시도해왔고, 그것도 여러 번이었으며, 자신의 경험을 선뜻 털어놓았다.

서진은 중학생 때 첫 번째 자살 시도를 했다. 두 번째는 스무 살 무렵 수능을 앞둔 때였다.

"실패하면 낙오자가 되는 거예요. 근데 나는 아무것도 증명할 수 있는 게 없어요. 시험을 보고 나면 정말 실패가 돼버리는 거잖아요. 그러니까 증명당하기가 싫었던 거죠. 수능을 치러 가지 않고 그날 약물로 다시 자살을 시도했어요. 손목도 긋고 밤새 12시간 정도를 고시원 복도에 쓰러져 있다가 토하러 갔다가 그렇게 반복했는데, 아무도 구해주지 않더라고요."

서진은 성적 때문에 오빠가 맞는 걸 보며 자랐다. 오빠는 시험 성적이 나오는 날마다 부모에게 맞고 발로 차였다. 말리는 할머니가 밀려 넘어지며 기절했을 정도로 폭행이 심했다. 서진이 중학교에 진학하자 오빠에서 서진으로 타깃이 바뀌었다. 시험 점수가 낮게 나온 날 싸늘해진 집 분위기를 감지하며 직감했다. 이러다 죽을 수도 있겠다.

"(제가 한 게) 자살 시도라고 생각을 못 했어요. 저는 그냥 아프고 싶었어요. 당장 도피처가 필요했어요."

서진은 자신이 항상 자격을 따지는 사람이었다고 말했다. 아파서 무능력하다는 게 비참했고, 능력이 없으면 죽어야 한다고 생각했다. 세 번째 자살을 시도한 날은 아파서 일을 나가지 못한 날이었다. 위경련이 오고 숨이 쉬어지지 않아 말을 하기 어려웠다. 어두컴컴한 방이 자신을 집어삼킬 것만 같았다. 내가 서진을 만났을 때 그는 고작 스물 셋이었다.

자살 시도는 여러 번, 그리고 시간이 갈수록 더 과감히 실행됐다. 자살 시도를 해본 적이 있다고 답한 인터뷰이 중에서 한 번만 시도해 본 사람은 거의 없었다. 자해나 자살 시도를 반복하는 과정에서 고통에 대한 추상적인 공포는 줄어들고, 더 빠르고 확실하게 스스로를 파괴할 수 있는 방법을 알게 된다. 자해나 자살 시도가 반복될수록 이들은 더 치명적인 위험에 처하게 된다.

또한 가까운 사람에게 짐이 된다는 감각은 이들을 고립시킨다. '다른 사람에게 폐 끼치지 않아야 한다', '독립적으로 살아야 한다'라는 생각 때문에 이들은 홀로 앓는다. 자살 시도는 대체로 혼자 있을 때 이루어진다. 정여진 정신건강의학과 전문의는 1인 가구 여성이 많아진 것과 여성 자살률이 높아진 것은 관련이 있을 수 있다고 말했다.

이전에도 자해나 자살 시도를 한 적이 있다는 것, 자신이 쓸모없는 사람이며 타인의 삶에 짐이 된다고 느끼는 것, 그리고 고립되어 있었다는 것이 자살을 시도한 사람들의 공통점이었다.

인터뷰 중 가장 마음이 아플 때는 당시 이들이 처해 있던 철저한 고립과 외로움, 절망감을 볼 때였다. 여자들은 곧잘 자살로 생을 마감한 또래의 여성 연예인 이야기를 하며 눈물을 보였다. 지은은 말했다.

"(설리의) 인스타만 봐도 공감 가는 부분이 많았어요. 과시하려는 게 아니라 그냥 내가 나인 건데. 내가 나인 거에도 계속 욕을 먹고 있는데. '욕을 안 먹으려면 안 하면 되지' 이게 아니라 그냥 그게 안 되는 거거든요. 죽었다는 소식을 듣고 사람들이 여러 말을 많이 했지만 다른 건 다 모르겠고, (저는) 집에서 죽기 직전에 감정을 너무 잘 아니까, 목을 맬 때라든가, 그때가 진짜 슬프거든요. 그 순간이 되게 공감이 가는 거예요. 그 상황에서 어린 애가 거길 올라가면서 얼마나 울었을지. 그래서 저도 많이 울었어요, 불쌍해서."

설리의 부고를 들은 날, 이곳저곳에서 서로의 안부를 묻는 또래 친구들의 연락이 쏟아졌다. 지금 괜찮아? 당분간 SNS나 인터넷 뉴스 보지 마. 핸드폰 끄고 자. 우리 중 누구도 그가 왜 죽었는지 묻지 않았다. 이렇게 생각하는 것이 무례일지 모르나⋯ 너무 잘 알 것만 같았다. 그의 죽음은 내게 어떤 메시지 같았다. '한국에서 네가 너답게 살려 하면 결국 죽게 돼.'

여태껏 너무 많은 여자들이 죽었다. 지금도 죽고 있다. 낙태한 여자라고 손가락질 받다가 죽었고, 성관계 영상이 인터넷에 유포되어 죽었고, 왜 안 만나주냐며 협박하는 이에게 스토킹을 당하다 죽었고, 한때는 서로 사랑하던 사람에게 맞고 마음을 조종당하다 죽었고, 거울 속 자신을 보며 먹고 토하고를 반복하다 죽었고, 창녀이면 강간당해도 싸다고 말하는 사람들 사이에서 죽었다. 이들을 생각하면 너무도 분노가 치밀어 세상에 불을 지르고 싶어진다. 가해자를 찾아가 차례로 죽이고 나도 죽어버리고 싶다. 간신히 마음을 다잡고 다른 방법을 찾을 뿐이다. 많은 이야기를 듣고 기록하는 방법으로. 내게 이 이야기들이 있는 한,

249

정말로 사람들은 죽고 싶다는 생각을 하지 않는단 말이에요?

절망하지 않을 책임이 있다고 생각하면서.

그래서 우리는 무엇을 할 수 있을까

인터뷰를 진행하며 고민해 온 것을 토대로, 허락한다면 타인의 자살을 막기 위해 다음을 제안해 보고 싶다. 자살을 막는 방법은 앞서 지적한 자살을 시도하는 사람의 공통점과도 연결된다. 우선 첫째, 자살 시도자를 혼자 두지 말아야 한다. 많은 여자들이 증언하길 자살 시도 후 응급실에 실려 가도 이들을 별다른 조치 없이 "그냥 집에 가게 둔다", 이들에게 "해주는 것이 아무것도 없다". 자살에 실패한 사람은 다음번 자살을 시도할 확률이 대단히 높다. 자살 시도자 10명 중 3명이 과거에도 자살을 시도한 적이 있다.[7] 이들을 홀로 두면 다시 자살을 시도할 가능성이 대단히 높다. 응급실 안에서뿐 아니라 밖에서도 그들을 돌봐야 한다.

    둘째, 자살에 대한 논의를 시작해야 한다. 하루에 36명이 자살을 하는데, 이에 관한 논의는 이상하리만치 없다. 자살로 누군가가 죽으면 숨기고 쉬쉬하기 바쁘다. '베르테르 효과'를 염려한 자살 보도 원칙이 자살에 관한 철학적·사회적 사유를 막는 것은 아닐까? 자살로 인한 상실은 애도되기 전에 너무 빨리 잊힌다. 자살의 이유와 원인을 무례하게 추적하는 대신, 그의 삶을 통틀어 바라보면서 우리가 놓친 것이 무엇이었는지를 무거운 책임감을 갖고 공동체 차원에서 함께 나눠야 한다.

자살과 관련해 논의할 것이 너무도 많다. 가령 이런 것이 있다. 우리는 자살 시도자를 어디까지 막을 수 있을까? 미국에 거주하던 현지는 상담 도중 자살을 시도한 적이 있다는 이야기를 했다가 병원에 이송되어 사흘간 갇혀 있었다. 소리치며 화내는 현지에게 의사는 "당신이 내 동생이었어도 여기서 못 나가게 할 거예요. 당신은 너무 위험한 상황이고 나는 당신을 절대 혼자 두지 않을 겁니다"라고 말했다. 현지는 후에 이렇게 회상했다.

> "자살은 (내게) 폭력을 가하는 사람이 나인 거잖아요. 폭력이 발생하면 가해자와 피해자를 분리시켜야 하는데 자살은 가해자와 피해자가 동일인인 거예요. 그래서 가해자는 가두고, 피해자인 나는 사흘간 교육시키는 거죠. 완전히 옳은 건지는 모르지만, 그래서 이런 시스템이 만들어질 수 있겠구나 이해했어요."

셋째, 고통을 이해하는 문화를 완전히 바꿔야 한다. 이는 삶을 살아가는 방식을 바꾸는 것과 같다. 돌봄에 가장 방해가 되는 건 바로 바쁜 삶이다. 일에 치인 사람은 자기 돌봄을 비롯한 모든 돌봄에 소홀해진다. 한국은 효율과 쓸모를 중심으로 발전해 오면서 이에 방해가 되는 모든 이들을 제물로 바쳐왔다. 그 속에서 살아남을 수 있는 사람은 소수이며 그들도 언젠가 늙고 병든다.

우리는 아픈 사람들로부터 배워야 한다. 늙고, 암에 걸리고,

만성질환을 앓고, 우울증을 겪고, 손목을 그어본 모든 연약한 이들로부터 배워야 한다. 일상에서 연약함을 치워버리고 골칫거리로 여기는 것이 아니라, 바로 거기서부터 다시 시작해 삶을 살아가는 방식을 새롭게 만들어 가야 한다. 고통을 잊으라 하지 말고 고통에서 시작해야 한다. "우리는 언제나 서로의 짐이고, 또한 힘"이기에.[8]

그리고 남겨진 사람들

마지막으로 애도의 문제를 덧붙인다. 자살을 하는 사람이 있다는 것은 남겨진 사람들도 있음을 의미한다. 이들은 벼락을 맞은 것처럼 사랑하는 이를 갑작스레 잃었다. 자살에 가해지는 낙인 때문에 좀체 충분히 애도하고 위로받을 기회를 갖지 못한다. 고통은 오랫동안 지속될 수 있다. 우리는 좋건 싫건 삶을 공유하는 존재이다. 사랑하는 이를 떠나보내는 일은 나의 일부가 죽는 일이다.

예빈은 중학교 3학년 때 친한 친구를 자살로 잃었다. 한 달 뒤, 죽은 친구의 소식을 전해준 다른 친구를 또다시 자살로 잃었다. 예빈은 오랫동안 생각해 왔다. 이 일을 막을 수는 없었을까. 내가 다르게 행동했다면 달랐을까. 고등학교에 입학한 이후에도 내내 울며 지냈지만, 유가족도 아닌 예빈의 슬픔을 이해하고 돌본 사람은 없었다. 이후 12년이 지난 지금도 예빈은 친구들을 애도하고 있다고 말한다. 여전히 그들 이야기를 하며 운다. 스스로 의아할 정도로 오래 슬퍼하던 예빈은 먼 길을 돌아 이제 대학원에서는 생사학生死學을 공부한다. 상실과 애도를 공부한다. 예빈은 시간이 약이긴 하지만 완벽한 약은 아닌 것 같다고, 그들 주변의 누군가는 반드시 그들의 세세한 것들까지 기억하고 그리워한다고 말했다.

이 책을 준비하며 개인적인 변화가 많았는데, 그중 하나가 내가 자살할까 봐 걱정하던 시기에서 타인이 자살할까 봐 걱정하는 시기로 이행했다는 것이다. 2019년 10월 처음 인터뷰를 시작하고 인터뷰이의 수가 한 명 한 명 늘어날 때마다 두려움도 커져갔다. 이들을 잃게 될까 무서웠다. 인터뷰이의 수를 한동안 늘리지 못했고 미디어에서 유명인의 자살 소식이 들릴 때마다 불안했다. 자살 사고가 강하던 때의 내 주변 사람들의 마음이 어떠했을지를 처음으로 상상하게 됐다. 한동안 작업을 진행할 수 없었다.

이후로 죽고 싶은 마음이 생기면 자살자를 그리워하는 편지들을 읽었다. 아주 단순한 단어로 이루어진 편지들이었다. 너무 미안해. 정말 사랑해. 너무나 그리워…. 그 세 가지가 삶에서 우리가 해야 할 말의 전부 같았다. 누군가를 내 삶에 받아들인다는 것은 그로 인해 내 삶이 어그러질 가능성까지 껴안는 일이란 걸 알게 됐다. 내가 받을 기쁨과 사랑뿐 아니라 상처와 아픔까지 받아들여야 한다는 걸.

정말로 사람들은 죽고 싶다는 생각을 하지 않는단 말이에요?

나는 지현의 죽음을 어느 정도 예상했던 것 같다. 밝고 명랑하던 그는 연락이 뜸해지더니 어느 순간 모든 것에 초연한 듯 보였고 갑자기 잠적했다. 그와 몇 주간 연락이 닿지 않는 동안 회사를 찾아가야 할지, 그래도 괜찮을지, 그렇다면 나를 무엇으로 소개해야 할지 등등을 고민하며 그와의 인터뷰 녹취록을 여러 번 반복해 읽었다. 읽을수록 그가 얼마나 고립된 사람인지 알게 됐다. 무엇보다 그는 살고 싶어 하는 사람이었다. 그 점이 가장 나를 오래 아프게 한다. 그의 죽음은 내 삶에 무차별적인 불행이 되어 일상을 무너뜨렸다. 너무 많은 가정과 후회를 하게 됐다. 막을 수 있었을 것도 같았고, 도저히 막을 수 없었을 것도 같았다. 철없는 나는 자살을 시도한 적이 있는 다른 여자들을 찾아가 울었다. 그들이어야만 할 것 같았다.

우리는 자살로 삶을 끝맺은 사람들을 자주 그 순간을 통해 이해하려 한다. 그러나 그것은 한 사람의 삶을 죽음의 순간만을 통해 봄으로써, 삶에서 복잡성을 박탈해버림으로써 단지 그렇게 할 뿐이다. 이러한 관점에서는 한 사람의 삶과 죽음 모두를 제대로 이해할 수 없다.

자살로 우리 곁을 떠난 많은 이들을 떠올린다. 지키지 못했다고 생각한 이들을 떠올린다. 그간 그들의 상실을 아파하느라 그들의 과거마저 너무 슬프게 기억했던 것은 아닌가 생각한다. 그들이 피해자였던 것만은 아니다. 용감한 전사이기도 했다. 자살을 시행하는 것은 그 사람의 몫이었겠고, 그의 실존적 질문의

답이었을 것이다. 그것에 관해 따지는 것은 나의 영역이 아니다. 그러나 그들을 어떻게 기억하느냐는 이제 남은 사람들에게 달려 있다. 삶이 온전히 나만의 것이 아니라면 그들의 삶도 온전히 그들만의 것이 아니다. 그들이 끝내기로 마음을 먹었어도 내가 그들을 기억하고 어떤 방식으로든 영향을 주고받으며 살아간다면 그들도 여전히 내 곁에 있을 것이다.

처 방 전

□의료보험 ②의료보호 ③산재보호 ④자동차보험 ⑤기타( ) 요양기관번호:

교보 연월일 및 번호		년 월 일 - 제 호	의료기관	명 칭	
성명				전화번호	
				팩스번호	
주민등록번호				e-mail 주소	

병류호			처 방 의료인의 성 명	(서명 또는 날인)	면허종별
					면허번호

* 환자의 요구가 있는 때에는 질병분류기호를 기재하지 않습니

처방 의약품의 명칭	1회 투약량	1일 투여 횟수	총 투약일수
산리튬정_(300mg/1정)	2.0000	1	7
프람정 10mg(에스시탈로프람옥살산염)_(12.77mg/1정)	1.0000	1	7
르탁스정 15mg(미르타자핀)_(15mg/1정)	1.0000	1	7
리티코정 (트라조돈염산염)_(50mg/1정)	1.		7
보트릴정(클로나제팜)_(0.5mg/1정)	1.0000	3	7

8장 돌봄

**각자의 짐이
줄어들면
돕는 게 어렵지
않거든요**

주사제 처방내역(원내조제 □ 원내처방 □)

용기간 | 교부일로부터 ( )일간 | 사용기간 내에 약국에

의약품 조제내역

	조제기관의 명칭			처방 대
제 역	조제약사	성명	(서명 또는 날인)	
	조제량 (조제일수)			

서울시 은평구 구산동에는 '살림의원'이라는 곳이 있다. 이곳의 주인은 의사가 아닌, 은평구 주민 조합원이다. 살림의원은 여성 주의 건강관을 기반으로 지역 주민들과 협동하여 의료·복지·돌 봄기관을 만들고 운영하는 살림의료복지사회적협동조합(이하 살림)에 의해 운영된다. 1990년대 중반 이후 활동을 시작한 영 페미 니스트이자 살림의 상무이사인 유여원(활동명 '어라')은 2012년 '모 두가 평등하고 건강한 마을'을 만들기 위해 여성주의 의료협동 조합을 공동 창립한 후, 수천 명의 조합원이 함께하는 곳으로 살 림을 키워냈다.

그는 지속 가능한 돌봄 생태계를 조성하려면 세 가지 돌봄이 필요하다고 말한다. 첫째, 건강의 주체로서 스스로 돌보는 힘을 키우는 자기 돌봄. 둘째, 혼자가 아니라 다른 사람들과의 관계망을 통해서 함께 건강해지는 서로 돌봄. 셋째, 개인 또는 몇몇 지인들의 힘만으로는 감당하기 어려운 돌봄을 조직을 통해 협동하여 이루어 내는 함께 돌봄.

나는 돌봄을 설명할 언어가 무척이나 부족한 지금의 현실에서, 이 구분이 무척이나 유용하고 의미 있다고 생각한다. 이번 장에서도 세 가지 구분 아래에서 인터뷰이들의 증언과 함께 돌봄에 대한 고민을 나눠보고자 한다.

돌봄의 주체인 환자

우선 내가 만난 여자들이 돌봄의 대상일 뿐 아니라 돌봄의 주체라는 사실을 강조하고 싶다. 흔히 우울증 환자는 돌봄을 필요로 하는 사람들이라 여겨진다. 그러나 2부에서 살펴보았듯, 이들은 오랫동안 주변인을 돌보아 온 사람들이기도 했다. 폭력적인 가정 안에서 벌어지는 관계의 역동을 예민하게 감지하며 나와 타인을 위해 다양한 생존 전략을 취해온 사람들이었다. 연인 관계에서도 정서적인 지지뿐 아니라 경제적인 도움을 제공하기도 했고, 사회에 진출한 뒤에도 사무적인 노동뿐 아니라 다양한 감정노동을 감당해 왔다. "손해 보는 장사"를 너무 오래 해왔다는 지현의 지적은 여성들이 일상에서 꾸준히 해내야 하고 해내고 있는 돌봄노동 자체가 너무도 저평가되어 있다는 점을 잘 보여준다. 다양한 방식으로 삶에 깊숙이 존재하는 돌봄노동에 가치를 제대로 매기지 않는 것은, 이것이 필요하지 않거나 중요하지 않아서가 아니라, 주로 여성들이 이 일을 해왔기 때문이다.

여성 우울증의 원인은 사회적인 것인가, 생물학적인 것인가? 나는 이 책에서 여성 우울증의 생물학적 원인을 자세히 다루지 않았고, 특히 2부에서는 여성 우울증의 사회적인 원인이라고 생각되는 것들을 소개했다. 그러나 사실 나는 "여성은 생물학적인 원인 때문이 아니라 사회적인 원인 때문에 우울하다"라는 주장에는 선뜻 동의하기 어렵다.

첫째로, 여성 우울증을 다루기 위해 두 가지 원인 중에서 꼭 하나만을 고를 필요는 없기 때문이다. 무엇보다 애초에 구분하는 것이 불가능하다. 이 두 가지는 뒤섞여서 나타난다. 우울증에 취약한 생물학적 조건을 갖고 태어난 사람이라고 하더라도, 그 사람이 매일 어떤 일상을 살아갈지는 사회적인 맥락에 달려 있다. 생물학적 원인이 분명한 질병이라 하더라도, 증상은 사람들 사이의 관계와 특정한 문화를 반영하고 체화하며 각기 다르게 나타난다.

둘째로, 사회적인 요인을 강조하다 보면 여성을 취약하게 만드는 생물학적 조건을 살피는 데에 소홀해질 수 있다. 우리는 몸을 마음대로 통제할 수 없다. 몸을 초월하여 살아갈 수 없다.

여성들이 지목한 우울증의 원인이 사라진다고 하더라도 여전히 증상은 남을 수 있다. 나를 괴롭게 한 요인들을 모두 제거한 뒤에도 여전히 우울할 수 있다. 그럴 때, 정신질환에 관한 생물학적 연구가 요긴하게 쓰일 수 있다.

1장에서는 정신의학의 역사에 내재한 뿌리 깊은 여성혐오를 살펴봤다. 그러나 여성의 생물학적 취약성을 강조하는 연구가 여성혐오적인 맥락에서 탄생했다고 하더라도, 나는 그것이 여성 스스로 자신의 몸을 돌보는 데에 도움이 된다면 충분히 활용할 수 있다고 생각한다. 이는 전략적인 선택이다. 이미 있는 자원이 오염되었다고 몽땅 버리고 새로 시작하기보다는, 있는 것을 탈취하고 재해석하여 우리가 가진 자원을 더 풍부하게 만들어 가는 것이 중요하다.

정상과 비정상, 건강과 병리, 생물학적인 것과 사회적인 것의 구분, 의료화와 신자유주의 등의 담론은 학계에서 여성 우울증을 논의할 때 자주 개념적인 틀로 사용된다. 그러나 나는 이 같은 관점이 다소 아쉽다. 여자들이 자꾸만 주체가 아닌, 수동적인 피해자로 비치기 때문이다.

260

여자들은 이미 '그렇게' 지낸다. 이들은 타협과 협상의 대가들이다. 한 명의 여성이 우울증 환자로 살아가는 일은, 남성을 기준으로 정상성을 규정하는 의학 지식 체계와 각종 담론뿐만 아니라 하나하나 손꼽기 어려운 수많은 실행으로 이루어진다. 병원에 가서 약 받기, 상담을 통해 서사를 정리하기, 연인을 통해 돌봄 받기, 가족 안에서 고통을 인정받기 위해 싸우기, SNS를 통해 동료 찾기, 여성주의 운동에 참여하기 등등.

　내가 만난 여성들은 이러한 모든 종류의 실행을 능동적으로 택하고 조율하는 자기 돌봄의 주체들이었다. 여성으로 생존하기 어려운 환경 속에서, 손에 잡히는 다양한 자원을 활용하며 자신의 삶을 개선하려는 사람들이었다. 의학 지식에서 한 발짝 물러나 해주는 대로 치료를 받는 사람들이 아니라, 아픈 몸을 가진 주체로서 그리고 자기 몸의 전문가로서 치료 과정에 함께한다. 세상이 자신을 환자로 보면 환자로서 할 수 있는 일을 찾고, 세상이 자신을 미친년으로 보면 미친년으로서 할 수 있는 일을 찾았다. 그런 면에서 나는 이들을 단지 우울증 환자로만 보지 않는다. 이들은 미쳐 있고 괴상하지만, 동시에 오만하며 똑똑한 여자들이다. 우리에게 필요한 것은 이들에 대한 말과 글이 아니라 이들에 의한 말과 글이다. 무엇보다 주요한 의사결정권이 이삼십 대 여성에게 직접 주어져야 한다.

서사를 정리한 뒤에도 병은 남아 있다

2020년 12월 혜림은 "저에게는 병의 서사가 있습니다"라는 말로 시작하는 메일을 보내왔다. 혜림은 오랜 시간 상담을 통해 중요한 이슈들을 다 해석하고 정리했다고 생각하는데도, 조증과 울증이 여전히 자신을 찾아온다는 사실이 믿어지지 않는다고 했다.

혜림은 학교를 다니고 아르바이트를 하며 일상을 수행한다. 상담도 오래 받았고 약도 꾸준히 챙겨 먹는다. 병이 심해지면 진단서를 떼어 교수에게 메일로 보내고, 과제 제출 등의 문제에 양해를 구한다. 심리검사 비용을 지원받는 등 정신질환자를 위한 복지서비스도 다 챙겨서 이용한다.

"교도소에 모범수가 있다면, 정신과에는 모범 환자가 있을 겁니다. 그게 바로 접니다. 그럼에도 저는 여전히 환자에 불과합니다."

병의 원인을 서사화하여 정리하는 과정은 곧 병을 치료하는 과정이었다. 이를 통해 혜림은 삶이 무엇인지, 인간이 무엇인지 조금 더 이해하고 성숙해졌다. 그러나 서사의 클라이맥스를 지나 결론 부분에 도달해도, 서사가 끝나도, 병과 삶은 덩그러니 놓여 있다. 혜림이 보내준 글의 일부를 옮긴다.

고용 관계로 얽힌 사람에게는 정신질환이 있다는 걸 최대한 숨깁니다. 리보트릴(항불안제)을 약 이름이 적혀 있는 봉지에서 빼낸 후 투명한 폴리백에 넣고 다닙니다. 학생 때나 아르바이트를 할 때는 어쩌어찌 견뎌왔습니다만, 앞으로의 직장 생활이 걱정입니다. 지난 8년간 IQ가 10 정도 떨어졌습니다. 이제 돌고래랑 비슷한 수준이 되었어요. 단기 기억력이 정말 많이 손상된 것을 느낍니다. 특히 숫자랑 이름 같은 단편적인 정보들을 잘 기억하지 못해요. 그래도 언어 능력은 좀 덜 손상된 것 같아요. 아직까지는 글을 읽고 중심 내용을 요약하거나, 문장을 쓰는 능력이 남아 있습니다. 이마저 손상된다면 저는… 정말 절망할 것 같습니다. 그렇지만 적응하겠죠. '총명하다'라는 평가를 받던 제가, 뭐든 까먹고 빠뜨리는 사람이 된 것에 적응했듯이요. 받아들이기 괴롭지만, 생존이 더 중요하니까요.

모든 정신질환자는 안전벨트 여러 개를 매두는 게 좋다고 생각합니다. 예를 들면, 일주일에 한 번씩 상담을 가고, 약을 꼬박꼬박 챙겨 먹고, 그날의 기분을 간략하게 기록하는 무드 차트를 쓰고, 의사 선생님께 증상을 정확히 보고하고, 비상약을 받아두는 것 등이 전부 하나하나의 안전벨트인 거예요. 저에게 증상이 닥쳐와도 매어놓은 안전벨트에 의지하여 살고 있던 삶의 궤도에서 아예 튕겨 나가버리는 일은 없도록 하는 것이죠. 한 안전벨트가 제 구실을 하지 못할 때는 다른 안전벨트가 저를 붙잡아 줍니다.

컨디션은 제 통제 밖의 일입니다. 똑같은 시간에 잠들고 깨도 상쾌하게 일어나는 날이 있는가 하면, 눈을 뜨자마자 '왜 오늘 하루가 또 온 거지?'라고 생각하는 날도 있습니다. 제 한계를 파악하고 그 테두리 안에서만 움직입니다. 에너지가 낮아지고, 삶에 대한 의욕도 희미해지면, 제가 소화해야 할 일상을 최소한도로 조절합니다.

예전에는 한계를 인정하는 순간 발전의 기회는 영영 사라지고, 저 밑으로 추락해 버리는 거라고 생각했습니다. 기를 쓰고 제가 원하는 것들을 성취하려고 했죠. 하지만 어떤 날에 제 능력의 120퍼센트로 살아내고 그다음 날 30퍼센트로 추락하는 것보다, 이틀 동안 75퍼센트로 사는 게 낫다는 걸 경험을 통해 여러 번 확인했습니다. 요즘은 최대한 평균적으로 살기, 즉 최고치와 최저치 사이의 갭을 완화하는 것이 목표입니다.

기억나지 않는 어린 시절부터 시작된 우울증은 치료를 시작한 이후에도 쉽게 사라지지 않는다. 우울증은 만성질환에 가깝다. 많은 여자들이 우울증의 가장 깊은 골짜기를 지나고 난 뒤에는 우울증을 없애버리기보다는 이를 삶의 일부로 받아들이고 함께 살아가는 법을 익히기 시작한다. 이것은 자신의 취약성을 인정하고 받아들이는 일이다. 또한, 이전에는 해낼 수 있던 일이 지금은 해낼 수 없는 일임을 받아들이는 과정이기도 하다. 삶의 양식이 바뀐다. 전보다 천천히 살아야 한다. 스스로를 돌보는 것이 삶의 중심에 놓인다. 시행착오를 반복하며 자기 돌봄에 숙련되어 간다(모두가 그렇지는 않다). 돌봄을 중심에 두며 삶이 재편되는 것은 환자 당사자만이 아니다. 이들을 곁에서 돌본 사람도 그렇다.

돌봄은 어렵다. 각자의 삶이 너무 바쁘고 여유가 없어서 어렵다. 평생 독립된 인간이 되라고 배워왔는데 타인에게 내 삶의 일부를 의존하는 것이 수치스러워서 어렵다. 호혜는 서로 주고받는 것인데 내가 받기만 하는 사람이라서, 혹은 주기만 하는 사람이라서 어렵다.

돌봄은 또한 침범이어서 어렵다. 돌보기 위해서는 타인의 삶에 관여해야만 한다. 선을 넘는 순간이 생긴다. 어디까지가 돌봄이고, 어디서부터는 폭력일까? 자살을 시도하는 사람을 억지로 얼마나 말릴 수 있을까. 당사자가 원망한다면? 그래서 관계가 끊어진다면? 돌봄은 때때로 의도와는 다른 결과를 가져온다. 본질적으로 양가적이고, 맥락적이고, 관계적이다. 돌봄은 사랑·양육·친절·다정과 같은 속성과 자주 연결되지만, 현실의 돌봄은 불안·상처·억울함·분노·증오와 같은 속성과도 밀접하다. 완벽한 돌봄을 하려고 하면 필연적으로 실패할 수밖에 없다.

돌봄의 과정에서 매번 발생하는 시행착오를 실패로 여기지 않기 위해서는, 돌봄을 해왔던 사람들의 이야기가 세상에 널리 알려질 필요가 있다. 돌봄을 제공한 사람들은 마음속에 말이 가득 고여도 침묵하기 쉽다. 자신이 가장 아픈 사람은 아니라는 생각이 들기 때문이다. 그렇게 많은 돌봄 제공자들이 홀로 말을 삭여왔다. 이 이야기를 반드시 책에 담아야겠다고 생각한 이유이다.

제주에 사는 우용과 다빈을 만나 이야기를 들었다. 가장 구체적인 언어로 돌봄을 말한 사람들이었다. 둘은 부부이다. 우용은 우울증을 겪는 다빈을 3년째 곁에서 돌보고 있다. 우울증이 무척 심화되면, 인지능력이 심각하게 손상된다. 다빈은 내가 만난 인터뷰이 중에서도 가장 중한 편이었다. 인터뷰를 단독으로 진행하기 어려워 우용도 함께했다. 다빈은 매 순간 자해와 자살 충동을 죽을힘을 다해 막아내고 있었고, 누군가 24시간 곁에 있지 않으면 금방이라도 사고가 터졌다.

다빈 요즘 안 좋을 때는, 우울하고 힘들다는 얘기를 하루에··· 200번은 하는 것 같아요.

우용 그러면 그 힘든 감정이 무엇이고 어떻게 정리하면 좋을지 서로 얘기해요. 이걸 한 세트라고 하면 1시간에 서너 세트는 하는 것 같아요. 운동하는 것처럼요. 마음 운동을 그렇게 하고, 그때마다 비상약을 먹고요. 저희의 첫 번째 목표는 일상을 회복하는 거예요. 오늘이 2020년 11월에 퇴원한 이후로 울거나 힘들어하지 않고 처음으로 평범한 일상을 보낸 하루였어요. 거의 60일 만이죠.

하미나 제가 운이 좋았네요. 그 세트 대화가 어떻게 이루어지는지 궁금해요.

우용 일단 (다빈이) 힘들어하는 증상이 세 가지 있어요. 각각 마음, 몸, 머리에서 나타나는 증상이에요. 마음은 이유 모를 불안. 몸은 몸이 떨리는 거요. 좌불안석이어서 혹은 간지러움이 생겨서이거나. 머리는 생각이 자꾸만 찾아오는 거. 저는 (증상이) 세 개 중에 어떤 걸로 오냐고 물어봐요. 몸이나 마음으로 증상이 찾아오면 비상약을 챙겨줘요. 마음으로 오는 건 울고 나면 좀 괜찮아져요. 얘기 들어주고 안아주고 외식 한 번 하고…. 그건 15~20분 정도 지속되고, 괜찮아졌다가 또 찾아오기도 해요. 근데 머리로 오는 건 방법이 없어요. 끊임없이 긍정의 에너지를 보내줘야 돼요. 계속 생각하게 되니까 쉽게 멈춰지지 않아요. 힘든 게 2~3일 가요. 대부분 자해로 끝나요. 몸과 마음은 비상약으로 어떻게든 돼요.

하미나 구분이 되게 흥미롭네요. 선생님들께서 대화하다가 이렇게 정리하신 거잖아요.

우용 네. 아내가 옛날에 얘기했던 게 '맨날 힘들다고 말해서 미안하다'였어요. 그래서 이제 힘들면 어떤 종류로 또 어떤 정도로 힘든지 점수로 환산해서 얘기해 봐요. 그러면 저도 어느 정도까지 개입할 수 있을지 알 수 있고, 본인도 얘기할 때 더 편하고요. 안 그러면 계속 같은 언어를 반복하게 되잖아요. '불안' 안에도 정말 다양한 감정과 증상이 있거든요. 우울도 있고 자책감이나 자괴감도 있고. 진짜 몸이 떨려서 힘들 때도 있고요.

하미나 저도 리튬을 먹고 나서 몸 떨림이 생겼어요. 특히 마음이 불안하거나 몸이 피로할 때 거의 지진계처럼 흔들려요.

다빈 제가 리튬 부작용을 거의 다 겪고 있어요. 저도 감정이 올라오면 손 떨림이 엄청 심해지거든요? 손발 떨림이랑 피부 발진,

각자의 짐이 줄어들면 돕는 게 어렵지 않거든요

요실금. 또 뭐 있지?

우용 피부발진, 생리불순. 생리는 거의 두 달째 못 하고 있죠. 맞다, 갑상샘저하증. 그걸로 약 3개월 만에 체중이 20~30킬로그램 정도 늘기도 했어요.

하미나 너무 공감돼요. 리튬 동지시네요. (일동 웃음) 근데 정말… 처음이에요. 옆에서 딱 붙어서 돌봄을 제공해 주는 사람이 있는 분을 만난 게요. 누구도 없었어요. 연인이 가끔 그런 역할을 하지만 오래 못 가는 경우가 대부분이고. 근데 당장 옆에 누군가가 필요하잖아요. 두 분 사이의 신뢰가 깊어 보여요.

다빈 만약에 오빠가 없었다면 지금까지 살아 있지 못했을 거예요. 자살 충동, 자해 충동이 너무 심한 편이어서 자살 시도를 거의 매일 했거든요. 오빠가 옆에서 발견하고 급하게 구했던 적도 굉장히 많아요. 예를 들면 목을 매달았는데 오빠가 빨리 발견해서 빼내고.

우용 그래서 밤에 깊게 잠을 잔 적이 없죠. 다 짧게 자요. 다행히 저는 잠을 얕게 자는 재능이 있어요. 스르륵 움직이면 제가 귀신같이 깨요. (웃음)

(다빈이) 가족에게 받은 상처가 컸어요. 자기를 어떤 상황에서건 무조건적으로 신뢰해 주는 가족이 한 명도 없던 거예요. 이 사람을 살리는 방법이 여러 가지가 있겠지만 '그런 사람이 한 명이라도 있으면 안 죽지 않을까?'라는 생각을 해요. 어떤 상황에서든 다빈의 편을 들어주는 사람이요.

쉽지 않은 게, 다빈의 자해 충동이나 자살 충동이 심해질 때, 의료진을 포함한 모든 사람이 입원을 권유해요. 근데 코로나 이후에 입원이 쉽지 않죠. 다빈도 병원을 다니며 생긴 트라우마가 있어서 입원을 안 하고 싶어 해요. 이때 고민을 하게 되는데, 그럴 때 모든 사람에게 욕을 엄청 먹어요. "네가 오냐오냐해서 다 들어주니까 다빈이 타이밍을 놓치는 것일 수 있다", "네가 과감하게 강제 입원이라도 시켜야 하지 않냐" 이래요. 저는 "강제 입원 후 병원에서 나오는 그날, 다빈이는 죽을 거다. 그걸 말릴 방법은 없을 거다. 그때 내 말을 듣겠냐"라고 말하죠.

그러니까 절대 끊어지지 않을, '저 사람 말은 어찌 됐건 들어야지' 하는, 신뢰할 수 있는 사람이 한 명이라도 있는 게 중요하다고 생각해요. (다빈에게는) 그런 사람이 아무도 없어서 지금은 저와 그런 신뢰를 쌓는 과정에 있어요.

우용은 다빈과 함께 우울을 통과하는 과정에서, 매번 죽음의 경계까지 함께 갔다가도 자기가 먼저 그곳을 빠져나와야 한다고 말했다. 그래야 살릴 수 있다. 같이 빠져서는 안 된다. 하루에도 수십 번 답이 없는 선택에 직면한다고 했다. 남들은 이해하지 못하는 불가피한 선택을 해야 할 때도 많다. 치료에 있어서 답은 없다. 의사도 상담 선생님도 모두 포함해 답을 말해줄 수 있는 사람은 없다. 시간이 해결해 줄 거라는 믿음 하나로 버틸 뿐이다.

우용 (다빈에게) 내가 얘기할까? 좀 쉴래? 초등학교 때 (다빈의 부모가) 이혼을 하면서, 엄마와 할머니 그리고 아빠 사이의 갈등이 되게 심했어요. 누가 다빈을 데려갈 것이냐. (다빈 입장에서는) 어느쪽을 선택해도 최악의 선택이 되는 거예요. 어려서부터 엄마는 '딸을 잘 키워야겠다'라는 욕심으로 엄청나게 채찍질을 했어요. (다빈은) 자기가 뭘 좋아하고 싫어하는지 감정 표현도 하지 못한 채 성장해 온 거죠.

대학교에 가면 분위기가 다르잖아요. 그래서 가면을 쓰고 지낸 거죠. 저희는 그 자아를 '패리스 힐튼'이라고 불러요. 패리스 힐튼 자아를 통해서 (상처가 드러나지 않도록) 굉장히 잘 보호했지만, 계속 어딘가에 인화 물질처럼 상처가 쌓인 거죠. 저희는 모두가 이런 상처를 갖고 있다고 생각을 하거든요. 근데 이걸 (스스로) 꺼내놓냐, 아니면 스스로 견디지 못하고 폭발하냐인데. (다빈이는) 그게 번아웃과 겹치면서 폭발하게 된 거고.

다빈 갑자기 빵 터진 게 아니에요. 가족 안에서의 정서적인 학대, 친구 관계에서의 불화 등 이런 것들이 차곡차곡 제 몸 안에 쌓여 있었는데, (폭발하게 된) 굉장히 사소한 계기 하나가 있었어요. 조직에서 버려지듯 회사를 나오게 된 적이 있어요. 그 사건으로 인해서 99도까지 끓었던 게 100도를 넘어갔던 것 같아요. 처음에는 단순히 (우울의) 증상만을 보고 감기 같은 병이라고 봤어요. 그렇게 얘기를 많이 하잖아요. 근데 그게 아니고 굉장히 오래전부터 지속되어 온 그런 병이라는 생각이 들어요.

우용 또 의도하진 않았지만, 안정적인 가정을 이루면서 오히려 우울증이 심화되지 않았나…. (결혼을 준비하고 진행하는 과정에서) 과거에 자기를 힘들게 했던 가족과 대척점에 서게 되면서, 가족이 주었던 상처를 직면하게 된 거죠. 근데 그러기엔 너무 지친 상태에서 (문제를) 직면해 버려서 그게 너무 안 좋은 영향을 주었죠.

하미나 잘 이해가 안 가요. 안정적인 가정을 이루면 보통 좋은 영향을 줄 거라고 생각하잖아요.

우용 그죠. 저희도 그렇게 생각했는데, 이게 싸울 힘은 없는데 싸울 기회가 생긴 거예요. 저랑 결혼을 하기로 마음먹으면서 (결혼을 반대하는) 엄마와도 크게 싸우고 하면서 다빈도 (가족과) 싸우는 입장에 서게 된 거예요. 근데 이미 어릴 때부터 형성된 다빈의 자아는 그렇게 강하지 않았던 거죠. 상처받은 자아였던 거죠. 이걸 어찌 됐건 해결해야 한다고 생각은 하는데. 문제를 하나씩 꺼내서 차분히 제거했다기보단, 번아웃과 동시에 터져버린 거여서. 코로나도 겹치면서 정말 악재가… 악재가 다 겹쳤어요.

그래서 제가 이야기하고 싶은 건, 내 안의 상처를 언제, 어떻게 꺼내는지도 되게 중요하다는 거예요. 안정적인 가정을 일구고 신뢰할 수 있는 사람을 만났다고 그간의 상처가 바로 회복되는 게 아니에요.

하미나 정말 중요한 말씀이네요. 많은 사람들이 힘들 때 자기를 구원해 줄 사람을 만나면 해결될 거라고 생각을 하잖아요. (다빈: 맞아요.) 근데 그게 아니잖아요.

각자의 짐이 줄어들면 돕는 게 어렵지 않거든요

다빈 그리고 오빠의 가정이 너무 단란한 가정이었어요. 화목한 가정. 오빠네 집에서도 언니가, 저한테는 시누인데, 굉장히 아프셨는데도 슬기롭게 잘 극복하신 분들이셨거든요. 우리 집도 저런 환경이었다면 얼마나 좋았을까 싶었고요. 결혼하고도 실제로 (오빠네 가족이) 그런 사랑을 저한테 주셨는데. 사랑을 받고 보니까 막상 제가 가지지 못했던 것에 대한 원망이나 미움이 막 생겨났던 것 같아요. 그게 저를 오히려 더 힘들게 했었거든요.

우용 그래서 잘 터뜨리는 게 중요하다. (웃음)

하마나 굉장히 중요한 시기를 보내고 계시네요.

우용 페이스북이든 인스타그램이든 이런 인터뷰든, 저희의 이야기를 일부러 꺼내는 이유가 있어요. 사회적으로 이걸 말한다는 건 (저희에게는) 굉장히 마이너스가 되는 일이거든요. 그러니까 자기가 이걸 드러내서 치료해 보겠다는 용기나 계기를 갖기가 굉장히 힘들어요. 얘기할 수 있는 분위기가 만들어져야 하는 거예요. 그러기 위해서는 고백이 많아야죠. 그런 고민을 되게 많이 했어요. 우리 얘기를 꺼내놓으면 조금 더 힘든 상황에 놓인 누군가를 살릴 수도 있다.

그리고 옆에 있는 사람으로서 가족들이 더 많이 이해해야 하니까요. 주변 사람들의 태도도 되게 중요하거든요. 거기서 외로워져 버리면 끝인 것 같아요. 장기전에서 절대 이길 수가 없어요. 왜냐하면 다빈이 지칠 때가 있고 제가 지칠 때도 있는데, 저는 제가 지쳤다는 사실을 표현할 때 주변 사람들이 저에게 힘을 줘요.

제가 먼저 힘든 걸 고백하고, 다빈에게도 힘들다고 고백하고, 상
담을 같이 받고 짐을 나눠 들기 시작하니까 각자 역할만 해내면
되는 거예요. 다빈은 약 잘 먹고 포기하지 않고. 가끔 무너질 때
에는 그냥 저한테 다 위임하고. 저는 저희를 둘러싼 주변인에게
힘든 걸 토해내고. 그 사람들이 선물도 보내주고, 편지도 써주고.
그 사람들이 다빈을 가까이에서 직접 돌보기는 어렵잖아요. 역
할을 나누는 게 중요해요.

하미나 맞아요. 돌보는 사람을 돌보는 사람이 필요해요.

우용 그렇게 해서 각자의 짐이 줄어들면 돕는 게 그렇게 어렵지
않거든요. 나의 도움의 손길에 따라 저 사람의 목숨이 왔다 갔
다 하면 위로를 건네기도 망설여져요. 사람들이 다빈을 향한 위
로를 저에게 많이 해요. 저를 위로하기가 더 편한 거예요. 누군가
나의 고생을 알아주고 인정해 주니까, 저는 그 힘으로 다빈을 돌
볼 힘이 생기는 거죠. 굉장한 선순환 구조라고 생각해요.

하미나 두 분이서 굉장히 오랫동안 고민하고 생각해 오신 게 느껴
져요.

보호자와 감시자 사이

돌봄을 받는 사람과 돌봄을 주는 사람 사이에는 필연적으로 권
력관계가 형성된다. 자칫하면 돌봄은 지배로 이어질 수도 있다.

다빈과 우용 역시 이를 예민하게 감지하고 있었고, 이 문제를 잘 풀어보려 오래 고민을 이어왔다. 이들에게 돌봄을 주고받는 과정에서 주의해야 할 점이 무엇인지 물었다. 다빈은 "돌보는 사람이 감시자가 되면 안 된다"라고 말했다.

다빈 예를 들어 내가 자해할 때, 이 사람이 내가 자해하려는 것을 막아선 감시자인지, 아니면 나를 보호하려는 보호자인지, 그걸 가르는 건 진짜 한 끗 차이예요. 어떻게 결정되냐면 이 사람이 지금 나한테 어떤 입장을 취하고 있는가. 거기서 갈려요. 예를 들어 화를 낸다거나, 왜 그랬냐고 답답함을 토로한다거나, 뭔가를 가르치려 드는 경우에는 그 사람을 감시자로 보게 돼요. 반대로 굉장히 침착하게 대처를 한다거나 '그래도 나는 너를 믿어'라는 걸 변함없이 보여줄 때, 이 사람은 저의 보호자가 돼요.

우용 혹시라도 이 글을 읽게 될 누군가에게 '꿀팁'을 전하자면 일단 잘 못 하겠으면 "미안하다"로 말을 시작하는 거예요. "나는 너를 막을 수밖에 없다. 이 입장을 취할 수밖에 없어서 미안하다"라고. 두 번째 팁은 평소의 그 사람과 자해하려는 그 사람을 분리하는 거예요. 제가 지금 물리쳐야 할 사람은 자해하는 다빈이지만, 물리치기 전에 (보호해야 하는 다빈이 있고, 먼저 그 다빈을) 보호부터 해야 한다는 걸 잊지 말아야 해요. 상황이 끝났을 때 가해자(자해하는 다빈)가 '왜 나타났을까' 고민을 먼저 얘기하면 (다빈도) 대답을 해줘요.

일단 상황이 발생했을 때 저도 인간인지라 스트레스가 발생해요. 그때 처음 짓는 표정과 처음 건네는 말이 되게 중요하죠. "아이 너 또 왜!", "아 진짜!" 이렇게 하면 안 돼요. 그냥 "괜찮아?", "미안해", "내가 조금 더 챙겨줬어야 했는데"라는 말을 하고, 상처를 빨리 확인하고 다음 대처로 넘어가야 하죠. 거기서 받는 스트레스는 이 사람이 나를 보지 않을 때, 속으로 욕을 하든, 다른 사람한테 가서 얘기하며 풀든 하는 거예요. (일동 웃음)

사람이 완벽하게 깨끗한 마음을 지닐 순 없잖아요. 대신 어디에 발산하느냐가 중요한 것 같아요. 신뢰받는 보호자가 되어야 하는 거죠. 이거는 마음으로 하는 게 아니에요. 굉장히 기술적인 영역이라고 생각해요. 앞서 말한 적절한 멘트를 먼저 해주는 것이 기술이에요. "그랬어? 나라도 그랬을 거야", "정말 아팠겠다". 더 좋은 멘트는 "난 네가 아프지 않았으면 좋겠어". 따져보면 제가 잘못한 게 맞죠. 조금 더 돌보고 더 들여다봤어야지. 사람이 자기가 잘못해서 벌어진 일에 대해서 인정하기가 쉽지 않잖아요. 환자가 나에게 스트레스를 준다고 쉽게 화를 내버리죠.

하미나 부처님 같으세요. 마지막으로 질문하고 싶어요. 어떻게 해서 이 인터뷰를 신청하게 되셨나요?

우용 아픈 상태가 지속되면서, 이게 개인의 문제가 아니라는 확신을 가지게 됐어요. 그래서 확산이 필요하다고 생각했어요. 사회가 굴러가는 시스템이 분명한 낙오자를 만들어 내는데, 이들의 목소리를 모으지 않으니 정말… 열 받는 거예요. 절규보다는 항변 비슷한 걸 하고 싶었어요. 또 다빈은 꽤나 중증이거든요. 중증 우울증을 가지고 살면서, 또 그를 돌보면서 얻었던 팁들을 공유하고 싶었어요.

다빈 제 상태가 호전됐다고 하기엔 멀었어요. 아직도 약을 한 번 먹을 때 25알을 먹고 있고, 엊그저께에도 락스를 먹고 응급실을 갔다 왔고. (우용: 블랙코미디죠.) 힘든 상황을 아직 겪고 있는데도 불구하고, 나와서 내 이야기를 얼마든지 할 수 있다는 걸 보여주고 싶었어요. 우울증 때문에 너무 많은 것을 잃었다는 생각이 들고 그것 때문에 우울하고 좌절하기도 하지만, 내가 살이 쪘든, 약 때문에 부작용이 생겨서 화장실도 제대로 가지 못하든, 그냥 내 이런 모습을 남들에게 털어놓을 수 있고 나아질 수 있을 거야, 하면서 있는 그대로 나를 사랑하는 연습을 하고 싶었어요.

우용 지금 이 과정에서 연락드린 이유도 있어요. 저희 엄청 힘든 상황이에요. 당연히 잘될 거라는 생각과 그게 무너지는 상황이 매번 반복돼요. 성공해 버리면 기억이 미화될 거 같아요. 우리에게는 이 과정이 '둘의 사랑을 확인하는 계기였어요'라고 인터뷰할 거란 말이에요. 그것보다 조금 더 과정에 있는, 처절하고 정말 찌질하고, 그런 날것의 경험을 보여주고 싶었어요.

우용과 다빈은 정의당 청년협동조합에서 만났다. 2017년에 있었던 대선 선거 운동을 하던 중 노동절 집회에서 처음 만났다고 했다. 우용이 우울증을 앓는 다빈을 돌보기 시작하며 두 사람

모두 정당 활동도, 생계를 위한 노동도 오래 쉴 수밖에 없었다. 그러나 나는 이야기를 들으며 이들은 여전히 활동가라고 생각했다.

통제는 지배가 되지 않을 수 있을까

우용은 돌봄이 마음으로 하는 게 아니라 기술로 하는 것이라고 말했다. 이 말은 따뜻한 마음, 친절함, 사랑만으로는 돌봄을 잘할 수 없다는 말도 된다. 돌봄의 기술은 친밀한 관계에서만 부족한 게 아니다. 돌봄을 제공받기 위해 찾아간 병원에서도 마찬가지이다. 전문적인 돌봄을 제공할 것이라고 기대한 의료진의 감수성이 일반 대중의 감수성보다 결여된 경우도 많다. 어릴수록, 여성일수록, 그리고 곁에서 살피는 보호자가 없는 경우, 환자들은 의료진이 가하는 폭력에 쉽게 노출된다. 다빈은 병원에 입원했다가 독방에 강제로 가둬진 이후, 입원에 대한 트라우마가 생겼다고 했다.

> "(간호사들이) 살집이 있으신 분들한테 가서 배를 때리더라고요. 이렇게 주먹으로요. 제가 병원에 입원하고 일주일 내내 잠만 잤거든요. 수간호사가 제 등짝을 막 치면서 '너는 스트레스를 좀 받아야 돼. 살 좀 빼, 살 좀. 몸 움직여' 이러는 거예요.

병원 인력이 너무나도 부족했어요. 환자는 몇백 명인데, 간호사는 기껏해야 세 명 정도. 간식을 주는 날이 일주일에 한 번이었어요. 제가 갔던 곳은 우울증 환자보다는 조현병이나 중증 정신질환 환자가 많아서 통제가 안 될 때가 많거든요. 간식을 받으려고 사람들이 몰리다 보면 보호사가 사람을 치고, 소리 지르고, 욕하면서 응대를 하는 거예요. 난폭한 행동으로 옷을 잡아당겨서 줄을 세운다든지… 그게 너무 무서웠어요.

서울의 한 대형 병원을 제외하고는, 제가 다녔던 대다수의 병원에서 보호사분들이 정도만 다를 뿐 굉장히 부적절한 언행을 하는 경우가 많았어요. 보호사들 대부분이 30~50대 남성이거든요. 청소년 환자에게 '쟤가 꼬리 치고 다닌다'라고 말한다든지…. 직접적으로 성희롱을 하지 않더라도 (여성에 대한 태도가) 간접적으로 드러나는 이야기를 들으며 너무 무서웠어요. 그 사람들의 말과 행동이 다 영향을 줘요."

정신과 병동에는 의사나 간호사뿐 아니라 보호사도 있다. 이들은 간호사와 함께 환자를 돌보는데, 병동 내 질서 유지, 각종 치료 프로그램 참여 시 동행, 투약 시 질서 유지 등 다양한 일을 맡는다. 의사나 간호사와 달리 보호사가 되기 위해서는 딱히 정해진 자격이 없다. 누구라도 보호사가 될 수 있다. 아무런 사전 교육이나 자격 없이 환자와 생활한다는 이야기이다. 규모가 작은 병원일수록 사전 교육 없이 보호사를 투입한다.[1]

내가 직접 폭력을 겪지 않는다고 하더라도, 다른 환자에게 가해지는 폭력을 목격하는 일은 대단한 정신적 스트레스를 준다. 무엇보다 저 사람들은 나를 보호하기 위해서 이곳에서 일하는 사람들 아닌가. 보호받아야 할 곳에서 상처를 입을 때, 더 이상 갈 곳이 없다고 느낄 수 있다.

또 이러한 경험은 환자가 빈곤할수록, 서울에서 먼 병원일수록 겪게 될 확률이 높다. 가난한 환자일수록 열악한 환경에 처한 병원에 가게 된다. 다빈과 우용 역시 지방에 위치한 병원과 서울에 있는 대형 병원에서의 입원 경험을 비교하며, 서울에 있는 대형 병원의 시스템에 감탄했다고 말했다. 문제는 누구나 좋은 병원에 접근할 수 있지 않다는 것이다. 돈이 있다고 해도 병상이 부족해 입원하지 못하는 경우도 있다.

미국에서 사는 현지의 입원 경험을 비교해 보면 좋겠다. 현지는 학교에서 상담을 받으며 자살을 시도한 적이 있다고 말했다가, 수갑이 채워진 채로 안에서 문이 열리지도 않는 경찰차에 태워져 병원으로 이송됐다. 그곳에서 모든 소지품을 뺏기고 옷도 갈아입어야 했다. 배고프다고 하니 음식을 제공해 줬는데 "절대 무엇으로도 스스로를 해칠 수 없는 음식들과 식기류"를 주었다고 했다.

"첫날에는 몸이 막 부들부들 떨리는데 약을 못 먹었어요. 왜냐하면 (약을 설명하는) 이 종이, 저 종이 다 읽어봐야 하고 상담을 해야 해서요. 엄청 꼼꼼하게 약을 이해시키고 뭘 먹을지 선택하게 해요.

몸의 경련이 잦아들면서 느꼈던 게 뭐냐면, 이 사람들이 어쨌든 날 억압한 거잖아요. 폭력을 써서 가둔 거잖아요. 그게 폭력인 건 맞는데, 스스로를 해치려는 나를 제압한 거구나. 엄청 고통스러운 혼돈 속에서 일단 이 사람들이 나를 폭력적으로 억누름으로써, 폭력을 휘두르는 내가 어떤 것도 할 수 없게 만드는 거죠. 그렇게 되니까 온전한 피해자로서의 나를 (제대로) 마주한다는 느낌을 받았어요. 그러면 정말 불쌍해요, 이 사람이."

현지가 입원했던 병원은 모든 환자를 15분마다 한 번씩 체크한다. 잠을 잘 때도, 화장실을 갈 때도, 문은 열려 있다. 마치 죄수를 다루듯이 환자를 살핀다. 현지가 보여준 시간표는 정말이지 정신질환자를 위해 완벽하게 짜여진 시간표였다. 일어나 씻고, 아침을 먹고, 약을 먹은 뒤 '커뮤니티 미팅'을 갖는다. 그곳에서 한 명씩 돌아가며 오늘의 목표에 대해 말한다. 이후에는 수업을 듣는다. 명상법, 감정 조절법, 타인과의 상호작용법, 문제해결법 등. 오후에도 그룹 치료, 핵심 믿음Core Belief, 중독을 다루는 방법에 관한 수업, 미술 치료 등 치료와 관련한 다양한 수업을 듣는다.

현지가 겪은 병원이 미국의 시스템 전반을 대표한다고는 할 수 없다. 현지가 살던 주는 대학이 많은 곳이어서 고학력자가 유독 많고, 다른 지역보다 진보적이고 복지 제도가 잘 갖춰진 편이었다. 병원은 무척 큰 규모였는데, 현지는 정신병동 중에서도 고기능高機能 환자가 있는 곳에 머물렀다. 다른 곳은 상황이 또 달랐을 것이다.

문제는 돈이다. 현지는 병원에 머무는 72시간 내내 퇴원 후 폭탄처럼 청구될 병원비를 걱정하며 두려워했다. 천만다행히도 현지가 다니는 학교에서 일부 보험처리를 해주어서 병원 내 병동 사이를 이동하기 위해 탔던 앰뷸런스 이송 비용만 내면 됐다. 30분도 채 되지 않았으나 2,000달러(한화로 약 230만 원)가 청구됐다. 현지는 36개월 할부로 이 비용을 갚고 있다.

다빈과 우용, 현지의 치료 경험은 의료 제도 안의 돌봄에 있어서 발생할 수 있는 통제와 폭력의 각기 다른 모습을 보여준다. 우용은 동등한 파트너로서 다빈을 돌보는 것의 어려움을 반복해서 이야기했다. 이들은 아픈 사람의 선택권과 자율성을 존중하면서도 효과적으로 치료하기 위해 계속해서 대화를 나누고 의견을 조율해 가며 치료 방향을 탐색했다. 쉽지 않은 일이었지만 불가능하지는 않았다. 끊임없는 타협과 협상을 통해 이들은 감시자가 아니라 보호자가 되기 위해 애썼다.

한국의 의료 체계 안에서, 특히 정신질환 환자에게 있어서 돌봄은 지배가 되기 쉽다. 병원 안에서의 돌봄은 통제를 통해 문제 상황을 방지하고 제거하는 것에 초점이 맞춰져 있다. 그 안에서 돌봄을 받는 사람은 '막 대해도 되는' 어린아이처럼 여겨진다. 입원을 하지 않고 통원 치료를 받는 환자도 마찬가지이다. 이들은 치료 과정에 적극적으로 참여하는 행위자라기보다는 전문가 집단이 만들어 놓은 치료 방식을 순순히 따라야만 하는 수동적인 수용자로만 다뤄진다. 이 같은 관계의 불균형에 불편함을 호소하는 여자들이 많았다. 딸기는 병원에서 자꾸만 혼난다고 했고, 지은은 우울증을 앓는다고 말할 때마다 자신이 하는 말이 전부 힘을 잃는다고 말했다.

아픈 사람을 돌보는 일은 그들을 통제하고 관리하는 것이 아니라 새로운 관계를 만드는 일이다. 환자를 곁에서 보호하고 돌볼 책임이 있는 일을 전문적인 훈련을 받지 않은 사람에게 값싼 노동으로 시키는 것은 결국 병원 내에서도 돌봄노동의 가치를 제대로 인정하지 않고 저평가해 왔다는 것을 의미한다. 우울증 문제를 단순히 병원 치료로 환원할 수 없는 이유는 병원 내에서도, 병원 밖에서도 무수히 많은 돌봄이 생략되어 있고, 새롭게 논의해야 할 이야기가 아직도 많이 남아 있기 때문이다.

타인을 돌보는 것의 무게

한경과 만나 대화를 하다 보면 숨통이 트였다. 조울증에 대해서 상처받지 않으면서도 동시에 너무 심각해지지 않은 채로 대화를 나눌 수 있었기 때문이다. 그와는 조울증과 관련해서 우리만의 농담을 나눌 수 있었다. 남자인 한경은 정신질환 당사자는 아니지만 가족 안에 우울증 내력이 있었고, 주변 친구 중에 정신질환을 앓는 당사자가 많았다. 무엇보다 연인이 병명을 찾아나가는 과정을 곁에서 지켜본 사람이기도 하다.

한경의 친구는 대부분 여자이다. 이들 중 많은 수가 우울해하거나 불안해하며, 삶의 내력을 들여다보면 그럴 수밖에 없을 만큼 굵직한 상처를 갖고 있다. 한경은 여자들과 가까이 지내며 딜레마를 느꼈다고 말했다.

"여성과 남성이라는 구도로 보면 나는 남자의 몸을 갖고 태어났는데 어떻게 여성의 몸을 갖고 태어난 친구들을 이해한다고 말할 수 있을까. 이런 자기 의심이 늘 있었어. 여성 남성 구도에도 적용되지만, 내가 경험하지 않은 상처를 가진 친구들을 어떻게 공감한다고, 이해한다고 말할 수 있을까. 상처를 (쉽게) 이해하는 건 (어떤 의미에서는 당사자가 가진 고통의) 고유함이 존중되지 못하는 일이기도 하잖아. 내 상처가 보편적이라는 데에서 구원이 생길 수도 있지만, 내 상처가 유일하고 고유하다는 데에도 구원이 생길 수 있다고 생각했어. 특별한 상처임을 인정받는 거니까.

당시에는 사회의 공감이 모든 것의 해결책인 것처럼 여기는 분위기가 있었는데, 나도 거기에 휩쓸렸던 것 같아. 그 무렵에 나는 (타인을) 돌본다, 그리고 '한남'이 되지 말자. (이 두 가지에 몰입해 있었어.) 그 모든 게 연결되어 있었던 것 같아. 그러다 보니까 힘든 것을 내가 해야만 한다고, 무리해야 한다고 느꼈고."

독박 돌봄은 누구에게나 과중한 일이다. 한 사람이 짊어져야 할 무게가 너무 무거워지면 우리는 누구도 돌보려 들지 않을 것이다. 연인 사이의 돌봄이 문제가 되는 것은 이 관계가 일대일이라는 점에서도 기인한다.

한 침대에 누워서 드라마를 보다가도 한경이 화장실이라도 가려고 하면 연인은 화들짝 놀라며 "어디 가?" 묻곤 했다. 한경은 그때마다 겁이 났다고 말했다. 내가 없어도 괜찮은 연인의 모습을 보고 싶었지만, 이런 마음을 표현하기는 어려웠다. 연애의 막바지에 이르렀을 땐 혼자 있고 싶을 때가 많았다. 집에 돌아가는 게 무서워서 일부러 빙 돌아가는 길을 선택할 때도 있었다. 우울한 연인의 활력소여야 한다는 것, 내 안에 누적된 고단함을 뒤로한 채 연인을 돌봐야 한다는 사실에 중압감을 느꼈다.

284

당시 나의 연인은 병명을 찾아내지 못하는 상황이어서, 우리는 그때 우리가 어디에 있는지를 명확히 살피기 어려운 상황에 처해 있었다. 연인이자 돌봄 제공자로서 내가 겪은 딜레마는 연인의 병증이 앞으로 낫지 않을지도 모른다는 가능성, 즉 병증을 연인의 정체성 중 하나로 여기기로 결정하는 태도와, 동시에 연인의 병증을 치료해야 할 대상으로 여기며 부단히 그것을 없애기 위해 노력해야 하는 데에서 비롯되는 것이었다.

당시 내게 있어 병증을 연인의 정체성 중 일부라고 여기는 건 연인으로서, 한남이 되고 싶지 않은 남성으로서, 포기해서는 안 될 것을 포기하는 것처럼 느껴졌다. 사랑하는 사람을 저버리는, 내가 괴물이라고 여기는 그런 인간이 되어버리는 것 같은 두려움을 느꼈다. 그러나 한편으로 연인을 치료할 수 있는 길을 계속 모색하는 것은 어떤 면에서는 폭력이라고 느꼈다. 정확한 병명을 찾기까지 얼마 남았다, 결국에 우리는 (병명을) 찾아낼 것이기에 힘을 내야 한다, 등등 연인에게 온갖 희망과 힘을 불어넣으려 애썼던 내 모든 말들은 응원이었던 동시에 엄청난 압박으로 다가갔을 것이다.

이러한 딜레마에서 나의 입장을 명확하게 하지 않고 계속 흔들리며 보냈던 시간들은 나를 취약하게 만들었고, 그래서 나의 상태 역시 우울로, 불안으로 떨어졌다. 그때의 연인에게 제안했던 협상 중 하나는 '혼자 있을 시간을 달라'라는 것이었다. 우리는 그때 원룸에 살고 있었는데, 내가 원룸의 특정 구석에 자리를 잡고 앉으면 알은체하지 말아달라고 요구했다. 좋지 않은 상태에 있던 연인은 자신이 거부당한 느낌을 갖게 되었고, 내 협상은 수포로 돌아갔다.

두 사람이 연애를 시작한 지 두 달 뒤부터 연인은 서서히 아프기 시작했다. 이후 2년 반 정도를 함께하다 둘의 연애는 끝났다. 처음 만난 시절 한경은 스물 넷, 연인은 스물 셋. 둘 다 무척 어린 나이였다.

연인 사이의 돌봄이 답이 될 수 없는 또 다른 이유는 누구나 연인을 만들고 싶어 하거나 만들 수 있는 것이 아니기 때문이다. 만약 돌봄이 로맨틱한 관계에서만 가능하다면, 돌봄은 많은 부분 매력적이거나 로맨틱한 관계를 만드는 일에 관심이 많은 사람만이 누릴 수 있는 것이 된다. 우리에게는 연인 혹은 부부와 같은 일대일 관계 이외의, 이전에 없던 돌봄 관계를 만들어 낼 수 있는 새로운 상상력이 필요하다.

돌봄 공동체로서의 페미당당

나는 2016년 5월부터 2019년 12월까지 젊은 페미니스트 활동가 그룹인 '페미당당'에서 활동가로 지냈다. 페미당당은 대다수가 대학에서 만난 친구들로 이루어진 곳이다. 페미당당은 활동가 그룹이기도 하지만, 돌이켜 보면 서로에게 돌봄 공동체 역할을 했다고 생각된다. 서로를 돌보는 공동체이자, 실제로 세상을 바꿔 나를 힘들게 하는 사회문화적 조건들을 직접 변화시키는 함께 돌봄의 공동체였다.

페미당당이라는 돌봄 공동체에서 핵심적인 역할을 한 요소들이 있다. 우리에게는 '페미 하우스', 줄여서 '페하'라고 부르는 장소가 있었다. 대체로 페미당당 구성원 중 몇 명이 함께 사는 집이 페하가 됐다. 페하는 페미당당 활동을 위한 회의 장소가 되기도 했고, 시시껄렁하게 모여 같이 밥 먹고 노는 놀이터이기도 했고, 가족이나 애인으로부터 위협을 받을 때 도망칠 수 있는 피신처가 되기도 했다. 페미당당 내에서 주고받은 돌봄에 대해 묻자 많은 친구들이 공간을 제공받은 경험을 이야기했다. 지금도 페미당당 구성원 중 많은 수가 함께 산다.

또한 우리는 단체 채팅방에서 거의 모든 것을 얘기했다. 각자의 가정폭력과 성폭력의 역사, 몸에 대한 강박, 애인과의 갈등, 성 정체성 등등. 그곳에서 상처를 털어놓음으로써 나만 이런 일을 겪은 것이 아니라는 감각을 일찌감치 가질 수 있었다. 힘든 일이 있으면 서로 달래주고 위로해 주고 편을 들어줬다. 또 함께 무언가를 지향함으로써, 그리고 '안티페미니스트'라는 공동의 적을 둠으로써, 페미당당은 단결했다.

무엇보다 페미당당의 돌봄이 그럭저럭 성공적일 수 있었던 것은 일대일이 아닌, 열한 명 모두가 서로 돌아가며 보살필 수 있었기 때문이다. 모든 SOS 요청에 언제나 응답할 수 있는 것은 아니다. 때로는 우울해서, 에너지가 부족해서, 바빠서, 혹은 그냥 별 것 아닌 일을 하느라고 친구의 요청에 답하지 못할 수 있다. 그럴 때는 여유가 있는 사람이 친구에게 갔다.

페미당당에서 활동가로 지내며 오랜 시절부터 있어온 참을 수 없는 공허감이 사라졌다. 망망대해에 스티로폼 박스를 붙잡고 떠다니는 것만 같은 외로움, 세상으로부터 고립된 느낌이 어느 순간 사라졌다. 이것이 페미당당 활동 때문인지, 나이를 먹어서인지, 이 책 작업 때문인지는 모르겠다. 그러나 페미당당의 다른 친구들도 비슷한 느낌을 갖게 됐다고 했다.

　페미당당 활동 전후로 달라진 게 있느냐고 묻자 친구들은 이렇게 말했다. "내가 취약할 때 그 사실을 알리고 도움받는 걸 부끄럽게 생각하지 않게 됐어", "좀 더 응석 부리는 것에 너그러운 사람이 된 것 같아. 스스로에게도, 주변 사람들에게도", "내가 사랑받을 만한 사람이라는 걸 알게 됐어. 누가 나를 비난하거나 무시해도 나에겐 돌아갈 자리가 있다는, 온전히 존중받을 자리가 있다는 사실이 나를 자유롭게 해줘", "기죽지 않게 된 것 같아. 부족하고 못난 부분까지 모두 아는 친구들이 있고, 다 알면서도 나를 좋아한다고 말해주니까".

　친구들은 자신이 돌봄을 받은 경험은 잘 털어놓았지만, 자신이 돌봄을 제공한 경험은 선뜻 말하기 어려워했다. 돌봄을 제공한 사람은 자주 자신의 경험을 털어놓을 기회를 놓친다. 아픈 사람은 회복에 집중할 기회가 주어지지만, 돌본 사람은 그럴 시간을 갖기 어렵다.

　예지는 자살 시도 후 깨어난 뒤, 페미당당 단체 채팅방에 자신에게 무슨 일이 있었는지 이야기를 털어놨다. 우리는 그날 밤 모두 예지 집에 모였다. 가서 특별히 무슨 얘기를 나눴던 건 아니었다. 예지를 안아줬고 텔레비전을 켜놓고 〈프로듀스 101 시즌2〉를 보며 그에 대한 시답잖은 이야기를 나눴다. 예지는 모두가 자신의 집에 와주었던 바로 그날이 돌봄과 관련한 핵심 기억이라고 했다. 예지가 병원에 입원해 있을 때 친구들에게 받았던 편지와 연락 역시 예지를 계속 살아갈 수 있도록 붙잡아 두었다고 했다. 한편 미섭은 그날의 기억을 여전히 소화하기 힘들어한다.

"예지가 나중에 얘기하기를, 한강으로 갔던 날 친구한테 문자가 왔는데 그거를 보면 못 죽을 것 같아서 안 봤대. 그 말을 듣고 내가 어떻게 할 수 없는 거구나 싶었어. 우리의 도움으로 예지를 살릴 수 있었던 것도 아니었고, 우리의 도움 때문에 살아난 것도 아니었고. 그게 충격이었던 것 같아. 무의식적으로 주변 사람들이 도와주면 그런 일은 막을 수 있을 거라고 생각을 해왔나 봐. 근데 전혀 그럴 수 없는 상황이었잖아. 그래서 세계관이 좀 허무하게 바뀌었다고 해야 하나….

그날 예지 집에 가면서 우리의 우정과 상관없이 뭔가 하나만 딱 잘못됐다면 (지금) 장례식장에 가고 있겠구나 싶었어. 장례식에 가면 그 사건을 감당하기 위해 인간이 만들어 놓은 의식들이 있잖아. 그래서 그 경험을 딱 짚고 넘어가게 해주잖아. 그날 예지네 집에 가서 우리가 실없는 얘기 하고 돌아왔는데, 그 일을 소화하기 위한 의식을 못 거친 것 같다는 생각이 들었어. 예지의 일이니까 그 이후로도 친구들끼리 이야기하지도 않았고, 그 일이 내 안에서 아직도 소화가 안 된 것 같아.

예지한테 고마운 마음과 동시에 답답한 마음도 들어. 예지는 그 일을 어떻게 이겨냈고 모두의 지지를 받는데, 그 모두는… 어떡하지? 흔히 막 엄마가 딸을 한 대 때리면서 '야! 이 썩을 년아, 왜 그랬냐!' 이렇게 화도 내잖아. 근데 우리는 정치적으로 올바른 시민이고 좋은 친구이기 때문에 그걸 아무도 안 했잖아. 그런 것들도 사실 좀 필요하지 않나?

돌보는 사람은 조금 덜 힘드니까 돌보는 구조 안에서, 그 장면에서 주인공은 아니잖아. 근데 또 한편으론 아닐 건 뭐야. 그 사건을 어떻게 생각하고 넘어가야 할지 잘 모르겠어. 아직 언어화가 안 됐어. 좀 더 시간이 지나면 주변 사람들도 말할 순서가 오겠지?"

우리의 기억은 모두 다 다르다. 페미 하우스도 누군가에겐 안전한 피신처였지만 누군가에겐 공개적으로 모욕을 들은 수치의 공간이었다. 누군가 돌봄을 받은 경험을 털어놓으면 어느 한쪽 다른 누군가는 그 이야기를 들으며 소외감을 느낀다.

페미당당은 우리 각자에게 너무나도 소중한 곳이었고 그래서 모두가 허둥댔다. 예지는 "내가 살면서 가져본 것 중에 가장 좋은 것. 그래서 어찌할 바를 모르겠는 것"이라고 말했다. 무언가가 너무 소중해지면 갈등에 대처하기가 어려워진다. 페미당당을 잃을까 모두가 두려움에 떨었다. 단순히 친목 모임이 아니라 활동가 단체이니 함께 일을 진행해야 했고, 그러다 보면 의견 대립이나 갈등이 생길 수밖에 없었다. 그런 상황이 벌어지면 지켜보던 다른 친구들의 불안이 시작됐다. 공황 전조 증상이 올 정도였다. 건강한 갈등도 심각하게 느껴졌고, 무조건 조율해야만 할 것같았다.

우리는 엄청나게 많이 싸웠다. 행복한 순간만큼 지긋지긋할 정도로 서로를 미워하고 질투한 순간도 많다. '함께'라는 감각이 진해질수록 이곳에서 배제될 수도 있다는 두려움도 커졌다. 페미당당이라는 경계선이 뚜렷해질수록 안정감과 함께 불안함 역시 생겼다. 서로에게 다정해지는 것은 '서로'가 아닌 사람들에게는 무심해진다는 뜻도 됐다. 페미당당은 내부에서 안전해지기 위해 외부에는 배타적인 태도를 보였는데, 이상하게도 페미당당 바깥의 사람을 밀어낼 때마다 정작 내가 페미당당에서 밀려나는 기분을 느꼈다.

페미당당 이야기를 하는 것이 다소 어렵게 느껴진다. 페미당당은 그 시절 나를 밀도 높게 돌보았고, 그 안에서 이전에는 느껴보지 못한 대단한 연대감을 가질 수 있었고, 친구들을 엄청나게 사랑했고, 그것이 나를 살렸지만, 또 나에게 상처와 우울과 불안과 견딜 수 없는 소외감을 남겼다. 그 소외감을 견디지 못하고 나는 처음으로 페미당당을 나온 사람이 됐다. 아직도 페미당당 생각을 하면 마음이 복잡하고 약간은 서글프다. 애써 좋은 기억을 떠올리려 한다. 함께라는 감각과 소외감을 어떻게 동시에 느낄 수 있는지 잘 모르겠지만, 어쨌든 부인하기 어려운 사실이다. 이런 양가적인 감정이 돌봄의 본질이 아닌가 싶다.

우리 사회에는 돌봄이 제도적으로 부족하기도 하지만, 나는 돌봄 문제를 제도적으로 해결하자고 주장하는 것은 다소 공허하다고 생각한다. 돌봄이 제도적으로 충분히 뒷받침된다고 하더라도, 어찌 되었건 구체적인 돌봄의 수행은 인간과 인간 사이의 긴밀한 상호작용을 통해 이루어지기 때문이다. 또 돌봄노동의 복잡한 특성을 제대로 들여다보고 우리 사회를 지탱하는 돌봄의 가치를 재평가하지 않는다면, 이 일은 또다시 불안정 노동과 저임금 노동이 되어 여성의 몫이 되고, 그 구조 안에서 여성 노동자는 또다시 스트레스를 홀로 감당하며 고립될 것이다.

그것이 자기 돌봄이든, 서로 돌봄이든, 함께 돌봄이든, 또 의료 제도 안의 돌봄이든 바깥의 돌봄이든 우리는 서로를 돌보는 사람들의 경험을 통해 돌봄의 관계적, 맥락적 속성을 치열하게 사유해야만 한다. 그러면서 돌봄을 어떻게 실현해 나갈지를 구체화하고, 돌봄의 가치를 재평가하고, 끊임없이 다시 시도하고 실험하며 이전과는 완전히 다른 삶의 모습을 만들어 가야 한다. 질병, 아픔, 고통을 지워야 할 것이 아니라 함께 살아가야 할 것으로 다시 받아들이는 것처럼, 돌봄의 과정에서도 우리는 다양한 갈등과 미움, 질투와 억울함 등을 지우고 부정하기보다는 함께 머무르며 나아가야 한다. 돌봄은 언제나 종착지가 아니라 과정에 있다.

292

처 방 전

의료보험 ②의료보호 ③산재보호 ④자동차보험 ⑤기타( ) 요양기관번호:

교보 연월일 및 번호		년 월 일 - 제 호		의 료 기 관	명 칭	
자	성 명				전화번호	
					팩스번호	
	주민등록번호				e-mail 주소	
병 류 호		처 방 의료인의 성 명	(서명 또는 날인)		면허종별	
					면허번호	

* 환자의 요구가 있는 때에는 질병분류기호를 기재하지 않습니

처방 의약품의 명칭	1회 투약량	1일 투여 횟수	총 투약일수
산리톱정_(300mg/1정)	2.0000	1	7
프람정 10mg(에스시탈로프람옥살산염)_(12.77mg/1정)	1.0000	1	7
르탁스정 15mg(미르타자핀)_(15mg/1정)	1.0000	1	7
리티코정(트라조돈염산염)_(50mg/1정)	1.0000	1	7
보트릴정(클로나제팜)_(0.5mg/1정)	1.0000	3	7

9장   회복

**내가 약할 그때에,
오히려 내가
강하기 때문입니다**

조

주사제 처방내역(원내조제 □ 원내처방 □)

-용기간   교부일로부터 ( )일간   .   사용기간 내에 약국에 ㅈ

의약품 조제내역

제 역	조제기관의 명칭			처방 대
	조제약사	성명	(서명 또는 날인)	
	조제량 (조제일수)			

295 우리는 기억으로 인해 고통받는다. 극심한 고통은 기억을 와해시킨다. 우리는 기억으로 만들어진 존재이기에 기억이 무너지면 자아도 와해된다. 고통에서 벗어나는 과정은 산산이 무너지고 흩어진 기억을 모아 재구성하며 시작된다.

고통의 한가운데에 있을 때는 이 작업이 불가능하다. 기억은 혼란스럽게 흩어져 있고 때로 삭제되어 있다. 고통은 인지능력을 떨어뜨리고, 언어를 무너뜨리고, 몸을 마비시키고, 현실과 나를 분리시키고, 자아를 여러 개로 쪼개놓는다. 무엇보다 제대로 숨을 쉴 수 없게 만든다. 축축한 땅 위에서 지금을 살고 있다는 느낌을 받을 수 없다. 많은 여자들이 이렇게 말했다.

"그때 제가 이상해졌어요."

심리학에서는 의식, 기억, 정체감, 환경에 대한 지각 등과 같이 정상적으로 통합되어야 하는 성격 요소들이 붕괴되어 나타나는 상태를 해리解離, dissociation라고 한다. 트라우마 이론에서 이는 트라우마 경험을 견디게 해주는 정상적인 방어 반응이다. 외부의 폭력과 침범으로부터 살아남기 위한 생존 반응인 것이다. 유진은 미리 우울을 느껴서 낙차를 만들지 않는 것이 어린 시절의 "생존 전략"이었다고 말했다. 그러나 너무 자주 혹은 너무 이른 시기에 겪는 트라우마 경험은 고통의 순간이 지나간 뒤에도 내 몸에 남아 삶을 침식한다.

자연재해, 전쟁, 생명을 위협하는 사고, 가까운 이의 죽음, 학교폭력, 가정폭력, 성폭력 등을 경험한 사람들이 트라우마 증상을 보인다. 트라우마 이론은 참전 군인에게서 나타나는 신경 쇠약의 원인을 찾고, 해석하고, 치료하는 과정에서 탄생했다.

내가 만난 여자들의 고통은 아직 역사가 되지 못했다. 이들은 낯선 적군이 아니라 자신을 사랑한다고 말하던 사람들에게서 폭력을 겪었다. 이들에게는 일상이 재난이며 전쟁터이다. 누구에게도 인정받지 못하는 재난이며, 홀로 고립되어 싸우는 전쟁이다.

타인과 고통을 나눌 수 없는 상태에서, 또 탈출할 수 없는 환경에서 반복적이고도 지속적으로 폭력에 노출되면, 현실에서 벗어나는 게 아니라 현재 의식에서 탈출함으로써 폭력 상황을 견디게 된다. 그것이 해리 증상이다. 해리는 한 번에 이루어지는 경험이 아니라, 고통으로부터 탈출을 시도했다가 이것이 좌절되는 경험을 여러 번 반복하며 이뤄진다. 피해자는 영원히 이곳을 탈출할 수 없을 것이라는 무력감을 학습하게 된다(하지만 그렇지 않다).

가정폭력, 데이트폭력, 성폭력 등의 '친밀한' 가해자는 피해자의 삶 구석구석을 통제하려 든다. 그는 자신의 행동을 정당화하기 위해 피해자를 가해에 동참시킨다. 폭력을 승인한 것처럼 만든다. 감사와 사랑과 존경을 표하게 만들며 피해자가 이 관계를 스스로 납득하게 만든다. 가해자는 피해자가 이 폭력을 자발적으로 수용한 것으로 여기게 함으로써 피해자를 파괴한다. 가해자는 피해자가 행동의 주체성을 가지고 있다는 사실을 계속 확인시키면서 폭력의 상황에서 피해자를 혼란스럽게 만든다.

가해자는 변덕스럽고, 비일관적이고, 예측 불가능하고, 사소한 규칙을 통해 피해자를 통제한다. 규칙이 많으면 지키기 어려워진다. 피해자가 규칙을 따르지 못하면 가해자는 피해자를 비난한다. 반복되는 비난 속에서 피해자는 자신이 잘못했다는 감각을 갖게 된다. 그러나 그 규칙은 애초에 지킬 필요가 없는 규칙이다.

몸은 자아를 구성하는 핵심 요소이다. 가해자는 피해자가 먹는 것, 입는 것, 만나는 사람을 통제함으로써, 즉 피해자의 몸을 완전히 지배하면서 피해자의 정신까지 장악하려 든다. 변덕스럽고 비일관적으로 행해지는 폭력은 피해자가 가해자의 행동을 예측 불가능하게 받아들이도록 하면서 일상에서 느끼는 두려움을 증폭시킨다. 가해자는 피해자에게 가끔씩 너그럽게 대함으로써 피해자의 심리를 더욱 효과적으로 파괴한다. 일상이 재난인 상황에서 가해자가 때때로 베푸는 아주 사소한 관대함은 피해자에게는 달콤한 유혹처럼 느껴진다. 피해자는 폭력의 상황을 벗어나기보다 적응하며, 가해자가 때때로 베푸는 아량에 감사하게 된다. 피해자는 다른 사람들과 단절되며, 점차 고립된다. 그러면서 가해자는 피해자가 오롯이 자신에게만 의존하게 만들고, 자신의 규칙을 옳다고 여기게 하고, 자신이 보는 대로 세상을 보도록 만든다.

피해자가 가해자에게서 벗어난 뒤에도 폭력의 흔적은 몸에 고스란히 남는다. 관련된 기억을 유발하는 작은 단서만 마주쳐도 몸은 고통을 다시 경험한다. 이 반응은 의식적으로 막을 수 없다. 즉, 트라우마는 고통을 다시 경험하게 하거나, 혹은 회피하게 하거나, 큰 감정을 불러일으키거나, 자기를 혐오하게 하거나, 고립되게 하거나, 믿지 못하게 하거나, 문제를 축소하게 하거나, 감추려 해도 친밀한 관계에서 다시 문제를 만들거나, 피해를 반복하게 만든다.

내가 만난 여자들은 대체로 자신의 고통을 말할 수 있는 단계에 이른 사람들이었다. 고통을 말할 수 있다면, 고통을 회복하는 과정이 시작된 것이다. 그러나 트라우마를 유발한 핵심 기억에 다가갈수록 언어화하기 힘들어하는 경우도 있었다. 기억이 지워졌거나 파편화되어 있기도 했다. 고통의 한가운데에 있을 때는 세상과의 연결이 단절되고 옳고 그름, 건강한 거리감 등의 감각이 무너진다. 머리에서 느끼기 전에 몸에서 먼저 반응한다. 마치 그 사건을 경험한 순간으로 되돌아간 것처럼.

참전 군인의 신경쇠약과 여성의 히스테리아가 연구 대상이 되고, 중요한 고통으로 취급받기 위해서는 이들의 고통이 기억할 만한 중대한 고통이라고 주장하는 정치적 운동이 필요했다. 트라우마 이론이 정립된 배경에는 1960년대에 진행된 세계적인 반전운동과 참전 군인의 증언이 있었다. 여성의 성폭력과 가정폭력, 그리고 아동학대가 가시화된 배경에는 '가장 개인적인 것이 가장 정치적인 것이다'라고 외치는 1960년대의 제2물결 여성주의운동이 있었다.

299 나는 이삼십 대 여성의 고통을 기록하는 작업을 진행하면서 이것이 필연적으로 정치적인 활동임을 알았다. 고통을 고통이라고 부르기 위해서 이 고통이 사소하지 않다고 주장하는 일은 다분히 정치적이다. "전쟁도, 민주화운동도, 굶주림과 궁핍도 겪지 않은 너희가 도대체 무엇이 아프다는 것이냐" 하는 물음에 끈질기게 맞서야 한다. 이러한 시도는 2015년 이후부터 소위 '메갈' 세대로 불리는 젊은 여성들의 다양한 사회운동과, 페미니스트로서의 집단적인 각성 없이는 불가능했다. 많은 여자들이 자신의 고통을 가시화하기 위해 직접 자발적으로 나에게 증언을 해주었다.

고통에 관한 다양한 이론이 있지만, 핵심은 비슷하다. 치유를 위해서는 먼저 '안전하다'라는 감각을 회복해야 한다. 그다음, 언어를 통해 지나간 고통의 기억을 애도하고 통합하여, 고통이 파괴한 것과 가르쳐 준 것 모두를 간직한 채로 나를 새롭게 재창조해야 한다.

무엇보다 안전하다고 느껴야 한다. 또한 고립되지 않아야 한다. 타인과, 나아가 공동체와 연결되어야 한다. 자신의 고통을 '엄살'로 보지 않는 공동체에서 사회적, 정서적 지지를 충분히 받아야 한다. 편애를 받아야 한다.

이야기를 털어놓고, 이를 들어주고, 또 믿어주고, 서로가 연결되며 혼자가 아님을 알게 되고, 여러 자원을 통해 고통에 이름을 붙이고, 억울함이 어디서 기인했는지를 알고, 나아가 이것을 개인적인 차원이 아니라 사회적인 차원에서도 '중요한' 고통으로 만들며, 스스로 자신의 고통에 다시 이름을 붙이는 과정까지. 이 작업의 전체 과정이 내가 스스로 회복하는 과정이었다. 누구도 대신 해주지 않아 나와 같은 사람들을 찾아다니며 한 일이었다.

고통은 이야기가 되기를 기다리고 있다. 여전히 많은 사람의 몸과 마음속에 꺼내지지 않은 수많은 고통이 들어 있다.

이 책에서 우울증을 둘러싼 다양한 역사적·사회적·의학적 맥락들을 살펴보았다. 우리에게는 이제 우울증과 관련한 다양한

300

버전의 이야기들이 있다. DSM 체계 내 진단, 제약회사와 항우울제 이야기, 트라우마 이론, 어린 시절 가족 간의 역학, 상담실 안에서 행해지는 임상심리 이론들, 무속신앙, 자살에 관한 철학적 담론들, 서로 돌보고 돌봄 받기 위해 애써온 사람들의 고군분투, 한국에서 여성으로 산다는 것의 의미… 이 같은 자원은 모두 재료가 된다. 이들을 활용해 어떻게 자신만의 이야기를 만들어 갈지는 이제 당신에게 달려 있다.

살펴보았듯 당신에게 자원이 될 각각의 이야기에는 모두 여성을 배제하고 소외해 온 역사가 있다. 온전하지 않다. 그러나 도나 해러웨이Donna Haraway가 지적했듯, 우리는 애초에 불순한 존재이다. 이용할 만한 것들은 취하고, 아닌 것은 버리거나 고쳐 쓰면된다. 분명한 것은 "우리 없이는, 우리에 대한 것은 없다".

이미 많은 여성이 그렇게 하고 있다. 수없이 쏟아져 나오는 정신질환 수기들을 보라. 나는 의학 지식을 만들고 적용하고 활용하는 일련의 과정에 전문가만이 참여할 수 있다는 생각에 반대한다. 그들에게만 발언권이 주어지는 것에 반대한다. 여자들은 우울증을 둘러싼 의학 지식의 생성과 실행에 체현된embodied 경험의 주체로서, 자기 몸의 전문가로서 참여하고 있고 참여해야한다.

그 과정 역시 당사자로서 나와 관련한 지식과 경합하고 협상하고 고쳐나가는 과정이라는 점에서 일종의 돌봄이라고 본다. 많은 여성들이 의학 전문 지식에 종속되고 그것의 판단과 권고를 단순히 받아들이기보다는, 그 시기를 지나 의학 지식을 하나의 이용 가능한 자원으로 활용한다.

이야기의 결말을 바꾸는 여자들

우울증에서 벗어나기 위해서는 우울증을 싫어해야 한다. 고통에 익숙해진 나머지 거기에 안주하고 싶은 유혹을 떨쳐야 한다. 슬픔을 느끼는 만큼 기쁨을 누리는 법을 배워야 한다. 강렬한 불행 대신 싱거운 행복에 익숙해져야 한다. 머릿속에서 반복해서 재생되는 이야기를 다른 버전으로 쓰기 시작해야 한다. 틀린 것을 알아보는 것만큼 옳은 것을 발견하고 그곳에 머물 줄 알아야 한다. 지금보다 덜 고통스럽고 더 행복한 삶을 살고 싶어 해야 하고, 그러기 위해 애쓸 것이며, 그게 나와 잘 어울린다는 마음을 먹어야만 한다. 이것은 대단히 어렵고 엄청나게 두려우며 또한 결정적인 선택이다. 그나마 위안이 되는 것은 과거 자체는 바꿀 수 없지만, 현재와 미래는 조금씩 달라질 수 있다는 것이다. 고통의 기억은 지워지지 않겠지만, 이야기의 결말은 아직 맺어지지 않았다.

어린 시절 겪은 학대와 가난의 경험을 이야기해 주었던 민지는 디지털 성폭력 근절 운동을 하는 활동가이다. 민지는 디지털 성폭력 근절 운동이 "속성상 사람을 망가뜨린다"라고 했다. 여성 활동가는 또래 여자들이 성폭행당하는 영상을 계속 본다.

"너무 많은 수의 가해자를 상대해야 해. 허공에 손짓하는 것 같은 그런 활동들로. 이 활동을 하는 이상 평생 우울할 거야. 평생 화날 거고. 계속 주변 사람들 자살 이야기를 들을 거고, 나랑 같이 활동하던 가장 용감하고 똑똑하고 이타적인 여자들이 기력을 잃고 아파하는 모습을 봐야 할 거고. 그걸 각오하기로 했어.

난 두려움보다 분노가 훨씬 커. 이상한 대답일 수도 있는데, 내가 제일 미쳤다고 생각해. 가해자가 진짜 극악무도한 짓을 저지른 '또라이'여도 인간 대 인간으로 만나면 내가 이기리라는 확신이 있어."

민지는 하하하 웃으며 말했다. 어린 시절 겪은 우울과 절망의 경험이 자신을 쇠심줄같이 단단하게 만들었다고 했다.

"난 이미 인생의 쓴맛을 많이 봤거든. 그래서 (이런 활동을 할 때도) 타격이 덜한 것 같아. 싸울 때 무뎌지는 면이 있거든. 별로 두렵지 않아. 그리고 걔네(가해자)가 이해가 돼. 공감한다는 게 아니라 무엇 때문에 이렇게 됐는지 느낌이 와. 그래서 대응을 더 잘할 수가 있어.

예전엔 무력하고 초라한 나를 미워했지만, 이제는 약자인 내가 아니라 부당한 권력과 시스템을 미워하고 항의하기로 했어. 난 살아남아서 해낼 거야. 인생 한 번인데 자살로 끝낼 수는 없어."

내가 약할 그때에, 오히려 내가 강하기 때문입니다

세리는 정상성 자체를 믿지 않게 됐다고 말했다. 질병을 단점으로 받아들이지 않는다고 했다.

"자신이 가졌던 세계에 대한 환상이 깨질 때, 필연적으로 우울증이 온다고 생각해요. 내가 믿는 대로 내 모습을 비춰서 세상을 보는 게 아니라, 어떤 사물이나 타인이 존재하는 모습 그대로를 보려면 꼭 필요한 과정인거죠. 그렇다면 우울증을 굉장히 비극적인 것으로 생각할 이유는 없는 것 같아요. 오히려 겪고 나면 자기 세계가 넓어지고 인간에 대해서 더 잘 이해하는 기회가 되는 것 같고요. 막다른 길이 아니라, 지나갈 수 있는 (단지 조금) 좁은 길로 바라보게 됐어요."

지현은 동물보호센터에서 봉사 활동을 한 것이 우울증에 대처하는 데에 도움이 많이 됐다고 말했다. 약물치료만으로는 해결되지 않는 것들이 있다고 했다. 한 명의 개인으로서 성공적으로 사는 삶 말고, 시민으로서 공동체에 참여하면서 무언가를 지지하는 활동을 할 때 회복되는 것이 있다고 했다.

"동물보호센터 자원봉사자분들을 보면서 '이 세상에 좋은 사람이 많구나'라고 느꼈어요. 회사에서도 사실은 좋은 사람이 많았을 텐데, 먹고사는 문제 때문에 그게 잘 안 보일 때가 많거든요. 내가 아픈 고양이나 강아지를 돌보아서 좋은 사람이라는 것이 아니에요. 얘네가 아프니까 피똥 싸고 그러는데, 이거를 자원봉사자들이 치워야 하잖아요. '어, 제가 치울게요.' 하면 '아니에요, 제가 치울게요.' 계속 그러거든요. 그런 사람들을 보면서 인류애 같은 것을 확인하고 또 확인받기도 하고요. (좋은 사람들이) 있다는 건 확실해요. 정치적으로 목소리를 내면서 용감하게 활동하시는 분들을 보면 되게 응원하고 싶고요. 이 작업도 정말 응원하고 싶었어요. 결국에는 저는 그런 사람들을 사랑하는 거죠."

혜림은 학교폭력의 기억을 정리하는 데에 있어서, 장편 BL 소설을 연재하고 출간하는 과정이 많은 도움이 되었다고 했다. 소설의 주제는 '이후의 삶'이었다. BL 소설이라고는 했지만, 주인공 남자 두 명의 사랑 이야기보다는 두 남자의 극적인 사랑에 휘말린 주변 인물들에게 더욱 초점을 맞춰 썼다.

주변 인물들에게 두 남자의 사랑은 인생의 곡절을 만든 원인이었지만, 두 남자에게 책임을 물은 인물은 없었다. '너네 때문에 내 인생이 꼬였다'라고 욕하며 당장 화를 낼 수는 있겠지만, 영원히 남 탓만 하며 지낼 수 없다는 것을 혜림이 만들어 낸 인물들은 알고 있었다.

순식간에 써 내려간 에필로그는 사건이 막을 내리고 50년이 지난 후, 제일 큰 피해를 입은 인물(두 남자 중 한 명의 부인)의 손녀 시점에서 쓰였다. 혜림은 에필로그를 향해 본문을 쌓아 올렸다고 했다.

"가끔 저도 놀랄 때가 있어요. 제가 세상과 스스로를 바라보는 관점이 너무 크게 바뀌어서요. 저는 흑백논리에 찌들어 있던 데다가 학벌 콤플렉스는 물론이고 자기혐오까지 심했어요. 자신에게 엄격한 잣대들을 들이밀며 그걸 충족시키지 못하는 스스로를 후려친다는 건, 결국 남에게도 그만큼 엄격한 잣대를 들이민다는 거잖아요. 저는 너무 쉽게 모든 사람을 판단했어요. 그러나…, 그게 얼마나 터무니없고 부정확한 것인지 이제야 깨달았어요. 8년이 지나서요. 한 사람 한 사람은 모두 고유하기에, 일률적으로 값어치를 따질 수 있는 절대적인 기준 따위는 존재하지 않는다는 것. 우리 살에 묻어 있는 경험들은 모두 공감과 존중의 대상이라는 것. 살아 있는 우리에게 삶보다 중요한 것은 없다는 것."

상처는 자긍심이 될 수 있을까

나의 마지막 질문은 이것이다. 우리의 상처는 우리의 자긍심이 될 수 있을까. 고통을 수용하고 치료하는 것을 넘어서, 이것을 긍정할 수 있을까. 지나온 궤적들이 꺼내기 어려운 기억 속에서 멈춰 있지 않고 새로운 길로 나를 이끄는 동력이 될 수 있을까.

모든 소수자 운동은 자긍심을 필요로 한다. 나를 고통스럽게 만들고, 공동체에서 소외되게 만든 바로 그 특성을 나의 일부로 받아들여야 한다. 그래야만 나와 같은 사람을 가시화할 수 있고, 스스로를 정의하는 사람이 될 수 있다.

질병은 치료하고 없애야 할 것으로 여겨진다는 점에서 '자긍심'이라는 문제를 만나면 자꾸만 미끄러진다. 그러나 누구나 병을 치료할 수 있는 것은 아니며, 완전히 치유될 수 없거나 치유되지 않은 채 질병과 함께 살아가는 사람들도 있다.

자긍심을 다루는 과정에서 나는 몇 가지 문제에 봉착한다. 질병을 치료하는 동시에 어떻게 나의 정체성으로 인정할 수 있을까. 또 이때의 자긍심은 정신질환에 대한 낭만화와 어떻게 다른가.

2019년 10월 26일 서울 광화문에서 한국 최초로 '매드 프라이드Mad Pride' 행사가 열렸다. 매드 프라이드는 1993년 캐나다에서 시작돼 영국, 프랑스, 브라질, 남아프리카공화국 등에서 개최되었다. 한국에서 처음 매드 프라이드 행사를 기획하고 주최한 곳은 '혐오를 이기는 광기'라는 슬로건을 가진 정신장애인 예술창작단체 '안티카'이다.

안티카에서 활동하는 대륜은 조현병 당사자이다. 대륜은 스스로를 정신질환자로 정체화하지 않고, 질병을 치료하고 사라지게 해야 할 것으로만 인식했을 때 삶이 더 힘들었다고 말했다. 새로운 관계를 만들지 못하고 고립되어 있었기 때문이다. 당사자임을 받아들이고 자신의 질병에 대해 적극적으로 탐색하면서 변화가 시작됐다.

대륜은 정신질환을 겪지 않는 사람들이 정신질환을 떨쳐낼 것으로만 여기고 "환자 자신을 질병과 통합시키지 말라"라고 말하는 것은 폭력이라고 했다. 실제로 증상을 경험하는 사람들이 환우 모임에라도 찾아가려면 현재 상태에 대한 인식이 있어야 하고, 이는 곧 정신질환자로서 자신을 정체화해야 함을 뜻한다. 대륜은 같은 당사자를 만나면서 도움도, 위로도, 또 재미도 얻으면서 성장하고 발전해 나갈 계기를 찾을 수 있었다고 말했다.

"아픈 사람으로서 치료해야 한다는 감각과 이 질병을 정체성의 일부로 받아들이는 것이 서로 모순되지 않는다는 생각에 이르게 됐어요. 저를 변화시키려고 하는 것과 (있는 그대로의 저를) 수용하는 것, 둘 다를 동시에 추구할 수 있다고 생각해요. 이 증상을 완화하려고 노력하겠지만 그것과 무관하게 계속 증상이 존재할 수도 있고, 없어졌다가도 다시 찾아올 수 있겠죠. 변화와 수용이 뫼비우스의 띠처럼 공존할 수 있어요.

정신병리와 창의성이 상호작용 하는 측면이 있는 건 맞는 것 같아요. 정신질환을 낭만화하는 말이 전혀 현실을 반영하지 않는다고 말할 수는 없어요. 그런데 낭만주의가 포착하는 정신병리의 특정한 부분들이 있고 좀 더 매력적으로 드러내는 부분도 있겠지만, 그것만으로는 정신질환 전체를 파악할 수가 없어요. 낭만적이지 않은 정신질환을 받아들일 때 그게 정신질환에 대한 프라이드라고 할 수 있는 것 같아요."

우리가 만약 삶에서 느끼는 감정을 행복과 불행이 아니라 풍요로움과 빈곤함이라는 기준으로 이해한다면, 지금과는 다르게 우울을 바라볼 수 있지 않을까.[1] 연약함은 삶의 섬세한 결들을 읽을 수 있게 해주고, 나와 같은 사람을 알아볼 수 있게 해주고, 그들을 위로할 수 있게 해준다.

돌아보건대 나는 나의 조울증을 한 번도 자랑스럽게 여긴 적이 없었다. 그러나 이제는 그것을 나의 일부로 여긴다. 스스로를 정체화하는 과정은 나를 타인과 연결시켰고, 스스로 쓰게 만들었다. 나를 열어젖혔다. 앞으로도 나는 자긍심에 관한 문제에서 허둥댈 것 같다. 조울증을 말할 때마다 얼굴을 붉히며 속으로 되뇔 것이다. 이것은 수치스러운 게 아니라고, 그러니 괜찮다고.

젊은 여성들의 우울증을 탐색하는 것은 고통에 대처하는 새로운 문화를 찾아나가는 일이라고 생각한다. 위기 상황에서 새롭고 자발적인 연대가 이루어지고, 타인의 고통을 폄훼하거나 선불리 지워버리지 않고, 취약함을 공유하고 내보이는 것. 상실한 것을 충분히 애도하는 것.

그러기 위해서는 폐허 위에서 다시 시작해야 한다. 다른 무엇도 아닌 고통이 그 모든 과정을 가능하게 했다면, 고통을 그렇게 이해할 수 있다면, 나는 그제야 나의 고통을 자랑으로 여길 수 있을 것이다. 혜림이 살아가면서 간절히 붙든다는 성경의 한 구절을 인용하며 끝맺는다.

하나님께서 내 몸에 가시를 주셨습니다. 그것은 사탄의 하수인이라고 할 수 있는데, 그것으로 나를 치셔서 나로 하여금 교만해지지 못하게 하시려는 것이었습니다. 나는 이것을 내게서 떠나게 해달라고, 주님께 세 번이나 간청하였습니다. 그러나 주님께서는 내게 이렇게 말씀하셨습니다. "내 은혜가 네게 족하다. 내 능력은 약한 데서 완전하게 된다." 그러므로 그리스도의 능력이 내게 머무르게 하기 위하여 나는 더욱더 기쁜 마음으로 내 약점들을 자랑하려고 합니다. (…) 내가 약할 그때에, 오히려 내가 강하기 때문입니다.[2]

에필로그

우리의 이야기는
이제 막 시작되었다

이 책을 쓰면서 총 31명의 인터뷰이를 만났다. 우리는 이야기를 나누며 울고 또 웃었다. 자신의 가장 연약한 부분을 드러내 말하고 그것이 활자로 남는 과정은 누구에게나 두려운 일일 것이다. 나 역시 항상 두렵다.

'나는 이만큼 힘들었지만, 너는 힘들지 않았으면 좋겠어', '나는 혼자라고 느꼈지만, 너는 덜 외로웠으면 좋겠어'. 많은 인터뷰이분들께서 이런 마음으로 참여하셨을 것이라고 생각한다. 혼자는 할 수 없었던 혹은 하지 않았을 일을 함께여서 끝까지 해낼 수 있었다. 원고를 확인받는 과정에서 인터뷰이분들께서 보내주신 후기를 일부 덧붙인다.

작업에 참여해 준 용감한 여자들에게 진심을 담아 존경과 감사를 표합니다.

313

'인터뷰를 하고 싶어요.' 메일을 보낸 순간은 저의 치유 과정에 있어서 중요한 사건이 됐어요. 마음속으로만 하던 대화를 직접 만나서 나눠보고 싶다 마음먹고도, 연락을 하기까지 오래 망설였어요. 나를 진단하거나 연구하는 사람보다 내 이야기를 들어주고 알아주고 세상에 대신 전해주는 사람이 필요했어요. 2020년 12월 31일 자정 무렵 작가님에게 메일을 보냈어요. 올해를 넘기기는 싫다는 절실함이 있었어요. 약속을 잡고 혼자 인터뷰 연습을 해보고 자료를 다시 찾아보는 과정. 눈 깜짝한 사이에 지나간 2시간의 대화. 되새김. 인터뷰 이후 작가님과 가끔 묻던 안부. 저

녁 식사. 초안을 받고 읽은 지금. 이 경험이 오늘의 나에게 용기를 주어요. 현지

정신병원에 강제입원을 당할 때 나는 두려웠다. 정말 미칠까 봐, 아니 이미 미친 걸까 봐. 인터뷰를 하면서 어렴풋하게 깨달은 건, 한 사람이라도 내 이야기를 믿어준다면 나는 미친 것이 아니라는 점이었다. 내 이야기를 들어준 하미나 작가 덕분에 두렵지 않아졌다. 칼리

어림잡아 20년은 우울증과 함께 살았는데, 그럼에도 우울증에 대해 말할 자격이 애초에 없고 설사 말을 하더라도 유효하게 받아들여지지 않을 것이라는 예정된 결론이 머릿속 깊이 자리하고 있었습니다. 저뿐만 아니라 우울증을 앓는 이삼십 대 여성 대부분이 그럴 것이라 짐작합니다. 이 작업에 참여하면서 나는 그 누구보다도 우울증에 대해 말할 자격이 있구나, 하는 사실을 스스로 깨닫고 받아들이게 되었습니다. 조개인

고통을 말하고 듣는 일은 곤란스럽다. 그 곤란함을 함께한 미나 및 다른 용감한 인터뷰이분들께 매우 큰 감사를 전하고 싶다. 딸기

인터뷰를 통해 답을 찾고 단단해지기를 기대했을까. 고민만 깊어진 것 같아 조금 답답하다. 그래도 몇 년 전 일기를 보면 저 때

는 왜 저런 걱정을 했을까 싶을 때가 많으니깐. 이번에도 시간
과… 그사이에 있을 많은 변화들에 기대를 품어본다.   **미섭**

좋은 질문은 좋은 대답과는 별개로 너무나 소중하다. 어떻게 이
렇게 고해상도로 역지사지해볼 수 있는 질문을 던지는 거지…
인터뷰 질문을 받았을 때 들었던 생각이다. 그리고 동시에 느낄
수 있었다. 그는 틀림없이 다른 이들에게도 좋은 질문을 던졌을
것이라는 걸. 나는 그의 존재가 든든하고 존경스럽고 또 고맙다.
내게 질문을 해줌으로써 내가 품어왔던 마음 역시 중요하다는
걸 알려줘서.   **한경**

아직까지도 과거 얘기를 꺼내면 누군가 단순한 무용담 취급을 할
까 두려워 시작 자체를 않는다. 글이 퇴고되어 책이 출간된다는
소식을 들었을 때도 가슴이 철렁 내려앉았다. 하지만 누군가 내
이야기를 읽고 조금이라도 고립된 느낌을 덜 수 있다면 좋겠다.
   유진

한때는 제가 그 시절을 완전히 극복했다고 생각했어요. 하지만
아무리 오랜 시간이 지나도 내 안에서 해결되지 않은 일은 삶이
내리막으로 흘러갈 때마다 문을 두드리더라고요. 그런 문제로
힘들던 차에 하미나 작가와 인터뷰를 하게 되었습니다. 그리고
어떤 아픔이든 말할수록, 내보일수록 조금씩 나아진다는 걸 깨

우리의 이야기는 이제 막 시작되었다

닫게 되었어요. 인터뷰 이후로 저 자신에 대해 좀 더 긍정적인 생각을 가질 수 있었어요. 특히 제가 하고 있던 일에요. 이 작업이 분명 많은 분들에게 용기를 줄 거라 믿어요. 제가 용기를 얻었던 것처럼요. 예빈

내 기억과 경험이 나만의 것이 아니기 때문에 내 이야기가 나의 우울을 함께한 누군가를 힘들게 하지 않을까 고민도 걱정도 돼요. 이야기를 검열했어야 할까요? 이야기를 통제할 수 없다는 사실이 겁나지만, 나의 이야기가 하미나 작가를 통과하여 필요한 사람들에게 잘 전달되기를 바랄 뿐입니다. 예지

저는 인터뷰가 좋았습니다. 저한테 어떤 작용을 한 것 같아요. 생각이 정리된다든가, 삶의 족적을 돌아보았다든가 하는 것은 한 주제에 대해 3시간 말하면 당연히 발생하는 일들이고요. 약간 다른 것입니다.

제 병은 평생 개인의 문제이고, 이 병은 저 자신에게, 주치의에게, 그리고 제 곁의 몇몇 친밀한 사람들 외에게는 별다른 의미도 가치도 없을 거라고 생각했습니다. 병의 유무에 대해 제가 할 수 있는 일은 어차피 없습니다. 그래서 저에게 병이란 저라는 개인의 특성 중 일부에 불과했습니다. 때로는 저를 잡아먹어, 한시적으로는 제 특성의 대부분이 되기도 하지요.
그런 저의 병이 취재의 대상이 될 수 있다는 것, 즉 이 병에 대해

에필로그

사적인 관심 그 이상으로, 진지하게 공적으로 듣고 싶어 하는 사
람이 있다는 것… 제 병이 공적인 말하기와 쓰기의 대상이 될 수
있다는 게 기뻤어요. 'The private is political'이라는 말을 좋아하지
만, 제가 체험할 수 있는 말인지 몰랐습니다. 세상이 달라지고 있
고, 이미 그 변화가 제 가까이까지 왔다는 생각도 들었어요.   **혜림**

이유도 모른 채 몇 년을 아팠습니다. 마음을 들여다보고서야 알았
어요. 제 마음의 폭풍은 작은 바람이 모여 만들어졌다는 것을요.

다빈

처음엔 우리 '둘'만의 이야기라고 생각했어요. 그런데 사실 우
리'들'의 이야기였어요. 지금 당장이라도 쉬고 싶은 우리'들'에게
응원의 마음을 전하고 싶었어요.   **우용**

인터뷰를 하면서, 처음으로 내 이야기와 생각들을 부정당하지
않아 외롭지 않았어요. 기뻤어요. 누구에게도 말할 수 없었거든
요. 갈등을 일으키지 않는 무난한 사람으로 보이기는 쉽잖아요.
불편한 진실을 외면하고, 원래 없었던 것처럼, 이야기하지 않으
면 돼요. 그 방법은 쉽지만 끊임없이 마음을 할퀴고 결국 나를
잃어버리게 해요. 저의 이야기가 누군가에겐 작게나마 위로가 될
수 있다면 좋겠어요. 그리고 이런 불편한 이야기들이 계속 세상
밖으로 나왔으면 좋겠습니다.   **잔잔**

'미쳐있고 괴상하며 오만하고 똑똑한 여자들'은 정말 사랑할 수밖에 없는 사람들 아닌가. 인터뷰 질문들은 의미심장했다. 하지만 막상 실제로 인터뷰에 응하니 예상보다 자유롭고 즐거웠다. 하미나 작가는 내 이야기에서 핵심이 되는 부분을 잘 짚어주었다. 내가 궁금해하는 지점에 있어선 하미나 작가 자신의 이야기나 그간 생각해 온 통찰을 들려주기도 했다. 즐겁고 충만한 느낌이었다.

우리의 마지막 인사는 '또 만나요!'였다. 당사자로서 의미 있는 활동을 하다 보면 무리하지 않아도 다시 만날 수 있을 거라는 예감이 들었고, 또 만나고 싶은 마음이다. 그래서 독자의 마음으로 하루하루 기다릴 것이다. '미쳐있고 괴상하며 오만하고 똑똑한 여자들'을 실컷 만날 때를.　　　　　　　　　대륜

318

저는 제 작업도 진행 중이었기에 제 얘길 할 수 있는 통로가 있었음에도, 사람들이 택하는 다른 선택지를 알 수 있고 또 비교해 볼 수 있지 않을까 하는 마음으로 참가하게 되었어요. 또래의 여성들이 자신에게 닥쳐온 문제들을 어떤 방식으로 해결해 나가는지 궁금하기도 했어요. 그런 논의들을 앞으로 훨씬 더 활발하고 편안하게 나눌 수 있으면 좋겠어요. 어머니의 지원이 없었다면 분석 치료는 제대로 이루어질 수 없었을 거고 그래서 저는 운이 좋았다고 생각해요. 이런 논의들이 활발해지면서 좀 더 긴 과정의, 제대로 된 심리 지원이 늘어나면 좋겠어요.　　　　　세리

에필로그

우울증에 관한 이야기는 언제나 곤혹스럽다. 오랜 기간을 우울한 상태로 살면서, 나는 우울증이라는 '병'을 나의 생활과 정체성의 일부로 받아들일 수밖에 없었다. 그러나 그 정체성에 함몰되거나 도취되고 싶지 않다. 나의 신체와 정신을 제약하고 생활을 괴롭게 하는 이 병, 이 상태로부터 어서 벗어나고 싶기 때문이다. 우울에 어떻게 다가가는 것이 '건강한' 것인지 모르겠다. 우울을 병으로 여기는 것과 상태로 여기는 것 중 어느 쪽이 더 '좋은' 예후를 맞을까? 이런 나를 어떻게 드러내는 것이 내 주변을 더 '건강'하게 만들까? 나는 평생 우울했기 때문에 병적인 우울함과 '건강한' 우울함을 분별할 만한 능력이 내게 없다고 생각하며 의사 선생님과 상담 선생님께 진단과 치료를 받고 의지하고 있는데, 이런 '모범 환자'다운 태도가 결국 '환자'라는 정체성을 벗어나는 데에 유리할까? 삶이나 정체성, 건강은 누군가가 대신해 주거나 책임질 수 있는 게 아닌데, 결국 나는 나에 대한 평가와 이 평가를 내릴 만한 자격에 있어서 스스로 신뢰할 수 있어야 하는 게 아닐까?

환자와 환자가 아닌 사람을 나누는 건 정말 어렵고 이상한 일 같다. 자신을 끊임없이 불신하는 와중에도 스스로의 판단력을 믿어야만 개선을 시도할 수 있다는 점에서 빠져나오기 극도로 어려운 덫에 걸린 것 같기도 하다. 언젠가 나는 자기 불신 때문에 선생님의 진단과 처방에 의존하는 모범적인 환자가 아닌, 스스로를 괜찮다고 여기고 신뢰하며 살아가는 사람이 되고 싶다.

우리의 이야기는 이제 막 시작되었다

어떻게 그게 가능할까?

하미나 작가와의 인터뷰, 그리고 이 책을 작업하는 과정에서 같
은 지면 위에 모인 여자들의 이야기가 우울과 나에 대한 자폐적
인 고찰에서 벗어날 수 있는 실마리가 될지도 모르지.　　**민지**

추천의 글

이삼십 대 여성들의 고통을 납작하게 만들지 않고 모순과 혼란, 복잡함을 고스란히 간직한 이야기로 엮어낸 책이다. 내가 알지 못하는 일을 겪은 '그들'의 이야기라고 생각했는데, 읽다 보니 이 용감한 고통의 기록 속에 과거와 현재의 나, 친구들의 얼굴이 겹쳐 떠올랐고 결국 '우리'의 이야기임을 알게 되었다. 저자의 말마따나 함께 흔들리며, 분노하고 깨닫고 후회하고 공감했다.

솔직하게 상처를 드러내고 그것의 뿌리를 치열하게 고민하며 사회적 의미를 부여하는 이 책은 쓸모와 효율에 집착해 고통과 돌봄을 외면해 온 우리 사회와 스스로를 이삼십 대 여성의 시선으로 들여다보게 만든다. 고통을 이해하는 문화를 바꾸는 출발점이 될 책이다.

- 김희경 (전 여성가족부 차관·『이상한 정상가족』 저자)

한국 이삼십 대 여성들의 우울증이 늘고 있다. 왜 그런 것일까? 현대 정신의학은 우울증 증상에만 초점을 맞추며 약물을 복용하고 상담을 지속하라고 한다. 증상을 줄이는 것도 중요하지만, 우리는 어째서 젊은 여성들이 우울증으로 고통받는지 그 답을 찾는 일을 더 이상 미룰 수 없는 시점에 와 있다. 의사들에게만 해답을 구하는 것은 먼 미래에나 가능한 일일 것이다. 저자 하미나는 자신의 고백과 주변 사람들과의 진솔한 인터뷰를 통해 이삼십 대 여성 우울증의 사회문화적 요인들과 고통을 겪는 이들의 생생한 증언을 전한다. 그의 글은 적나라한 아픔으로 가슴을 후비지만,

동시에 마음을 울리고 온몸을 따뜻하게 하는 온기가 있다.

하미나는 말한다. 젊은 여성들의 우울증은 어릴 적부터 여성의 감정을 무시하고 각종 폭력을 가해온 우리 사회의 문제라고. 우울증은 동굴 속에 갇힌 혼자만의 상처일 수 없으며, 우리가 함께 나누어야 할 공동의 과제이다. 고통과 아픔의 서사를 함께 읽으며 이제 이 고통을 어떻게 나누어 갈지, 우리에게 필요한 돌봄은 무엇이고, 우리가 만들어 가야 할 연대는 어때야 하는지를 논할 시기에 도달했다. 우울증으로 힘든 한국의 여성들뿐 아니라 이들의 치유를 돕고자 하는 모든 사람에게 이 책을 필독서로 권한다.

- 이현정 (서울대학교 인류학과 교수)

피해자, 환자, 여자. 이런 단어들은 한 사람을 해방시키는 동시에 구속한다. 이 책은 단편적인 단어에 안주하길 거부하고, 자신만의 언어로 간단하거나 깔끔하지 않은 진실을 직시하고자 한 저자의 관찰기이다. 본인의 내면을 성찰하고, 전문서적을 탐독하고, 동지들의 발언을 관찰하고, 그 모든 것을 한데 모아 그 안에서 나름의 맥락을 만들어 내려 노력한 흔적이다. 의학적인 정신병리만으로는 도저히 설명할 수 없는 어떤 만연한 현상에 대해 현장에서 써 내려간 줄거리이다. 궁극적으로는 그 줄거리를 통해 누군가를 위로하고자 한 이 책의 진심이 전해지길 바란다.

- 장형윤 (아주대학교병원 정신건강의학과 교수)

1장. 엄살

1. Choy, Ernest, et al. 2010. "A patient survey of the impact of fibromyalgia and the journey to diagnosis". *BMC Health Serv Res* 10(1): 1–9.

2. Floyd, Bonnie J. 1997. "Problems in accurate medical diagnosis of depression in female patients". *Social Science & Medicine* 44(3): 403–412.

3. 양희영, 김미은. 2009. 「한국인 턱관절장애 환자의 유병률과 진료 양태」, 「대한구강내과학회지」 34(1).

4. 민성길. 2015. 「최신정신의학」 제6판. 329쪽.

5. 윤희우. 2017-12-27. 「부부싸움을 하고 나면 꼭 생리를 한다?」, 《정신의학신문》.

6. 2014-12-10. 「중년 남성 우울증 주의보 '아빠들 죽는다'…원인은 '이것'」, 《중앙일보》.

7. 신재현. 2017-10-29. 「아버지라는 이름의 무게-가면성 우울증」, 《정신의학신문》.

8. Floyd, Bonnie J. 1997. "Problems in accurate medical diagnosis of depression in female patients". *Social Science & Medicine* 44(3): 403–412.

9. 마야 뒤센베리. 2019. 「의사는 왜 여자의 말을 믿지 않는가」, 김보은, 이유림 옮김. 한문화. 127쪽.

10. Micale, Mark S. 1995. *Approaching Hysteria: Disease and Its Interpretations.* Princeton University Press.

11. 앞의 책.

12. Abse, Wilfred D. 1966. *Hysteria and Related Mental Disorders: An Approach to Psychological Medicine.* Butterworth-Heinemann.

13. Micale, Mark S. 1989. "Hysteria and its historiography: a review of past and present writings". *History of science* 27(3): 223–261, 319–51, 319. (주디스 허먼. 2012. 「트라우마」, 최현정 옮김. 열린책들. 30쪽에서 재인용.)

14. Goetz, Christopher G. ed. and trans. 1987. *Charcot the Clinician: The Tuesday Lessons, Excerpts from Nine Case Presentation on General Neurology Delivered at the Salpêtrière Hospital in 1887-88.* Raven Press. 104-5. (주디스 허먼. 2012. 「트라우마」, 최현정 옮김. 열린책들. 32쪽에서 재인용.)

15. Eisen, Jonathan. 1994. *Suppressed Inventions.* Penguin.

16. 주디스 허먼. 2012. 「트라우마」, 최현정 옮김. 열린책들. 37쪽.

17. 신체형 장애(somatoform disorder)는 신체화 장애(somatization disorder), 미분화형

신체형 장애(undifferentiated somatoform disorder), 건강염려증장애(hypochondri-acal disorder), 신체형 자율신경계 장애(somatoform autonomic dysfunction) 등으로 나뉜다. 이 책에서는 관련된 장애들을 통틀어 '신체형 장애'로 명명해 썼다.

18. 민성길. 2015. 『최신정신의학』 제6판. 일조각. 420−421쪽.

19. 대한신경정신의학. 2005. 『신경정신의학』 제2판. 중앙문화사. 242쪽.

20. 민성길. 2015. 『최신정신의학』 제6판. 일조각. 421쪽.

21. 대한신경정신의학. 2005. 『신경정신의학』 제2판. 중앙문화사. 248쪽.

22. 민성길. 2015. 『최신정신의학』 제6판. 일조각. 422−423쪽.

23. 앞의 책. 422쪽.

24. 대한신경정신의학회. 2017. 『신경정신의학』 제3판. 아이엠이즈컴퍼니. 400쪽.

25. 스베틀라나 알렉시예비치. 2015. 『전쟁은 여자의 얼굴을 하지 않았다』. 박은정 옮김. 문학동네. 18쪽.

2장. 진단

1. Cheng, S. T. 1996. "A critical review of Chinese koro". *Culture, Medicine and Psychiatry* 20(1): 67−82.

2. Tseng, W. S. 2006. "From peculiar psychiatric disorders through culture−bound syndromes to culture−related specific syndromes". *Transcultural psychiatry* 43(4): 554−576.

3. 경향신문, 국민일보, 내일신문, 동아일보, 문화일보, 서울신문, 세계일보, 조선일보, 중앙일보, 한겨레, 한국일보를 대상으로 1990년 1월 1일부터 2019년 12월 31일까지의 뉴스를 키워드 '우울증'으로 검색한 내용이며 한국언론진흥재단(www.kinds.or.kr)이 제공하는 공공 뉴스 아카이브 '빅카인즈'를 이용해 이 같은 결과를 얻었다. (2020년 8월 1일 확인)

4. 맹성은. 2015−10−06. 「가을우울증 예방법 "방심no" 체크리스트로 자가 체크 해보자」. 《코리아데일리》. 김성모. 2017−12−26. 「마음의 감기」 우울증, 숨겨진 환자 60만 명」. 『조선일보』. 장일호. 2018−06−18. 「이제 우울증을 드러낼 때가 됐다」. 《시사IN》. 김평석. 2020−01−23. 「60세 이상 국내 노인 10명 중 1, 2명 우울증 앓아」. 《뉴스1》. 김상은. 2019−10−18. 「슬픔과 우울함은 어떻게 다를까−7가지 우울증상 체크리스트」. 《정신의학신문》.

5. Weissman, M. M., et al. 1977. "Assessing Depressive Symptoms in Five Psy-chiatric Populations: A Validation Study". *American journal of epidemiology* 106(3): 203 - 214. Radloff, L. S. 1977. "The CES−D Scale". *Applied psychological measurement* 1(3): 385 - 401.

6. 조맹제, 김계희. 1993. 「주요우울증환자 예비평가에서 the Center for Epidemiologic Studies Depression Scale(CES−D)의 진단적 타당성 연구」. 《신경정신의학》 32(3): 392.

7. Radloff, L. S. 1977. "The CES-D Scale". *Applied psychological measurement* 1(3): 385-401.

8. 이와 관련한 자세한 논의는 다음의 논문에서 확인할 수 있다. 김민아. 2020. 「선별검사 도구 개발 과정을 중심으로 살펴본 우울을 측정하는 지식의 형성, 1993~2011 한국」. 서울대학교 대학원 과학사및과학철학 협동과정 석사학위논문.

9. 〈크레이지 엑스 걸프렌드 시즌3〉. 2017. 에피소드 6.

3장. 치료

1. 정신증(psychosis)과 신경증(neurosis)의 가장 큰 차이는 현실 감각이 있는가 그렇지 않은가이다. 환각, 망상처럼 인지와 사실판단 능력에 문제가 생기는 경우를 정신증이라 하고 강박, 불안, 우울처럼 만성적인 정신적 고통을 수반하지만 무엇이 현실인지를 구분할 수 있는 상태는 신경증이라 한다.

2. 장이 세로토닌 대부분을 생산하고 사용한다는 점에 착안해 장과 뇌가 근본적인 수준에서 연결되어 있으며 이것이 여성의 우울증과 섭식장애를 푸는 열쇠일 수 있다는 지적이 있다. 이와 관련해서는 다음의 글을 참고하라. 임소연. 2020-10-09. 「여성의 폭식과 우울, 장은 알고 있다」. 《한겨레》. 미국 페미니스트 심리학자 엘리자베스 윌슨은 "장은 생각하고 기억하고 느낀다"라고 표현하며 장을 중심으로 여성 우울증을 새롭게 분석한다. 다음의 두 글을 참조하라. Wilson, Elizabeth. A. 2015. *Gut feminism*. Duke University Press. Wilson, Elizabeth. A. 2004. *Psychosomatic: Feminism and the Neurological Body*. Duke University Press.

3. 약에는 두 가지 이름이 있다. 상품명과 성분명이다. 상품명은 판매를 위한 이름이고 성분명은 약의 주성분을 나타내는 화학물질의 이름이다. 가령 수면제로 쓰이는 졸피뎀은 성분명이고 상품명은 스틸녹스다. 클로르프로마진은 성분명이며 소라진은 상품명이다. 이 글에서는 성분명을 주로 쓰되 상품명이 매우 유명하여 사람들에게 더 친숙한 경우에는 상품명을 혼용하여 썼다.

4. 정신과 약의 역사에 대한 더 깊은 이야기는 다음의 책을 살펴보라. 저자는 대표적인 정신과 약인 소라진, 리튬, 초기 항우울제(삼환 분자와 정신활력제), SSRI(프로작) 등의 역사를 훑으며 이들 약물이 가진 명과 암을 폭넓게 살핀다. 로렌 슬레이터. 2020. 『블루 드림스』. 유혜인 옮김. 브론스테인.

5. 로렌 슬레이터. 2020. 『블루 드림스』. 유혜인 옮김. 브론스테인. 270-271쪽.

6. Shorter, Edward. 2009. "The history of lithium therapy". *Bipolar disorders* 11(2): 4-9.

7. Harrington, Anne. 2019. *Mind fixers: Psychiatry's troubled search for the biology of mental illness*. WW Norton & Company. 221-225.

8. 로렌 슬레이터. 2020. 『블루 드림스』. 유혜인 옮김. 브론스테인. 150-153쪽.

9. 에단 와터스. 2011. 『미국처럼 미쳐가는 세계』. 김한영 옮김. 아카이브. 284쪽. [Wat-

ters, Ethan. (2010). *Crazy like us: The globalization of the American psyche.* Simon and Schuster.]; Ihara, Hiroshi. (2012). A cold of the soul: A Japanese case of disease mongering in psychiatry. *International journal of risk & safety in medicine,* 24(2), 115-120.

10. 에단 와터스. 2011.『미국처럼 미쳐가는 세계』. 김한영 옮김. 아카이브.

11. Healy, David. *1997. The Antidepressant Era.* Harvard University Press.

12. Healy, David. 1997. *The Antidepressant Era.* Harvard University Press. Healy, David. 2002. *The Creation of Psychopharmacology.* Harvard University Press. Rose, N. and Abi-Rached, J. M. 2013. Neuro: *The New Brain Sciences and the Management of the Mind.* Princeton University Press. Hirshbein, L. D. 2006. "Science, Gender, and the Emergence of Depression in American Psychiatry, 1952-1980". *Journal of the history of medicine and allied sciences* 61(2): 187-216. Harrington, Anne. 2019. Mind Fixers: *Psychiatry's Troubled Search for the Biology of Mental Illness.* W.W. Norton & Company.

13. Harrington, Anne. 2019. *Mind Fixers: Psychiatry's Troubled Search for the Biology of Mental Illness.* W.W. Norton & Company.

14. 에드워드 쇼터. 2009.『정신의학의 역사』. 최보문 옮김. 바다출판사. [Shorter, E. 1997. *A history of psychiatry: From the era of the asylum to the age of Prozac,* Wiley.] Henckes, N. 2011. "Reforming Psychiatric Institutions in the Mid-Twentieth Century: A Framework for Analysis", *History of Psychiatry* 22(2): 164-181.

15. Gerber, Lucie, and Gaudilliere, Jean-Paul. 2016. "Marketing Masked Depression: Physicians, Pharmaceutical Firms, and the Redefinition of Mood Disorders in the 1960s and 1970s", *Bulletin of the History of Medicine* 90(3): 455-490.

16. Metzl, J. M. 2003. *Prozac on the Couch: Prescribing Gender in the Era of Wonder Drugs.* Duke University Press. Hirshbein, L. D. 2009. *American Melancholy: Constructions of Depression in the Twentieth Century.* Rutgers University Press.

17. Hirshbein, L. D. 2006. "Science, Gender, and the Emergence of Depression in American Psychiatry, 1952-1980". *Journal of the history of medicine and allied sciences* 61(2): 187-216.

18. 노수진, 윤영민. 2013.『우울증에 관한 언론 보도 분석: 온라인 뉴스 미디어를 중심으로』.《한국언론정보학보》61: 5-27. 이현정. 2012.『1991~2010년 신문기사 분석을 통해 살펴본 한국 우울증 담론의 변화와 그 문화적 함의』.《한국문화인류학》45(1): 43-88.

19. 김환석. 2014.『'의료화'에서 '생의료화'로: 정신장애의 사례』.《과학기술학연구》14(1): 3-33. 김환석. 2015.『한국의 생명정치와 우울증: 예비적 분석』.《사회과학연구》27(2): 289-313. 박혜경. 2012.『우울증의 '생의학적 의료화' 형성 과정』.《과

학기술학연구》, 12(2): 117－157. 배성신, 2013. 「신자유주의시대 감정관리와 '여성' 범주의 재구성」, 이화여자대학교 여성학과 석사학위논문. 양보람, 2013. 「한국사회의 우울증 담론에 관한 사회학적 연구」, 서울대학교 사회학과 석사학위논문. 이유림, 2015. 「정서적 고통의 의미와 우울의 사회적 구성」, 연세대학교 문화학협동과정 석사학위논문. 이현정, 2014. 「무엇이 한국인들을 죽음으로 내모는가: 타인 지향적 삶과 경멸의 문화」, 《지식의 지평》 17(10): 69－87.

20. 이유림, 2016. 「정서의 약료화와 우울증 경험의 구성: 20대 여성의 우울 경험을 중심으로」, 《페미니즘 연구》 16(1): 81－117.

21. 김환석, 2015. 「한국의 생명정치와 우울증: 예비적 분석」, 《사회과학연구》 27(2): 289－313. 이현정, 2010. 「한국 자살 현상의 특징과 인류학적 연구의 가능성」, 《한국문화인류학》 43(1): 307－324. 이현정, 2014. 「무엇이 한국인들을 죽음으로 내모는가: 타인 지향적 삶과 경멸의 문화」, 《지식의 지평》 17(10): 69－87.

22. 배성신, 2013. 「신자유주의시대 감정관리와 '여성'범주의 재구성」, 이화여자대학교 여성학과 석사학위논문. 이진희, 2015. 「페미니스트 관계적 관점에서 본 '좋은' 어머니 되기와 우울증: 마우트너(Mauthner)의 논의를 중심으로」, 《페미니즘 연구》 15(2): 107－158.

23. 위에 소개한 정신의학의 치료적 관점 네 가지는 다음의 두 글을 토대로 작성했다. McHugh, Paul R., and Slavney, Phillip R. 1998. *The perspectives of psychiatry*. JHU Press. Peters, M. E., and Taylor, J., and Lyketsos, C. G., and Chisolm, M. S. 2012. "Beyond the DSM: The perspectives of psychiatry approach to patients". *The primary care companion for CNS disorders* 14(1).

24. LSD와 실로시빈의 치료적 효과에 대해서는 다음의 글을 참고하라. 강석기, 2019－11－19. 「LSD 르네상스를 꿈꾸는 사람들」, 《동아사이언스》. 로렌 슬레이터, 2020. 『블루 드림스』, 유혜인 옮김, 브론스테인. 6-7장. 마이클 폴란, 2021. 『마음을 바꾸는 방법』, 김지원 옮김, 소우주.

4장. 가족

1. Harrington, Anne. 2016. "Mother love and mental illness: An emotional history". *Osiris* 31(1): 94－115.

2. 앞의 책.

3. 벨 훅스, 2012. 『올 어바웃 러브』, 이영기 옮김, 책읽는수요일. 37쪽.

5장. 연애

1. 주디스 허먼, 2012. 『트라우마』, 최현정 옮김, 열린책들. 169쪽.

2. 신형철, 2012. 『정확한 사랑의 실험』, 마음산책. 26쪽.

6장. 사회

1. 교육부. 2021. 「2020년 국가수준 학업성취도 평가 결과」.
2. 통계청. 2019. 「2019 청소년 통계」.
3. 고용노동부. 2021. 「2020년 6월 기준 고용형태별근로실태조사 결과」.
4. 김창환, 오병돈. 2019. 「경력단절 이전 여성은 차별받지 않는가? – 대졸 20대 청년 층의 졸업 직후 성별 소득격차 분석」. 《한국사회학》 53(1): 167–204.
5. 통계청. 2020. 「2020 통계로 보는 여성의 삶」.
6. 2015–03–19. 「"가족에게 화풀이"…불황형 가정폭력」. 《KBS》.
7. 제니퍼 M. 실바. 2020. 『커밍 업 쇼트』. 문현아, 박준규 옮김. 리시올.

7장. 자살

1. 이언 해킹. 2012. 『우연을 길들이다』. 정혜경 옮김. 바다출판사.
2. 사이먼 크리츨리. 2021. 『자살에 대하여』. 변진경 옮김. 돌베개. 16–17쪽.
3. 보건복지부. 2021. 「2021 자살예방백서」.
4. 이에 관한 더 자세한 논의는 다음을 참조하라. 에단 와터스. 2010. 『미국처럼 미쳐 가는 세계』. 휴머니스트. Kitanaka, Junko. 2011. *Depression in Japan: Psychiatric cures for a society in distress.* Princeton University Press.
5. 정승화. 2011. 「자살과 통치성: 한국사회 자살 담론의 계보학적 분석」. 연세대학교 대학원 사회학과 박사학위논문.
6. 앤드루 솔로몬. 2004. 『한낮의 우울』. 민승남 옮김. 민음사. 362–363쪽.
7. 보건복지부, 중앙자살예방센터. 2018. 「2017 응급실 기반 자살시도자 사후관리사업」.
8. 김영옥, 메이, 이지은, 전희경. 2020. 『새벽 세 시의 몸들에게』. 봄날의책. 80쪽.

8장. 돌봄

1. 윤강. 2018–01–23. 「정신병원 보호사, 그들은 누구인가?: 치료진을 도와 입원 환자 의 일상을 돕는 보호사, 하지만 대부분이 무자격자, 대안은?」. 《오마이뉴스》.

9장. 회복

1. 감정을 풍요로움과 빈곤함의 기준으로 이해한다는 아이디어는 리베카 솔닛에게서 얻 었음을 밝혀둔다. 솔닛은 그의 책 『이 폐허를 응시하라』(2012, 펜타그램)에서 다음과 같이 말한다. "우리는 대부분 기쁨과 슬픔의 감정을 이분법적으로 분리하여 이야기한 다. 한쪽에는 밝고 쾌활한 면을, 다른 한쪽에는 순전히 부정적인 면을 놓는다. 그러 나 우리의 감정을 깊음과 얕음, 풍요와 빈곤이라는 차원에서 사고한다면, 우리가 경 험하는 감정을 더 잘 이해할 수 있다."(33쪽)
2. 고린도후서 12장 7절~10절.

미쳐있고 괴상하며 오만하고 똑똑한 여자들

이해받지 못하는 고통, 여성 우울증

초판 1쇄 펴낸날	2021년 9월 15일
초판 8쇄 펴낸날	2024년 9월 20일
지은이	하미나
펴낸이	한성봉
편집	최창문·이종석·오시경·권지연·이동현·김선형
콘텐츠제작	안상준
디자인	최세정
마케팅	박신용·오주형·박민지·이예지
경영지원	국지연·송인경
펴낸곳	도서출판 동아시아
등록	1998년 3월 5일 제1998-000243호
주소	서울시 중구 필동로8길 73 [예장동 1-42] 동아시아빌딩
페이스북	www.facebook.com/dongasiabooks
인스타그램	www.instargram.com/dongasiabook
블로그	blog.naver.com/dongasiabook
전자우편	dongasiabook@naver.com
전화	02) 757-9724, 5
팩스	02) 757-9726

ISBN 978-89-6262-387-1 03300

만든 사람들

책임편집	조연주·최창문
크로스교열	안상준
표지 디자인	서주성
본문 디자인	정명희
본문 조판	김경주